本丛书出版得到广东省高水平大学重点学科建设项目支持

系统功能语言学文献丛书

丛书主编：彭宣维 黄国文

语篇分析
——从理论到实践

Discourse Analysis:
From Theory to Practice

苗兴伟 ◎ 著

上海外语教育出版社
外教社 SHANGHAI FOREIGN LANGUAGE EDUCATION PRESS
www.sflep.com

图书在版编目（CIP）数据

语篇分析：从理论到实践 / 苗兴伟著. -- 上海：上海外语教育出版社, 2020 (2026重印)
（系统功能语言学文献丛书）
ISBN 978-7-5446-6465-3

Ⅰ. ①语… Ⅱ. ①苗… Ⅲ. ①语言分析一研究 Ⅳ. ①H0

中国版本图书馆CIP数据核字（2020）第086423号

出版发行：上海外语教育出版社
（上海外国语大学内） 邮编：200083
电　　话：021-65425300（总机）
电子邮箱：bookinfo@sflep.com.cn
网　　址：http://www.sflep.com
责任编辑：王叶涵

印　　刷：苏州市古得堡数码印刷有限公司
开　　本：635×965 1/16 印张 17.25 字数 274千字
版　　次：2020年8月第1版 2026年2月第3次印刷

书　　号：ISBN 978-7-5446-6465-3
定　　价：55.00 元

系统功能语言学文献丛书

编委会名单

总　序

彭宣维　黄国文

初学者对文献的重要性往往缺乏足够的认识,想写文章的时候绞尽脑汁却一筹莫展,勉强凑一个东西出来却不入流:缺乏研究背景、缺乏研究问题、缺乏研究方法、缺乏创新观点、缺乏学科用语、缺乏组织策略、缺乏格式规范。

确定一个研究方向,可先从汉语文献中选择自己感兴趣的章节入手,再及英文著述,半年一年,便会有所心得;三年五载,自当独树一帜。实践表明,知识来源于文献,己见发端于文献,学科推进更是少不了文献。文献的重要性由此可见一斑。

为此,我们组织汇编了这套"系统功能语言学文献丛书",方便后学查阅细读,揣摩审视。丛书中既有综述介绍,也有前沿研究;有独著,也有合作;作者之中,有德高望重的耄耋长者,有硕果累累的学派中坚,也有勤奋精进的青年才俊。我们想借此机会感谢各位师友积极配合。

本丛书的内容涉及系统功能语言学理论与应用的各个方面,既体现了各位学者在学术领域孜孜不倦的研究历程,也凝结了中国系统功能语言学团队的集体智慧,代表了中国学人在这一领域的研究水平。读者可以看到,其中有不少高水平的成果发表于国外知名期刊,走向了国际学科前沿;有理论开拓,也有应用尝试。

今后,除了国际化和理论探索,本土化与应用研究仍将是一个需要集体努力的基本方向。从理论上看,除了语篇语境、词汇研究和语音书写,研究者还需放眼其他学派和其他学科领域,协同求进,积极从议题上做超学科思考。我们希望,应用研究能够成为各位同仁的责任意识,在诸如翻译理论与操作框架、语言生态视角、外语教育学、汉语系统描写、辞书多元义项梳理、语言过程的计算表征、语言的生理神经机制、语言的脑成像实证研究、语言病理、国家话语等等领域,打开全新的研究局面,取得丰硕的研究成果。

我们衷心感谢上海外语教育出版社对本丛书出版的鼎力支持,感谢各位责编的精心付出。

目　录

第三部分 语 篇 功 能

第四部分 话语建构论

Contents

Part III Discourse Functions

Part IV Discursive Constructionism

图表目录

前　言

本书共分四个部分：一、语篇分析的理论和方法；二、语篇的衔接与连贯；三、语篇功能；四、话语建构论。本书所收论文围绕语篇分析的理论和实践展开，既体现出语篇分析研究的功能、语用、认知和社会视角，也力求系统地展现语篇分析的基本思路和研究方法。

第一部分由第一至五章组成，主要涉及语篇分析的发展及相关理论路径和研究方法。

第一章回顾了“话语转向”时代语篇分析的特点。本章指出，20 世纪 60 年代以来，在人文与社会科学领域开始的“话语转向”带来了语篇研究的繁荣，语篇分析在 70 年代发展成为一门综合的、独立的跨学科研究。经过 80 年代的迅速发展，语篇分析在 90 年代作为一门新兴的学科走向成熟，并在 90 年代末成长为一个自主的研究领域。

第二章总结了 20 世纪 90 年代以来语篇分析的进展与前沿研究。从语篇分析与语言学研究、语篇与认知、语篇与社会这三个角度看，语篇分析的发展不仅促进了对语篇本身的研究，还促进了对语篇认知和社会维度的系统研究。

第三章探讨了言语行为理论与语篇分析之间的关系，认为在言语行为理论和语篇分析的发展过程中，言语行为理论为语篇分析提供了理论基础，语篇分析则进一步促进了言语行为理论的发展和完善。言语行为并不孤立存在，而是通过各种连贯关系构成语篇来发挥其交际功能，语篇被看作言语行为的序列。

第四章论述了基于语篇的句法研究思想，认为语篇分析的发展使语言研究延伸到语篇的层面，从而为语言研究提供了一个新的视角，许多语言现象也因此得到了全新的解释。基于语篇的句法研究不但突破了句子语法的局限，还揭示了句法现象与语篇现象之间的关系。语篇既是句法现象的动因和基础,也是句法现象的制约因素。从历时的角度看,句法形成的背后有着语篇的动因;从共时的角度看,句法与语篇之间的关系涉及两个核心问题：一是句法结构具有语篇功能,二是句法结构受语篇因素的制约。

第五章对语篇向心理论进行了综述性研究。该理论是关于语篇处理和语篇局部结构的理论,它所关注的重点是处理难度、语篇回指和语篇连贯性等问题。向心理论旨在解释自然产生的语篇中交际参与者的注意中心,它试图说明注意状态、推理难度和指称形式这三者之间的关系。

第二部分由第六至十一章组成,主要探讨语篇的衔接和连贯以及二者之间的关系和相关理论问题。

第六章对语篇衔接与连贯的关系进行了论述,在介绍衔接与连贯的术语来源、定义和区分等内容的基础上,归纳了语言学家在衔接与连贯的关系这一问题上的不同观点。在本章中,笔者还提出了对这一问题的见解与看法。就衔接与连贯的关系而言,衔接是语篇表层的结构形式之间的语义关系,连贯则是语篇深层的语义或功能连接关系。

第七章提出了对照应进行动态研究的观点,认为静态研究把照应看作指代成分与语篇上下文中的所指对象之间在语义上的相互解释关系,难以揭示语篇照应的实质。本章认为,语篇照应并不单纯是语言成分之间的指代关系,而是指代成分与语篇世界中的语篇指称之间的指代关系。语篇指称存在于语篇世界之中,而不是存在于语篇之中,一个语言成分能否在语篇世界中确立语篇指称取决于其所指对象在语篇世界中的存在与否。

第八章对话语序列的连贯关系进行了分析,把话语序列看作语篇中由前后相连的句子或语段构成的有意义的语言单位。在言语交际过程中,句子或语段是通过语义或语用关系形成话语序列进而构成更大的语言单位的。话语序列的连贯关系体现了语篇在微观层面上的连贯性。对话语序列的连贯关系进行研究的目的在于揭示语篇在微观层面上的结构特征和连贯语篇的建构机制。

第九章探讨了语篇的信息连贯,指出语篇的信息连贯性与信息单元中的成分在信息传递过程中的信息状态和交际价值有着密切的关系。发话者为保证语篇信息流的畅通,需要时常对受话者的知识状态作出假设,以便决定将哪些信息处理为已知信息,哪些信息处理为新信息。在语篇信息流的推进过程中,信息的编排一方面受到交际目的的制约,另一方面又受到交际者认知局限性的制约。这就要求发话者不但使语篇具有一定的信息量,而且还要使信息具有最佳的可及性。

第十章讨论了语篇连贯的系统功能语言学模式,阐述了系统功能语言学关于语篇连贯的标准:要达到连贯,语篇必须是衔接的,不但如此,语篇还必须根据它所属的语域使用各种衔接手段;它在语义上必须是适宜的,并与词汇语法的表现手段相对应(即它必须有意义);并且它必须有语篇结构。在系统功能语言学的理论体系中,语篇作为一个语义单位,其连贯性是衔接、语域一致性和语篇结构等因素共同作用的结果。

第十一章探讨了关联理论对语篇连贯性的解释力,本章从语篇连贯性的关联解释入手探讨了语言学家对关联与连贯的关系的看法,分析了关联理论对连贯理论的补充,并阐述了关联理论在解释语篇连贯性方面存在的不足。研究表明,关联理论能在一定程度上解释语篇的连贯性,但连贯应被看作一个独立于关联的概念。

第三部分由第十二至十七章组成,主要从语用、认知和功能的视角探讨了语言在语篇层面上的使用和功能,特别是语言的语篇建构功能和语篇组织功能。

第十二章从语篇的角度探讨了预设在超句结构中的功能。作为一种语用现象,预设与语篇信息流之间存在着密不可分的关系。在语篇的层面上对预设进行研究不仅可以揭示预设在超句结构中的运作机制,而且可以阐释语篇组织的特征和语篇的连贯性。

第十三章研究了语用协调在语篇建构和语篇理解过程中所发挥的作用。语用协调是语言交际过程中的一种重要的语用调节机制和认知策略,可以对语篇信息流中的预设信息作出适当调节,从而在不影响语篇连贯性的前提下使语篇合乎语言交际的经济原则。语用协调的语篇功能主要体现在语篇的连贯性和语篇指称的确立与识别这两个方面。

第十四章讨论了人际意义资源的语篇建构功能。一方面,语气系统使小句具有对话性,从而使交际参与者之间的互动和意义磋商成为可能。另一方面,情态系统在表达发话者的态度和评价的同时,也影响或引发了受话者的态度和行为,确保了语言交流的合意性和有效性。同时,人际语法隐喻使语法资源得到合理的配置,从而使语篇准确地反映语言交流的意图。

第十五章探讨了评价意义资源的语篇建构功能。本章通过具体语料分析表明,评价意义在宏观结构上有助于语言使用者启动、展开和结束语篇,在微观层次上形成句际之间的语法衔接,而且评价词汇还可以在语篇中形成语义纽带。因此,评价意义有助于语言使用者更好地引导语篇接收者对语篇进行解读。

第十六章探讨了隐喻的语篇组织功能。本章认为,隐喻作为一种语篇策略,通过类比转移机制的运作,将隐喻的蕴涵从源点域映射到目标域,使隐喻能够在语篇的层面上延伸,并在语篇的建构中发挥积极的作用。隐喻延伸可以在语篇中形成系统的词汇衔接网络,并以此增强语篇的连贯性;概念域之间的互动在语篇中形成语块之间的映射关系,使语篇在结构上按一定的映射模式展开。

第十七章以否定结构的标记性和预设性为切入点探讨了该结构的语篇功能。研究表明,在语篇的信息流中,否定结构具有将背景信息前景化的功能,并通过信息的疏导和修正对信息流进行调整,保证信息流的畅通。在语篇的宏观结构层面,否定结构往往与特定的语篇组织模式相联系,成为语篇组织的重要手段。

第四部分由第十八至二十章组成,主要在话语建构论的框架内探讨话语的建构功能。

第十八章阐述了批评话语分析的系统功能语言学路径,认为批评话语分析从批评语言学开始就与系统功能语言学有着密切的联系。一方面,系统功能语言学为批评话语分析提供了理论基础和分析方法。另一方面,二者在发展过程中,相互促进,相互补充,成为语篇分析中互补的视角和分析范式。系统功能语言学作为"有社会责任的语言学",积极投身批评话语分析的实践,发展了建构论和意识形态的理论,完善了批评话语分析的系统功能语言学路径。

第十九章以话语建构观为指导,借助系统功能语言学的分析框架,分析了国家主席习近平在十二届全国人大一次会议闭幕会的讲话,明晰了中国梦通过话语建构的过程。习近平主席在讲话中阐释了一个包括个人成功和民族复兴的中国梦;中国梦也构筑了一个激励中国人民为实现美好愿景不断奋斗的未来话语。在概念功能、人际功能和语篇功能的层面上分析中国梦的话语建构不仅有助于理解中国梦的实质,而且对中国话语体系的建设和中国话语权的提升具有启示意义。

第二十章研究了后现代语境下性别身份的话语建构。在后现代语境下,性别身份是人们在语言交流的过程中通过在词汇语法系统中的选择建构的。性别身份的话语建构生产和再生产了不平等的性别关系和性别主义的意识形态。本章运用批评话语分析的方法,揭示了话语中存在的性别偏见和不平等的性别关系以及语篇中隐含的性别主义意识形态,从而有助于从根本上消除语言中的性别歧视现象。

苗兴伟

第一部分

语篇分析的理论与方法

第一章

话语转向时代的语篇分析[①]

1.1 引言

近年来,语篇分析(discourse analysis)在语言学乃至整个人文与社会科学领域得到了前所未有的发展。就目前的研究而言,语篇分析已经从单纯的语言分析发展为一个综合的研究领域。为了概括语篇分析的多学科(multidisciplinary)或跨学科(interdisciplinary)性质,有些学者则倾向于使用"语篇研究"(discourse studies 或 discourse research)这一术语(Renkema 1993; van Dijk 1997a; Jaworski & Coupland 1999)。Wood & Kroger(2000: 18)则强调,语篇分析既是多学科的,也是跨学科的。Van Dijk(1997a: xi)指出,作为一个新兴的跨学科研究领域,语篇研究包含了几乎所有人文与社会科学领域有关语篇与谈话的理论和分析。目前,语篇已经成为人文与社会科学的研究对象之一,语篇分析则成为人文与社会科学的重要研究方法。Parker(1999)、Sarangi & Coulthard(2000)、Harré(2001)和 Weatherall(2002)将这种现象称作"话语转向"(discursive turn 或 turn to discourse)。本章拟对"话语转向"时代的语篇研究进行简要评述。

① 本章原载于《中国海洋大学学报》,2004 年第 6 期,第 65—71 页,此次有所补充和修改。

1.2 术语问题

关于“语篇”或“话语”或“篇章”，不同的学者曾经下过不同的定义，也有学者对这些术语进行了区分（参见胡壮麟 1994）。本章对“语篇”和“话语”等概念将不作严格的区分。在英语中，text 和 discourse 在使用上也存在着类似的情况。Wood & Kroger（2000：19）认为 text 和 discourse 在术语的使用上存在着三种倾向：（一）text 和 discourse 相互替换，不作区分；（二）用 discourse 指口语语篇，用 text 指书面语篇；（三）根据 Saussure 对“语言”（langue）和“言语”（parole）的划分将 text 与“语言”相对应，将 discourse 与“言语”相对应。

Stillar（1998：11－12）认为 text 通常指的是涉及语言系统的话语过程的记录，在形式上既可以是书面的，也可以是口语的。也就是说，text 是音位的和/或字体的、词汇的和句法的以及语义的语言资源的体现。Discourse 通常指的是我们运用语言和其他的语义资源来表达意义的社会活动。类似的区分见于 Hodge & Kress（1988）、Fairclough（1989，1992a）、Thibault（1991）、Lemke（1995）。Geogakopoulou & Goutsos（1997：3－4）认为，text 是语言交际的物质或符号属性（声音与意义的结合），是特定的语言选择及其有意义的组合。而 discourse 则是语境中的 text（van Dijk 1977）。Text 不仅仅是 discourse 的产物，也是 discourse 的手段，没有 text，discourse 就不能成为语言活动。

在很多情况下，text 和 discourse 可以交替使用（van Dijk 1997a；Martin & Rose 2003；等等）。正如 Wood & Kroger（2000：19）和 Geogakopoulou & Goutsos（1997：4）所说的那样，有些区分只是涉及不同的研究重点，有的则涉及理论和方法论的问题。另外，不管是 discourse 还是 text，都不仅仅局限于语言。语篇常常被看作一种符号行为（Kress，Leite-Garcia & van Leeuwen 1997），在很多情况下语篇是包括图像和音响等视觉符号和听觉符号的多模态语篇（multimodal discourse）。正如 Chouliaraki & Fairclough（1999：2）所说的那样，语篇是社会行为的符号要素。

在对语篇的定义上，观点也不一致。一方面，语篇这一概念已经像

"语言"和"文化"等概念一样变得非常模糊(van Dijk 1997b),另一方面,不同的研究领域有时对语篇也有不同的理解。Jaworsky & Coupland (1999: 1-3)列举了语篇的十个定义,Schiffrin, Tannen & Hamilton(2001: 1)将这十个定义归纳为三种类型:(一)语篇是任何大于句子的语言单位;(二)语篇是语言的使用;(三)语篇是更为广泛的社会实践(social practice)。Schiffrin(1994: 20)归纳了两种不同的语言观:形式主义学派认为语篇是大于句子的语言单位,而功能主义学派则认为语篇就是语言的运用。形式主义学派把语篇看作一连串句子的组合,并把语篇分析看作对句子语法研究的延伸;功能主义则认为,句子与语篇有着本质的区别,句子是一个语法单位,而语篇则是一个交际单位。许多语篇研究者在强调语言的使用或交际功能的同时,也强调语言形式的重要性。Renkema (1993: 1)指出,语篇研究探讨的是语言交际中形式与功能之间的关系。Brown & Yule(1983: ix,1)认为,语篇分析的目的是说明语言形式如何用于交际;对语言使用的研究,不能局限于语言形式的描写而脱离语言形式在人类活动中用来实现的意图或功能。

在系统功能语言学领域,Halliday & Hasan 把语篇看作使用中的语言的单位,通过语篇可以理解语义选择的连续过程(Halliday 1978: 137)。Martin & Rose(2003: 3-4)指出,在系统功能语言学领域,语篇分析以语法分析和社会活动的分析为接口,处于语法学家和社会理论家的研究之间。语篇是大于小句、小于文化的单位。语篇分析借助语法学家的工具确定语篇中语言表达的作用,并借助社会理论家的工具解释语篇为什么表达了它所表达的意义。

从目前的研究中可以看出,语篇通常被看作语言使用的过程或产物。Fasold(1990: 65)指出,语篇研究就是研究语言使用的任何方面。正因如此,许多研究者强调语篇与语境和社会之间的关系。Geogakopoulou & Goutsos(1997: viii)指出,语篇分析研究的是在语境中以交际为目的的语言使用。Van Dijk(1990a: 164)指出,作为某一社会情景中的一个完整的交际事件,语篇既是语言使用的具体形式,也是社会互动的具体形式。

语篇的社会属性在批评语篇分析研究中得到了极致的发挥。Wood & Kroger(2000: 19)把语篇定义为作为社会实践的书面形式和口语形式的语言使用。Fairclough(1992b: 8,28)指出,语篇不仅仅是语言的使用,还是被视为社会实践的语言使用。语篇是社会关系影响下的产物,并负载着意识形态。

Van Dijk(1997b)对“语篇”这一概念作了较为全面的阐释,并确定了语篇的三个维度:(一)语言使用;(二)信念的交流(即认知);(三)社会情景中的互动。这三个维度是相互依存的。在语言使用的维度上,语篇具有形式、意义、文体、修辞、图式结构等特征。在认知的维度上,语篇被看作一种交际事件,语篇理解的前提是语言使用者拥有共同的社会文化信念,而语篇也可以通过词汇的选择、文体的变异和修辞手段的运用来表达一定的观点或意识形态,并以此影响或改变他人的观点。在互动的维度上,语篇是社会文化语境中的语言使用者在交际过程中实施的社会行为。

1.3 语言学与相邻学科中的话语转向

到今天为止,语篇分析并没有形成一个单一的理论框架,因此很难将语篇分析追溯到某一个源头。在西方,对语篇的研究可以追溯到两千年前柏拉图对辩论结构的研究和 Aristotle 对修辞理论的研究(van Dijk 1985a)。但我们所熟悉的语篇分析只是近几十年来兴起的一个研究领域。现代语言学在诞生之初并没有把语篇作为语言科学的研究对象(Beaugrande 1997; Sarangi & Coulthard 2000)。在 Saussure 看来,语言学研究的是抽象的“语言”,而不是实际使用中的“言语”。因此,作为实际的交际事件的语篇或话语也就被排挤出了语言科学的殿堂。在很长的一段时间内,语言学把语言看作一个自主的系统,并把语言分解为不同的领域或模块进行独立的研究。从音位学到形态学再到句法学,所有这些领域的产生都是建立在这样一种假设之上的:语言是一个由理论单元构成的系统,这些系统包含着用来组织和生成实际的语言材料的底层模式和规则。句法学经过几十年的研究后除了一些零散的描述之外并没有找到自然语言的底层模式和规则系统。在短语和句子中,词语的组合部分程度上取决于句法,部分程度上取决于说话者的世界知识和社会知识。因此许多语言学家开始运用真实的语料来分析实际使用中的语言(Beaugrande 1997)。早在1935年,Firth就强调了会话在语言学研究中的重要地位,并把会话研究看作理解语言性质和功能的钥匙(Stubbs 1993; Sarangi & Coulthard 2000)。在描写结构语言学领域,Harris于1952年提出了"语篇分析"这一术语,但Harris只是把语篇看作一连串句子的组合,并运用结构主义语言学的研究方法来揭示语法现象在超句结构中的组织规律。因此,Harris所从事的语篇分析仍然是句法分析的延伸。早期运用语言学方法分析超句结构的还有Mitchell(1957)(参见Coulthard 1977/1985)。

作为一门跨学科研究,语篇分析是在许多研究领域的影响下产生的。Van Dijk(1985)认为,语篇分析与古典修辞学、俄国形式主义、法国结构主义以及符号学都具有一定的渊源关系。特别是在20世纪60、70年代,人文与社会科学的发展为语篇分析的产生提供了肥沃的土壤,民族学、结构主义与符号学、篇章语法、社会语言学与语用学、民族方法论、认知心理学、社会心理学与话语心理学、交际学等都开始涉及语篇问题(van Dijk 1997b)。Beaugrande(1997)认为下列研究领域促进了语篇分析的产生:

(一) 对陌生语言的实地考察。在研究从未描写过的语言时,语言学家所面对的只有实际交际中的话语。那些没有文字记录的语言往往有着发达的口头文化,对此类语言的研究可以帮助人们更好地理解语言是如何用来实现各种交际功能的。这一点在美国的语言学传统中表现得十分明显。难怪Tannen(1990a: 110,转引自Sarangi & Coulthard 2000: xvii)曾经指出,如果Sapir和Whorf今天还在世的话,他们的研究可被看作语篇分析。

(二) 功能语言学。布拉格学派(Prague School)对交际动态的研究和伦敦学派(London School)对语言功能的研究使人们进一步意识到,语言结构是为语言的使用服务的。

(三) 社会语言学。以Garfinkel(1967)等为首的美国民族方法论者探讨了语言与社会之间的关系,并运用会话分析来研究社会结构。

(四) 语篇语言学。在以德国为代表的欧洲大陆,许多语言学家把语篇看作句子的延伸,并试图找到语篇的底层结构"篇素"(texteme),这些研究渐渐发展为较为成熟的语篇语言学。

(五) 人工智能。

(六) 语篇处理。以Freedle(1977)等人为首的美国心理语言学家对语篇的生成和理解进行的跨学科研究。

（七）社会心理学。

语言学领域的话语转向无疑对语言学研究产生了巨大的影响。从早期对代词和语义连贯的语言学研究和最初发现的谈话中的话轮转换，以及最先对各种文化中“说话方式”的民族学研究，或者是早期对语篇理解的实验研究算起，当代的语篇分析已经走过一段很长的历程（van Dijk 1997b：31）。

随着语篇研究的不断深入，整个人文和社会科学领域渐渐意识到语篇的重要性（van Dijk & Petöfi 1981）。就像 van Dijk（1985a：xi）所说的那样，在人文和社会科学领域，最引人注目和最有趣的发展就是对语篇研究的广泛而又多学科的关注。人文和社会科学领域的话语转向是在语言学领域的话语转向的影响下于20世纪70年代开始的。无论是诗学、修辞学和文体学等与语言学密切相关的学科，还是心理学、人类学、社会学、文学研究、神学等领域都开始重视对语篇的研究。从20世纪80年代开始，语篇已经成为许多学科的重要研究对象，如人类学、历史学、社会学、信息科学、心理学和心理疗法、教育学、神经语言学、符号学、哲学等（Geogakopoulou & Goutsos 1997：4）。

在语言学的相邻学科，语篇被看作理解社会生活和人类行为的资源，语篇分析常常被看作一种研究方法。Sarangi & Coulthard（2000）列举了哲学、文化人类学、历史学、社会学和心理学领域的话语转向。哲学领域的话语转向是从分析哲学向阐释学的转变开始的，无论是 Wittgenstein 的语言游戏论还是后来 Habermas 的交际行为理论，都体现了语言的社会性和社会语境对语言意义的制约。在文化人类学领域，受民族交际学理论的影响，人类学家从20世纪70年代开始把语篇看作语言、文化和社会的结合点，并越来越重视语篇在文化和社团研究中的重要性。在历史学研究中，Foucault（1972）的社会变革理论对历史研究产生了深远的影响。Foucault 把语篇看作一系列的陈述，作为一个知识系统，语篇能够使人实施某些行为并同时也限制着人们的行为，人们在生产语篇的同时也成为语篇的产物。这一点对后来批评语篇分析的历史研究具有重要影响（参见 Fairclough 1992a；Reisigl & Wodak 2001；Martin & Wodak 2003）。在社会学领域，民族方法论的会话分析越来越多地被用来分析社会成员之间的互动，并以此来揭示社会结构和社会生活的许多方面。心理学领域的话语转向一方面体现在20世纪70年代对语篇的生成和理解的研究,另一方面体现在话语心理学的出现(Edwards & Potter 1992)。话语心理学借助会话分析的理论和研究方法,将社会行为、情感、态度等看作互动的产物,并从语篇的角度来理解社会心理现象。

1.4 语篇分析的阶段特征

根据van Dijk(1985a)的划分,20世纪80年代之前的语篇分析大致经历了三个阶段。20世纪60年代后期到70年代初期(1964—1972)为现代语篇分析的启蒙时期。在这一时期,结构主义的语言学研究方法在语篇分析中占主导地位。

在20世纪70年代初期(1972—1974)语篇分析确立了其学科地位。在这一时期,人文科学的繁荣进一步促进了语篇分析的发展。社会语言学开始对语言在社会文化语境中的功能和变体展开研究,并将语言研究扩展到了口语语篇(如Labov 1972a,1972b)。在语言哲学领域,Austin(1962)和Searle(1969)的言语行为理论以及后来的Grice(1975)的会话含意理论使语篇分析与语用学紧密地结合在一起。在这一时期,篇章语法研究在欧洲大陆得到了进一步发展。在心理学、心理语言学和人工智能领域,认知心理学和信息处理研究逐渐取代了以往的行为主义心理学,并对语篇的记忆和理解过程进行了探讨。比较突出的成果有Carroll & Freedle(1972)以及Kintsch(1974)等对语义记忆、知识表征和语篇理解过程的研究。20世纪70年代初期正是社会学的一个重要发展时期,越来越多的社会学家开始注意对日常会话的研究。美国民族方法论者的会话分析(Cicourel 1973;Sacks,Schegloff & Jefferson 1974;Sudnow 1972)与英国伯明翰学派(Birmingham School)的课堂会话描写体系研究(Sinclair & Coulthard 1975)遥相呼应。在这一时期,人类学家(Gumperz & Hymes 1972;Hymes 1974)也开始研究语言交际与社会文化之间的关系,发展了民族交际学(ethnography of communication)。

20世纪70年代中期以来,语篇分析已经成为一门综合的、独立的跨学科研究。《话语过程》(*Discourse Processes*,1978)和《语篇》(*Text*,1981)这两种专业期刊先后在美国和欧洲创刊。欧洲大陆的语篇语言学有了进一步的发展(Dressler 1978)。Van Dijk(1985a)对这一时期的研究成果进行了全面的总结。这一时期还出版了一系列语篇分析的教材(Coulthard 1977/1985; Edmondson 1981; Beaugrande & Dressler 1981; Brown & Yule 1983; Stubbs 1983)。所有这些不仅巩固了语篇研究的基础,而且有力地促进了语篇分析的发展和繁荣。

Van Dijk(1990b,1990c)在对语篇分析进行回顾和展望时指出,经过二十多年对语篇的结构和功能的描写和理论研究,这一新兴的学科已经成熟。但是,以往的研究过于关注语篇本身的结构或策略问题,在研究上以典型的学究式的理论构建或语篇描写为主,很少关注社会政治问题。而社会学家或政治学家也很少基于性别、阶级或种族对社会不平等现象对语篇进行分析。因此,语篇分析应当认真地开始考虑该学科的应用目标和社会目标,加强在教育、媒体、公共机构、计算机、社会生活等领域的应用和研究。

20世纪90年代以来,语篇分析得到了空前的发展。1990年由van Dijk主办的《话语与社会》(*Discourse and Society*)创刊。在美国,1991年国际性组织"语篇与话语协会"(The Society for Text and Discourse)成立,其官方刊物为1978年创刊的《话语过程》。语篇分析在20世纪90年代末已经成为一个自主的研究领域。Coulthard(1992,1994)和van Dijk(1997a)对前期成果进行了总结。1999年van Dijk又创办了新的刊物《话语研究》(*Discourse Studies*)并在发刊词中指出,作为一个多学科研究领域,语篇研究在几乎所有的人文与社会科学领域经过三十几年的发展,已经走向成熟,成为一门自主的学科。《话语研究》的创刊就是为了庆祝并巩固这些发展(van Dijk 1999)。

如果按完整的年代划分,20世纪60年代语篇分析开始在人文和社会科学领域的许多学科中产生,主要表现在语言学和诗学以及人类学和社会学等学科领域;20世纪70年代认知心理学和人工智能加入了正在成长的语篇研究;20世纪80年代社会心理学和交际学等各种领域对语篇研究表现出越来越浓厚的兴趣;20世纪90年代语篇分析作为一门新兴的学科已经成熟(van Dijk 1990b)并奠定了其自主的学科地位(van Dijk 1999)。

语篇分析发展历程中的一个显著的特点就是多学科之间的融合，从而使语篇分析成为一个名副其实的多学科或跨学科研究领域。例如，在20世纪60年代，叙事语篇成为结构语言学、人类学、符号学和诗学的共同研究对象，到了20世纪70年代，认知心理学和人工智能也加入了该研究的行列。同样，产生于微观社会学领域的会话分析也受到了哲学、语言学、社会语言学、语用学和民族学的共同关注（van Dijk 1990b）。

1.5 语篇分析的地域特征

早期的语篇分析呈现出一定的地域特征。在美国，结构主义语言学家Harris（1952）运用分布、转换等描写语言学的结构分析方法来研究超句结构，并试图通过分析语篇中重复出现的形态结构来确定不同的句子成分在分布上的对等关系。由于Harris的分布分析法没有考虑到交际者、语境、意义等交际因素在语篇中的重要作用，他的分析方法难以揭示语篇结构的实质。继Harris之后，Pike（1967）的法位学（tagmemics）理论将语言学研究延伸到语篇的层面，并对美国后来的语篇分析理论和实践（Grimes 1975；Longacre 1977）产生了巨大的影响。Linde（1997：4）认为，真正奠定美国语篇分析的语言学地位的是William Labov。他的叙事结构理论至今对语篇研究有着重要的影响。Labov（1972b：252）对Harris的语篇分析方法提出了批评，并指出，语篇分析的根本问题就是说明一句话如何以合理的、受规则制约的方式出现在另一句话的后面，换言之，我们如何理解连贯的语篇；语篇分析必须考虑言语事件的社会语境以及语言形式所实施的社会行为。对于社会文化语境和社会行为的关注一直是美国语篇分析的主流之一。语言人类学领域的民族交际学研究（Hymes 1964；Gumperz & Hymes 1972）和社会学领域民族方法论（ethnomethodolgy）的会话分析研究（Garfinkel 1967；Sudnow 1972；Sacks, Schegloff & Jefferson 1974；Goffman 1981）为语篇分析的发展作出了巨大贡献（Zimmerman 2003）。以Gumperz（1982）为传统，综合Goffman

(1981)的社会学思想以及言语行为理论、合作原则和礼貌原则等理论而产生的互动社会语言学(interactional sociolinguistics)成为语篇分析的重要研究方法(Schiffrin 1994)。美国的语篇分析在很大程度上沿袭了这一传统,这一点在 Tannen(2003)和 Schiffrin(2001,2003)等人的研究中表现得最为明显。

在欧洲大陆,与美国 20 世纪 60、70 年代相呼应的是语篇语言学(text linguistics),结构主义的语言学研究方法在语篇分析中占主导地位,特别是布拉格学派的功能句法观(functional sentence perspective)为语篇分析提供了动力。20 世纪 70 年代,Petöfi(1971)和 van Dijk(1972)等人把语篇看作一个超长句,并尝试将转换生成语法理论、欧洲的结构主义语法理论和法国的叙事语法理论结合起来,发展出了语篇语法(text grammar)。语篇语法实际上是句子语法的延伸,所以这类研究并没有找到语篇与非语篇的区别标准,从而在揭示语篇的连贯性方面也就没有多大说服力(Beaugrande & Dressler 1981: 25)。

在英国的语篇分析传统中,Firth - Halliday - Sinclair 被看作一条主线(Stubbs 1993)。这一传统一直把语篇看作语言学的研究对象,注重对真实的语篇语料进行分析和研究。伦敦学派的先驱者 Malinowski(1923,1935)早在 20 世纪 20、30 年代就开始对语言功能和语境等问题进行了研究。后来,Firth 继承并发展了 Malinowski 的思想,并明确指出,一个句子,只有其主要部分被放在一定语境下的语篇内,其语义才能被解释清楚(Firth 1957: 145)。Firth 的语言学思想和研究对 Halliday 产生了深远的影响。Halliday(1961,1962,1964,1967/1968)对语篇衔接、及物性和主位结构的研究为语篇分析的发展作出了不可磨灭的贡献。Halliday 所开创的系统功能语言学为语篇分析提供了坚实的理论基础。Sinclair 更注重对真实语料的分析,主张理论与实践的结合。以 Sinclair & Coulthard(1975)为首的伯明翰学派对课堂会话模式的分析和描写不仅是语篇分析的典范,而且在课堂教学研究领域也具有重要的应用价值。在 Sinclair 的主持下建立的 COBUILD(Collins Birmingham University International Language Database)语料库是目前世界上最大的语料库之一,在语言研究、语言教学和词典编纂方面发挥了不可估量的作用(Baker, Francis & Tognini-Bonelli 1993)。

1.6 结束语

20 世纪 60 年代以来在人文与社会科学领域开始的“话语转向”带来了语篇研究的繁荣。语篇分析在 20 世纪 70 年代发展成为一门综合的、独立的跨学科研究。经过 20 世纪 80 年代的迅速发展,语篇分析在 20 世纪 90 年代作为一门新兴的学科走向成熟并在 20 世纪 90 年代末成长为一个自主的研究领域。随着时间的推移,语篇分析在人文和社会科学研究中的地位将越来越突出。

第二章

语篇分析的进展与前沿[1]

2.1 引言

近年来,语篇分析在语言学乃至整个人文与社会科学领域得到了前所未有的发展。就目前的研究而言,语篇分析已经从单纯的语言分析发展为一个综合的研究领域。本章拟对语篇分析的最新进展和前沿领域进行综述性研究。由于语篇分析的多学科性质,研究者很难对其发展的现状进行简单的描述。Van Dijk(1997b)根据语篇的三个维度,即语言使用、认知和互动,将"语篇—认知—社会"构成的三角关系看作多学科语篇分析的栖息之地,并把语篇分析划分为三种类型:(一)对语篇本身的研究;(二)对语篇和交际的认知研究;(三)对社会结构和文化的研究。综合van Dijk(1997b)和Schiffrin, Tannen & Hamilton(2001)对语篇分析的划分,笔者将从语篇分析与语言学研究、语篇与认知、语篇与社会这三个方面对当前语篇分析的热点进行简要的总结。

① 本章原载于《外语学刊》,2006年第1期,第44—49页。本书出版时在内容上进行了补充。

2.2 语篇分析与语言学研究

语篇分析自产生以来一直是语言学研究的重要组成部分。一方面，语篇分析可以在语言的不同层面上对语篇进行研究，如句法学、语义学、文体学、修辞学、体裁分析等（van Dijk 1997b）；另一方面，语篇分析与传统语言学领域的音位学、语义学、句法学、语用学、历史语言学相结合，为分析语音、意义、结构和理解语言变迁的历时过程提供了新的方法和视角，用语篇分析的方法考察传统语言学中的问题不但可以揭示语篇的实质而且有助于传统语言学研究（Schiffrin, Tannen & Hamilton 2001）。

语篇结构一直是语篇分析的重要内容。从传统的语篇语言学到计算机语篇处理研究，都十分关注语篇结构问题（Beaugrande 2000; Marcu 2000）。就结构层次而言，语篇分析既有微观层面上对主位结构、信息结构、修辞结构和连贯关系的探讨，也有宏观层面上对语篇模式（patterns of text）的研究（Hoey 2001; Horn & Ward 2004; Marcu 2000; Schiffrin, Tannen & Hamilton 2001; Scott & Thompson 2001）。

系统功能语言学的语篇分析不断发展。在理论建构上，Halliday（1985, 1994）、Martin（1992a）、Matthiessen（1995）和 Halliday & Matthiessen（1999）构成了一个互为补充的整体；人际意义理论取得了进一步的发展（Eggins & Slade 1997; Martin 2000a），概念意义研究进一步延伸（Halliday & Matthiessen 1999, 2004），小句层面之上的意义研究有了新的突破（Martin & Rose 2003），所有这些都为语篇分析的发展提供了理论基础（cf. Martin & Wodak 2003; Matthiessen 1995）。对语域和语类的研究主要关注科技语篇和学术语篇以及读写能力的培养与教学等问题（Christie 2002; Ellis & Ravelli 2004; Ghadessy 1999; Hyland 2002; Johns 2002; O'Halloran 2004; Unsworth 2000）。对主位结构、语篇连贯和语篇结构的研究进一步发展（Banks 2004; Fries 2004; Fries et al. 2002）。作为批评语篇分析的重要理论基础和方法，系统功能语言学与批评语篇分析的结合越来越紧密（Martin & Rose 2003; Martin & Wodak 2003; Young & Harrison 2004），特别是评价系统的研究为批评语篇分析提供了有力的

语言分析工具(Graham 2003;Hunston & Thompson 2000;Macken-Horarik & Martin 2003)。

语篇语法(discourse grammar)从21世纪初开始成为语言研究的一个重要理论和方法。许多学者开始注重从语篇的角度对一些常见的语法现象的语篇功能及其在语篇层面上的分布进行研究(Gundel & Fretheim 2004;Huddleston & Pullum 2002;Ward & Birner 2001,2004)。语篇语法的发展得益于语料库的建设和语料库语言学的发展。例如,英国诺丁汉学派(Nottingham School)借助CANCODE(Cambridge and Nottingham Corpus of Discourse in English)语料库对口语语法进行了系统的研究(Carter,Hughes & McCarthy 2000;McCarthy 2001);Biber et al.(1999)则运用LSWE(Longman Spoken and Written English)语料库对口语和书面语语法进行了研究。

随着语料库语言学和计算机语言学的发展以及大型语料库的建设和语篇分析软件的开发,语料库语言学在语篇分析中发挥着越来越重要的作用(Biber & Conrad 2001;Popping 2000;Semino & Short 2003;Sinclair 2004;Stubbs 2001)。Conrad(2002)对语篇分析的语料语言学方法进行了详细的总结:(一)研究某一语言特征的使用特点(如影响补足语从句中that的省略与保留的因素);(二)考察某一语言功能的实现方式(如描写英语中表达立场的所有结构);(三)描绘语言变体的特性(如对大学中不同场合所使用的语域之间的关系进行多维分析);(四)探寻完整的语篇中某一特征的出现情况(如作者是如何通过指称自己和读者来建构权威的)。许多研究对语料库语言学的语篇分析具有重要的参考价值,例如,Aijmer(2002)和Aijmer & Stenstrom(2004)对语篇标记和语篇模式的研究;Partington(2003)以48份白宫新闻发布会简报为语料运用检索技术对新闻发布会语境中的语篇特征和交际策略所作的分析。

一些新兴的语篇形式也引起了语篇分析者的注意。随着计算机技术和网络技术的发展,计算机媒体交际(computer-mediated communication,简称CMC)在当今社会中发挥着越来越重要的作用,特别是以超级文本、电子邮件、网络聊天和虚拟游戏为媒介的网络语言或电子语篇(electronic discourse)引起了语言学家的注意(Crystal 2003)。手机短信服务(short messaging service,简称SMS)的兴起使短信发送(texting)也成为一种独特的交际方式。Herring(2001)对计算机媒体语篇研究进行了详细的总结。Yates(2001)运用语料库语言学的方法对计算机媒体交际进行了社会语言学分析。Hillier(2004)则对电子邮件、手机短信(text message)和网络聊天的语篇特征进行了初步的分析。

2.3 语篇与认知

语篇与认知之间存在着十分密切的关系。语篇既涉及个体认知也涉及社会文化认知。个体认知因人而异,因此,即使在相同的社会文化语境中,不同的语言使用者所生成的语篇往往也是千差万别。而社会文化认知则使社会成员拥有共同的语法和语篇规则,从而使语篇的理解成为可能(van Dijk 1997b)。一方面,语篇是研究认知的重要途径(Virtanen 2004);另一方面,认知是语篇分析的重要内容(Semino & Culpeper 2002)。也就是说,我们既可以通过语篇来研究认知,也可以通过认知来研究语篇。

随着认知语言学的不断发展,有些语言学家开始运用认知语言学的理论和方法对语篇和语篇现象进行研究。Langacker(2001)从认知语法的角度对语篇进行了研究。O'Halloran(2003)以连通论、认知语言学、推理的心理语言学证据和关联理论为认知理论框架探讨了新闻语篇对读者的操纵和蒙蔽。Lee(2001)将认知语言学中的"框架""范畴"等基本概念和原型理论运用到语篇分析中,证明了认知语言学在语篇分析中的潜力。近年来,认知语言学将许多认知现象的研究扩展到语篇的层面,例如象似性(Fischer & Nänny 2001;Nänny & Fischer 1999)、隐喻(Barcelona 2000;Wales 2002)、意识形态(Dirven, Frank & Ilie 2001;Dirven, Hawkins & Sandikcioglu 2001)、语篇指称与概念结构之间的关系(Schmid 2000;van Hoek, Kirbrik & Noordman 1999)。

语篇分析一直重视对语言使用者生成和理解语篇的认知因素的研究,特别是对认知过程、认知表征和认知模式的研究。语篇的生成和理解是一个动态的认知过程,通常被称为语篇过程(discourse process)或语篇处理(discourse processing)。语篇处理是发话者或受话者对语篇中的信息能动地建构为认知表征的过程。认知表征的重要特征之一是具有连贯性,而且语篇生成和理解的认知过程会受语言因素的影响。在语篇过程的研究中,许多研究把语篇的连贯和语篇中的连贯关系看作一种认知或心理现象,并加强了对语篇标记、衔接关系、语篇结构、信息结构和指称等影响语篇的生成和理解的语言因素的研究(Knott, Sanders & Oberlander 2001; Louwerse 2001; Sanders & Noordman 2000; Sanders, Schilperoord & Spooren 2001)。人们不仅对阅读、记忆、表达、推理等语篇过程进行实验或定量研究,而且注重研究语言交际者在使用和理解反讽、隐喻、夸张等修辞手段时的认知过程以及信念和情感等因素在语篇的生成和理解过程中的作用。Graesser, Gernsbacher & Goldman(2003)对语篇过程研究进行了全面的总结,并指出,随着多学科研究向跨学科研究的转变,语篇处理研究将变得越来越深奥,在未来的研究中神经科学将与语篇研究进一步融合,计算机技术在语篇分析中的应用也将进一步加强。

认知科学中的许多理论在语篇分析中发挥着重要的作用。

(一)关联理论在语篇分析中的运用主要表现在对关联与连贯的关系的讨论以及对语篇连接词或语篇标记、语篇理解和语用照应的研究(Blakemore 2001, 2002, 2004; Ler 2003; Matsui 2000)。

(二)可及性理论(accessibility theory):可及性是一个心理语言学概念,通常指一个人在生成和理解语篇时,从大脑记忆系统中提取一个语言或记忆单位的便捷程度。可及性涉及指称形式与认知状态之间的关系。指称的语篇功能在于以语言形式对认知可及性进行语言编码。指称连贯可以在认知操作过程中使新信息与认知表征中的已有信息建立起联系(Ariel 2001, 2004; Sanders & Gernsbacher 2004)。

(三)语篇世界(text world)理论:语篇世界是包含概念草案(conceptual scenario)的心理结构体(mental construct),是由语篇本身初步界定并由语篇中的指示成分和指代成分具体界定的指示空间(deictic space)。语篇世界理论不但对语篇的理解和生成具有一定的解释力,而且在语篇的文体研究中发挥着重要的作用(Hidalgo-Downing 2000a, 2000b; Werth 1999)。

(四)向心理论(centering theory)是由美国语言学家和认知科学家在20世纪末发展起来的关于语篇处理和语篇局部结构的理论,它所关注的重点是处理难度、语篇回指和语篇连贯性等问题。向心理论旨在解释语篇中交际参与者的注意中心,它试图说明注意状态、推理难度和指称形式这三者之间的关系(Walker, Joshi & Prince 1998)。向心理论为语篇回指研究提供了重要的理论依据(Beaver 2004),并发展为计算机语言学的重要理论(Tetreault 2001; Strube & Hahn 1999; Miltsakaki 2002)。

在社会心理学领域,社会建构论的语篇分析对传统认知论提出了挑战,从而促使了话语心理学(discursive psychology)的产生(Potter & Edwards 2004)。传统心理学把语言看作资源,通过语言了解大脑的思维机制,话语心理学把语言当作主题,研究人们如何谈论或构建态度、记忆和情感。话语心理学认为,语言不仅可以用来表达经历,而且可以用来建构经历和主观与心理的现实。语篇不是抽象的系统,而是在一定的语境中发生的实际的语言使用,是建构社会世界、自我、身份、思想和情感的动态的社会实践。人们表达态度或叙述往事时不仅仅是反映现实或回忆信息,而是通过各种不同的谈话形式完成不同类型的社会行为(Parker 2002)。话语心理学为研究社会心理提供了重要的理论和方法,例如Edley(2001)对男性身份的分析。

2.4 语篇与社会

语篇与社会之间存在着密切的关系,对社会问题的关注也是近年来语篇分析的重心之一(Sarangi & Coulthard 2000)。语篇是社会文化语境中的社会行为或互动,作为一种行为,语篇包含着一定的意图并涉及一定的后果(van Dijk 1997b)。Schiffrin, Tannen & Hamilton(2001)指出,语篇是社会成员之间的互动,是社会成员运用语言资源实现社会生活中的各种任务的社会实践。特别是在政治和公共机构领域,语篇可以用来达到某种意图;在不同的社会生活领域,特定语境中的语篇可以将交际参与者界定为特定的话语社团(discourse community)成员。语篇分析可以揭示语篇中的种族歧视、角色或身份的定位、政治语篇和媒体语篇中的意识形态,以及法律、医疗、教育等公众机构语境和跨文化语境中的语言使用问题。总之,语篇与社会生活的各个领域之间存在着密切的关系,在对其进行研究时所采用的研究方法也具有许多的相同之处。

语篇分析对社会的关注最直接地体现在批评语篇分析领域。批评语篇分析亦称作批评话语分析(critical discourse analysis,CDA)或批评话语研究(critical discourse studies,CDS)。对于批评语篇分析的研究成果和发展情况,Toolan(2002)进行过全面的总结。作为语篇分析的一个重要研究领域和研究方法,批评语篇分析到目前为止已经发展得相当成熟,其专业期刊《批评话语研究》(*Critical Discourse Studies*)于2004年创刊,第一届国际批评语篇分析研讨会也于2004年5月在西班牙召开。批评语篇分析的主要流派包括以van Dijk为代表的社会-认知法(socio-cognitive approach)、以Fairclough为代表的兰卡斯特学派(Lancaster School)的社会变革论、以Wodak为代表的维也纳学派(Vienna School)的语篇-历史法(discourse-historical approach)、以Wetherell为代表的拉夫堡学派(Loughborough School)的话语心理学、以Kress和van Leeuwen为代表的社会符号学(social semiotics),等等。在具体的语篇分析中,有的研究从社会理论出发,很少对语篇的语言特征进行详细的分析和描写,有的则以语言分析为主,有的研究则把社会理论和语言特征的分析结合在一起(Fairclough 2003;Phillips & Hardy 2002;Weiss & Wodak 2003;Wodak & Meyer 2001),而社会符号学则把语篇看作一种社会符号或多模态语篇,并在分析语言特征的同时强调图像和声音等视觉和听觉符号在语篇中的作用(Kress & van Leeuwen 2001;LeVine & Scollon 2004;O'Halloran 2004)。

机构语篇分析(institutional discourse analysis)研究在教学、医疗、审问、咨询、谈判和访谈等公共机构语境中人们是如何运用语言来完成某项任务或活动并达到某一目标的。对公共机构语篇的研究主要是关注语篇所体现的权力上的不对称性以及话语参与者的机构角色和话语角色之间的关系是如何影响语篇的结构和发展轨迹的(Holmes & Stubbe 2003;Mayr 2004)。Thornborrow(2002: 4)认为,作为一种互动形式,公共机构语篇具有如下特征:(一)话语参与者具有被区分的、预先标记的和传统的机构角色,如教师、学生、记者、警察;(二)话轮类型的不对称,如在新闻采访中,记者提问,被采访者回答;(三)在说话者的权利与义务方面参与者之间关系的不对称,有些言语对某些说话者是合适的,但对另一些则是不合适的,如法官提问,而被告则不能;(四)相对于参与者当前的机构角色来说,参与者用来实现特定行为的话语资源和角色被削弱或加强。

组织语篇分析(organizational discourse analysis)运用语篇分析的理论和方法研究社会组织语境中的话语行为和组织文化(Bargiela-Chiappini 2004;Grant,Hardy,Oswick & Putnam 2004;Wodak & Iedema 1999)。任何社会中的个人都与一定的组织联系在一起,并作为体制化的组织结构的一个成分而存在。作为一种社会集体,组织是通过其成员之间持续的、相互依存和相互协调的、以目标为取向的交际行为而产生、发展和变化的。语篇是组织成员用来构建一致的社会现实并以此来界定自我身份意识的主要方法。因此,在社会组织中,语篇行为体现并构建一定的组织行为,组织语篇体现的是社会结构和社会意义。

对性别与性别身份的研究一方面延续了社会语言学对语言交际中的性别差异和性别歧视进行的研究,另一方面探讨了社会交往中人们如何运用语言资源来呈现自己的性别身份,即用语篇分析的方法研究性别身份是如何通过语言来表现和建构的(Coates 2003;Holmes & Meyerhoff 2003;Litosseliti & Sunderland 2002;Sunderland 2004;Weatherall 2002;Harrington et al. 2008)。女性主义则更多地关注女性在以男性为主导的社会生活中的地位和作用以及与性别相关的社会问题(Ehrlich 2002;Mills 2003,2012;Stokoe & Weatherall 2002)。

种族歧视问题在 20 世纪末成为语篇分析的重要话题(Wodak,de Cillia,Resigl & Liebhart 1999)。随着全球化进程的加快,国际交往和人口流动变得越来越频繁,由来已久的种族歧视现象也变得越来越突出。带有种族歧视性质的言论和政策在许多国家的政治辩论、法规和媒体中频繁出现。对种族歧视语篇进行分析的目的在于揭示语篇所体现的社会和认知层面上的民族身份、陈旧观念和种族偏见以及种族歧视的语篇策略(Henry & Tator 2002;Reisigl & Wodak 2001;Teo 2000;Wodak & Reisigl 2001)。对种族歧视语篇的分析大都采用批评语篇分析的理论和方法并结合相关的社会文化语境,通过宏观和微观的语言分析来揭示语篇是如何宣扬民族优越感并消极地呈现其他民族,特别是有色人种、移民和难民的身份特征的。

社会生活中的诸多领域与政治之间存在着直接的联系。政治语篇分析的目的之一就是研究语篇所体现的政治思维和政治行为以及在政治行为中如何通过语言的选择来达到政治目的(Wilson 2001)。对于政治语篇,我们可以从言语行为或互动等角度进行语用学分析、宏观与微观的语义分析、句法分析和词汇分析。对政治语篇的分析一般需要结合一定的社会背景,从社会认知的角度研究政治语篇中的语言特征和语篇策略(Chilton 2004;Chilton & Schäffner 2002)。近年来,政治语篇分析对当今的政治领域进行了密切的关注,如 Fairclough(2000,2001)对 Blair 为首的新工党的政治言论的批评语篇分析、Partington(2003)用语料库语言学的方法对 Clinton 执政后期的政治语篇进行的分析、Chilton(2004)对 Clinton、Bush 和 bin Laden 的政治演讲进行的分析、Dedaić & Nelson(2003)对战争语篇的关注、Edwards & Martin(2004)对"9·11 事件"的语篇解读、Graham, Keenan & Dowd(2004)对 Bush 反恐演讲进行的分析。

经常与政治语篇相提并论的是媒体语篇(media discourse),因为政治与媒体之间常常存在着千丝万缕的联系(Chouliaraki 2000)。当然,媒体语篇并不仅仅关注政治问题,并且随着技术的进步,媒体已经变成了一个比较宽泛的概念,可以指报刊、广播电视和网络等大众传播媒介。在当今社会,媒体语篇几乎无所不在,它不仅影响着人们对社会生活、政治和文化的看法,而且也不断地影响着人们的语言使用(Aitchison & Lewis 2003;Bell & Garrett 1998;MacDonald 2003)。根据 Cotter(2001)的论述,媒体语篇分析主要关注如下内容:(一)用于建构新闻语篇或隐含于语篇中的叙事或社会语言学因素;(二)引述或间接引语的含义;(三)权力、偏见和意识形态在新闻语篇中的运用;(四)媒体对保持社会差别的影响;(五)包括广播访谈在内的主导体裁;(六)媒体受众的角色;(七)制作与新闻采编的过程。媒体语篇分析的方法包括批评性分析,叙事、语用或文体分析,比较的或文化的研究视角,媒体学或传播学研究,以实践经验为主的研究以及认知的研究视角。

近年来,人们逐渐意识到语篇在社会生活中的重要性。从语篇的角度对社会进行的研究还包括文化与跨文化交际、欺骗、误解、道德、家常、就业与失业问题、环境与自然、全球化、人权、历史,等等。语篇分析对社会领域的方方面面进行的密切关注在某种程度上体现了语篇研究者的社会责任感。

2.5 结束语

语篇分析的发展在很大程度上体现在理论的创新和研究方法的不断完善。首先,语言学研究的不断发展促进了语篇分析的理论建构;其次,语料库的建设、计算机技术的发展和语言分析软件的开发为语篇研究提供了有效的分析工具;另外,人文与社会科学领域中各学科之间的融合和渗透为语篇分析提供了广阔的发展空间。在研究方法上,语篇分析在加强自身理论建构的同时更注重实际的语篇分析和操作,使语篇分析的方法不断完善。人文与社会科学领域的其他学科在运用语篇分析来研究和解决问题的同时也促进了语篇分析的理论和研究方法的发展。总之,随着语篇分析的跨学科或多学科地位的加强和各学科之间的相互影响,语篇分析将在理论和方法上不断创新,并为人文与社会科学的研究作出更大的贡献。

第三章

言语行为理论与语篇分析[①]

3.1 引言

Austin(1962)和 Searle(1969)的言语行为理论阐释了人们是如何运用语言表达言外之力(illocutionary force)实施各种言语行为的语言功能观的。言语行为理论研究的只是孤立的脱离语境的句子或语段(utterance)所实施的单个行为(Coulthard 1977/1985: 9)。由于言语行为是人们在具体的语言交际过程中发出的,所以孤立地研究单个的言语行为在很大程度上难以揭示语言的意义和语言运用的实质。随着语篇分析理论和实践的发展,许多语言学家开始把言语行为放到它所赖以存在的语篇中去研究。一方面,孤立的言语行为所表达的言外之意往往具有不确定性,只有在具体的语篇中才能确定其言外之意,而且对言语行为序列(sequence)的研究可以揭示言语行为在连贯语篇的建构中所发挥的作用。另一方面,语篇分析又可以推动言语行为理论的进一步发展和不断完善。

① 本章原载于《外语学刊》,1999 年第 1 期,第 25—99 页。本次出版有所改动。

3.2 言语行为与语篇

言语行为理论最初是由英国哲学家 Austin(1962)提出来的,后来美国哲学家 Searle(1969)对这一理论作了进一步的修正和发展。言语行为理论是从研究日常语言的功能开始的。Austin 认为,语言交际的单位不是句子,而是通过句子所实施的言语行为,如许诺、感谢、警告,等等。Austin 在研究中发现,任何语段只要满足适宜条件(felicity condition),都可以用来表达一定的言外之力,实施某种行为。Searle 认为,每个句子都具有一定的潜在的言外之力,这种潜在的言外之力是句子意义的组成部分,每个有意义的句子借助于它所具有的意义都可以被用来实施一个特定的言语行为。

言语行为理论研究的只是孤立的脱离语境的句子或语段所实施的单个行为。但在语言交际过程中,交际参与者所实施的不只是单个的言语行为。交际双方在交际过程中所实施的言语行为不但要具有语境适宜性(contextual appropriacy),而且要与其他言语行为形成前后的连贯关系。也就是说,言语行为研究需要涉及更大的语言交际单位:语篇。言语行为和语篇都属于语言运用的范畴,二者之间存在着密切的关系。

首先,从语言交际的角度看,语篇是在语言使用过程中形成的大于句子或语段的交际事件(communicative occurrence)(Beaugrande & Dressler, 1981: 3)。从这种意义上讲,语篇不是句子的排列和组合,而是言语行为的序列。Van Dijk(1977)则把这种由言语行为构成的更大的交际单位称为宏观言语行为(maco-speech act)。从语用学的角度讲,孤立的句子是毫无意义的,句子只有在交际过程中被用来实施言语行为,并连接在一起构成更大的交际单位时才能获得意义。社会语言学对言语事件(speech event)的研究也说明了这一点。言语事件是人们进行言语交际的实例,如互致问候、询问信息、抱怨等。Hatch(1992: 136)认为,言语事件涉及人们如何在一个更大的语篇结构中运用言语行为的问题。例如,“询问信息”这一言语事件至少应包括以下言语行为:询问+回答+反馈。如下例所示:

(1) Child: Mum, where's my red jumper? （询问）

Mother: Bottom drawer in your bedroom. （回答）

Child: Right, I'll have a look. （反馈）

(Richards et al. 1985: 267)

以上是一个由三个言语行为构成的连贯语篇。当然日常交际并不总是像例(1)这样简单,但至少可以说,任何一个交际事件都离不开语言使用者所实施的言语行为,甚至可以说,言语行为是建构语篇的基本单位。

其次,言语行为理论虽然是以孤立的言语行为为研究对象的,但在实际的语言运用中,许多言语行为是与其他言语行为相伴而生的。其实,这一点在 Austin(1962)的言语行为理论中已有所体现。Austin(1962: 117)曾指出,要成功地实施言语行为,必须有听话者对说话者所实施的言语行为的言外之力的理解或领会。从这种意义上讲,言语行为的实施涉及交际者双方。很显然,有些言语行为是与其他言语行为相互依存的,它们与另一些言语行为一起构成言语行为的序列或语篇,也就是说,这类言语行为不可能离开语篇的上下文而独立地存在。例如,Austin(1962: 152)所说的"阐述型"(expositives)言语行为就属于这一类,如"否认"(deny)、"接受"(accept)、"补充"(add)、"承认"(concede)、"解释"(illustrate)、"插话"(interject),"收回(所说的话)"(withdraw)、"结论"(conclude)、"肯定"(affirm),等等。

最后,脱离了语篇的上下文或语境,言语行为的意义或言外之力往往具有不确定性。Beaugrande & Dressler(1981: 84)对语言的可能意义(virtual meaning)和实际意义(actual meaning)作了区分,并指出,同一个语言表达式可以有几个潜在的可能意义,但在语篇中一般只有一个实际意义。在说话者所实施的言语行为中,并不是所有的言语行为都像显性施为句(explicit performatives)那样具有明显的语言特征。例如,在日常语言交际中,人们很少会说出像例(2)和例(3)那样的话:

(2) I hereby try to get you to comply with my plan.

(3) I hereby try to persuade you to adopt the viewpoint most useful to me.

(Beaugrande & Dressler 1981: 117)

虽然语言交际者想要表达例(2)和例(3)中的言外之意,但说话者并不总是用这样明显的方式表达出来,人们所使用的语言有相当一部分是间接的，甚至语句的字面意义和说话人的意图是截然相反的。例如：

（4）A：Is that your car?

B：Yes.

A：That's the third time this week you've taken my parking space. I don't pay fifteen quid a year for you to keep taking my place.

B：Sorry, I didn't know it was yours.

A：What the hell's that got to do with it? And now you do know, perhaps you'd be good enough to move it.

（Leech & Thomas 1990：198）

"Is that your car?"似乎是在询问信息，但从上下文中可以看出，它具有责备的言外之意，同样，"perhaps you'd be good enough to move it"在没有上下文的情况下可以表达客气的请求，但在例（4）中表达的是讽刺性的请求或命令。

从以上分析中可以看出，言语行为并不是孤立存在的，言语行为的实施不但要依赖一定的情景语境，而且与其他言语行为一起构成了更大的交际单位，即语篇，来发挥交际功能的，脱离了言语行为赖以存在的语篇上下文，就难以确定说话者的言外之意。

3.3 言语行为理论在语篇分析中的应用

"语篇分析"这一术语最先是由美国结构主义语言学家 Harris（1952）提出来的。Harris 把语篇看作一连串句子的组合，并运用分布、转换等描写语言学的结构分析方法来研究超句结构。Harris 试图通过分析语篇中重复出现的形态结构来确定不同的句子成分在分布上的对等关系，以此揭示语法现象在超句结构中的组织规律。Harris 对语篇进行的分析实际上仍然是对句子语法的延伸，所以难以揭示语篇结构的实质。后来，Labov（1972b）对 Harris 的形式主义的语篇分析方法提出了批评。Labov（1972b：252）指出，语篇分析的根本问题就是说明一句话如何以合理的、受规则制约的方式出现在另一句话的后面，换言之，我们如何理解连贯的语篇;语篇分析必须考虑言语事件的社会语境以及语言形式所实施的社会行为。正如 Brown & Yule(1983: ix)所说的那样,语篇分析的目的是说明语言形式如何用于交际。因此,从语用的角度看,语篇不是单纯的句子的组合,而是言语行为的序列,语篇分析离不开语言所实施的言语行为。

自 20 世纪 70 年代以来,许多语言学家开始将言语行为理论应用于语篇分析。在这方面较为成功的研究是 Sinclair & Coulthard(1975)从功能角度建立的课堂会话描写体系,他们通过对课堂会话语篇的分析,提出了一个包括五个层次的语篇分析模式:课(lesson)、课段(transaction)、回合(exchange)、话步(move)、话目(act)。课是这一等级体系中的最大单位,它是由课段构成的,而课段则由回合构成,回合由话步构成,话步则由话目构成。话目是这一等级体系中的最小单位,它是由语段在语篇中的功能决定的。当然,Sinclair 和 Coulthard 的话目与 Austin 和 Searle 的言语行为并不是完全一致的,因为话目指的是语段在语篇结构中所发挥的功能,而言语行为则是说话者运用语言所实施的语篇之外的社会功能。因此,Sinclair 和 Coulthard 的语篇分析模式无疑是对言语行为理论的一个发展。Labov & Fanshel(1977)与 Edmondson(1981)将言语行为理论与美国民族方法论者的会话分析理论结合起来,试图建立语篇分析的言语行为模式。Labov & Fanshel(1977)不但提出了理解和表达言外之力的一系列规则,而且阐述了言语行为的序列规则(sequencing rule)。Edmondson(1981)认为,通过运用语言,会话参与者在交际过程中不但实施了一定的言外行为(illocutionary acts),而且在相互作用中共同建构了语篇。也就是说,说话者同时实施了言外行为和交互行为(interactional act)。语篇是言外行为和交互行为共同作用的结果。Van Dijk(1977, 1981)的语篇语用学理论和 Ferrara(1980a,1980b,1985)对言语行为序列的研究探讨了言语行为序列的组合方式以及言语行为在语篇宏观结构的建构中所发挥的作用。言语行为序列的连贯关系可以表现为各种类型。其中,最常见的有辩解关系(justification)、解释关系(explanation)、扩展关系(expansion)、重复关系(repetition)、评论关系(comment)和准备关系(preparation)等。

需要指出的是,言语行为序列在功能上的连贯关系远不止这些。以上所列举的只是由同一个说话者发出的言语行为的序列关系,而在会话语篇中,由不同的说话者发出的言语行为也可以构成言语行为序列,最典型的例子就是会话中的相邻话对(adjacency pair),例如,“邀请—接受”

"提供—谢绝""祝贺—感谢"等。这类言语行为序列的连贯关系也是通过功能来实现的。应当注意的是,言语行为序列在功能上的连贯关系并不总是具有明显的语言标记。在这种情况下,人们需要借助语言运用的语境来推导它们在功能上的连贯关系。

连贯性(coherence)是语篇的重要特征之一。语篇的连贯性并不是通过语篇的表层结构成分之间的衔接关系实现的,而是通过语篇的组成部分在功能上的连接关系实现的(Brown & Yule 1983; Stubbs 1983)。Widdowson(1978: 29)认为,语篇连贯是言语行为之间的连接关系。例如:

(5) A: Can you go to Edinburgh tomorrow?

B: B.E.A. pilots are on strike.

(Widdowson 1979: 96)

例(5)是一个连贯的语篇,但从表面上看,A、B 两个语段之间并不存在任何形式上的衔接关系,该语篇的连贯性是通过 A、B 两个语段所实施的言外行为之间的连接关系实现的。由此看来,言语行为理论可以为语篇的连贯性提供功能解释的理论基础。

综上所述,言语行为理论在语篇分析中的作用可归纳为以下几点:

(一) 言语行为理论为语篇分析提供功能解释的理论基础。语篇是语言运用的单位,它是语言功能在语言使用过程中被现实化的结果,因此,语篇分析与语言的功能之间存在着密切的关系。

(二) 言语行为理论对说明语篇结构和语篇连贯性起着十分重要的作用。言语行为是建构语篇的基本单位,通过分析言语行为的组合关系,可以揭示言语行为是如何通过线性排列构成更大的交际单位的。

(三) 由于语篇的连贯性体现为言语行为之间的连接关系,言语行为理论可以揭示语篇连贯的机制。

3.4 语篇分析对言语行为理论的发展

言语行为理论为语篇分析提供了理论基础,反过来,语篇分析又促进了言语行为理论的发展和完善。从语言交际的角度看,言语行为是由说话者在从事某一受规则制约的言语活动时发出的,如辩论、会话、授课、文学创作等。也就是说,言语行为并不是孤立存在的,而是出现在一定的序列中的。而且,出现在序列中的言语行为通过关联关系构成更大的交际单位来实现语言交际的意图的。构成序列的言语行为相互依存,但它们并不具有同等的重要性。在同一个序列中,每一个言语行为都有一个言外之的(illocutionary point),即语言运用的意图。从语篇的角度看,每一个言语行为序列也都有一个言外之的作为整个言语行为序列的中心意图。由于言语行为在序列中发挥着不同的作用,有的言语行为起主导作用,因而决定着整个言语行为序列的言外之的,有的则是为主导言语行为服务的,因而是辅助性的。Ferrara(1980a,1980b,1985)对主导言语行为(main act)和从属言语行为(subordinate act)作了区分。这种区分与 van Dijk(1977)的成分性言语行为(component act)和辅助性言语行为(auxilary act)的划分是相通的。例如:

(6) Peter is in hospital. Harry told me that.

(van Dijk 1977: 215)

例(6)在整体上实施了"陈述"的言外功能,其中,第一个言语行为是成分性的,决定着整个序列的言外功能,因而起主导作用,第二个言语行为是辅助性的,它主要被用来说明所陈述的信息的来源,以便增强信息的可信度,因而是从属的。也就是说,从属言语行为是为成功地实施成分性言语行为服务的。

就言语行为的适宜性而言,Searle(1969)认为,要成功地实施言语行为必须满足一定的适宜条件(appropriateness conditions)。适宜条件是成功地实施某一言语行为的必要而且充分的条件。Ferrara(1980a: 240)指出,在语篇的层面上,从属言语行为的实施除应满足一般的适宜条件外,还应满足一定的使能条件(enablement conditions),即从属言语行为能够与主导言语行为构成某种连贯关系所必须满足的条件。在言语行为序列中,从属言语行为的适宜性是根据它与主导言语行为的关系来衡量的。例如:

(7) a. We are in a church.

b. Don’t talk so loudly.

(Ferrara 1980a：234)

(7)序列的言外之的是“命令”,(7a)是从属言语行为,而(7b)是主导言语行为,(7a)是为实施“命令”这一主导言语行为提供理由上的辩解。在言语行为序列中,Searle 的适宜条件仍然是成功地实施从属言语行为的必要条件。作为陈述类言语行为,(7a)必须满足以下适宜条件:

（一）说话者相信命题 P;

（二）听话者不清楚命题 P。

从语篇上下文中可以看出,说话者在说出(7a)时说话者和听话者必须在教堂里,否则整个序列便失去了它的交际价值。从(7b)可以看出,听话者并没有意识到或忘记了自己是在教堂里。虽然(7a)已经满足了陈述类言语行为的适宜条件,但这并不足以说明它在整个言语行为序列中的适宜性。从以上分析中可以看出,作为一个陈述,(7a)的适宜性在很大程度上取决于(7b)的存在。如果(7a)孤立地出现,它不但不会给听话者提供任何新信息,而且很难让听话者准确地推导出它的言外意图。只有当它与(7b)构成功能上的连贯关系时,才能实现其存在的价值。例(7)说明,对于一个从属言语行为来说,当它与主导言语行为构成辩解关系时,它必须表达实施主导言语行为的原因或理由,为成功地实施主导言语行为服务。Ferrara(1980a：240－241)将从属言语行为在言语行为序列中所必须满足的条件称作使能条件,并将言语行为在言语行为序列中的适宜性称作相关适宜性(relative appropriateness),以别于单个言语行为或主导言语行为的适宜性。在孤立的情况下,单个言语行为的适宜性并不能保证该言语行为在言语行为序列中的适宜性。因此,从属言语行为的适宜性不但取决于 Searle 的适宜条件,更重要的是从属言语行为与主导言语行为之间能够建立某种连贯关系,如辩解、扩展、准备等,以便为成功地实施主导言语行为服务,即提高主导言语行为的成功率,使说话者顺利地实现其言外意图。

总之,从语篇的角度看,言语行为不是孤立地出现的,而是通过连贯关系构成语篇来发挥其功能的。在语篇中,言语行为不但有主次之分,而且从属言语行为的适宜性在很大程度上是根据它与主导言语行为的关系来衡量的。

3.5 结束语

言语行为理论和语篇分析都是以语言运用为研究对象的,并且二者都是在20世纪60、70年代发展起来的较年轻的研究领域。言语行为与语篇之间存在着密切的关系,言语行为并不是孤立存在,而是通过各种连贯关系构成语篇来发挥其交际功能,语篇被看作言语行为的序列。在言语行为理论和语篇分析的发展过程中,言语行为理论为语篇分析提供了理论基础,语篇分析又进一步促进了言语行为理论的发展和完善。

第四章

基于语篇的句法研究[①]

4.1 引言

20 世纪 60 年代以来的“话语转向”在语言学研究领域突出地表现为两个方面：一是语篇作为语言单位成为语言研究的对象，使语篇分析或语篇语言学发展为一个相对独立的研究领域；二是语篇作为语言研究的角度为语言学研究，特别是句子层面的语言研究提供了方法论上的指导和实践方向。从语篇的角度反观句子层面就会发现，句法现象与语篇现象之间存在着密切的关联。一方面，句法结构具有语篇功能；另一方面，句法结构受语篇因素的制约。从语篇的角度研究和解释句法现象是功能语言学的一个重要课题，许多研究者（如 Hopper & Thompson 1993；Lambrecht 1994；Cowan 1995；Givón 1995；Han 2000；Hidalgo-Downing 2000a；Du Bois 2003）将这类研究称作语篇语用学（discourse pragmatics）。语篇语用学探讨语法与语篇之间的关系，特别是句法结构的语篇功能和语篇因素对句法结构的制约。这一研究领域突破了句子语法的局限性，拓展了句法结构研究的视野。

---

① 本章原载于《功能语言学与语篇分析研究》（黄国文主编），第 2 辑，第 234—246 页，高等教育出版社，2010 年 5 月。

4.2 句法与语篇的关系

20世纪70年代早期以来,Chomsky(1957)的自主句法观(autonomous syntax)受到了越来越多的批评。根据自主句法观,决定某个句子合乎语法性的因素与决定其意义的因素无关。坚持自主句法观的纯句法学家认为句法现象只受句法因素的制约,并试图为每一种句法现象设立规则,以生成合乎语法的形式并排除不合乎语法的形式。但是句法现象有时受非句法因素的制约,特别是当语义因素与句法因素不能呈现为一一对应的关系时,自主句法观的研究方法就会遇到困难。另一方面,虽然纯句法学家可以为某些合乎语法的形式的生成设立规则,但却不能解释为什么会有这样一种形式。Givón(1979a: xiii)认为,以孤立的句子为研究对象的句法学存在三个方面的问题: 首先,孤立的句子及其句法往往与自然的和自发的言语中的句子或小句的句法之间存在着巨大的差异;其次,如果句法学局限于句子—小句层面并脱离其交际—功能语境,就会忽视甚至模糊影响语篇结构的交际动因在决定句法规则中发挥的巨大作用;最后,自主句法观阻碍了人们对人类语言的语法所涉及的一些最有趣的问题所进行的探讨,即语法为什么表现出它所具有的特征,语法是怎样形成这样的特征的,它发挥着什么样的功能,是怎样与作为信息处理、储存、提取、传递工具的人类语言的使用联系在一起的。

与形式语言学不同,功能主义语言学从语言的功能出发,注重语言形式与语言功能之间的相互作用。分析语言形式时应当考虑语言形式所实施的交际功能;研究语言功能时需要考虑用来实现语言功能的形式手段。形式语言学将语言研究的单位局限于句子的范围之内,而功能主义语言学则将语篇视为语言研究的基本单位。功能主义语言学不但关注语篇的建构,还研究语法及其他手段在语篇建构中的作用(van Valin 2001: 320)。在系统功能语法领域,Halliday继承了Firth(1957)的语言学思想,即只有把句子看作产生于某一特定语境中的语篇的一部分才能对句子的语义作出解释。Halliday(2004)将系统功能语法称作"语篇语法",主张句法分析不能脱离语篇分析。一方面,句法研究的目的之一在于搞清语义功能在语篇中的实现方式；另一方面，只有从语篇出发，才能准确地把握句法结构和语义功能的实质。

句法与语篇之间的关系一直是功能主义语言学所关注的问题之一，尤其是20世纪70年代中期以来，有一批功能主义语言学家试图从语篇的角度解释句法现象，特别是句法结构的语篇功能以及语法范畴和句法结构的缘起（Li & Thompson 1976；Givón 1979a，1979b；Hopper & Thompson 1980，1984；Klein-Andreu 1983；Du Bois 1987）。他们受激进的功能主义语言学家Bolinger（1977）的影响，认为句法结构与语篇功能密不可分，并把语篇看作语法的理据或动因。Tannen（1984a）就试图通过对语篇的研究重新认识语言系统的本质特征，并且指出，可能根本不存在相对独立于语篇的所谓句法成分和句法规则。在这种功能主义思想的激发下，许多研究者从语篇的角度运用实证主义的研究方法，以自然发生的语篇为语料，通过定性和定量分析，并借助语料库语言学的分析工具对句法现象进行研究，考察了许多在形式主义的框架内无法解释的语言现象。

Kamio（1997）指出，功能主义的句法研究方法在三个方面与语篇发生关联：一是在句法研究中强调语篇的重要性；二是将语篇因素考虑在内，重新检验和阐释形式句法学的研究结果；三是研究传统和现代语法范畴的语篇基础。这三个方面的关联无论在理论上还是实践上都对语篇语用学研究具有重要的指导意义。Hopper & Thompson 指出，功能语法将语法和语言使用联系起来，认为语言的社会背景和交际功能，特别是语篇的信息处理，是理解语法的主要因素（转引自任绍曾 2001）。

从某种程度上说，句法与语篇之间是一种界面关系。句法—语篇界面指的是句法现象与语篇现象之间的互动与关联。许多句法现象要在语篇的层面上得到解释，语篇既是句法现象的动因和基础，也是句法现象的制约因素。在句法—语篇界面上，句法是如何与语篇进行互动的呢？句法中的哪些现象与语篇构成界面关系？句法现象的背后有没有语篇的动因？句法中的哪些现象可以实施语篇功能？句法现象可以实施哪些语篇功能？语篇功能是如何被语法化的？语篇是如何影响句法的？语篇在多大程度上能影响句法？哪些语篇因素会对句法产生影响？语篇的编码是否体现为具体的句法过程？所有这些问题不但是句法—语篇界面研究的内容，也是语篇语用学所要解决的问题。

4.3 句法结构的语篇动因

功能语言学需要回答的一个问题就是：为什么语言表现为现在的结构？对这一问题，比较一致的回答是，语言的结构是为了满足交际的需要而产生的。也就是说，语言的交际功能塑造了语言的结构。Lyons（1977：637）指出，语言结构中的许多方面只能依靠如下的假设才能得到解释：语言结构是为了满足面对面的交际而发展起来的。句法结构的产生也是如此。从语法化的角度看，句法是从语篇语用现象演变而来的（Givón 1979b）。例如，汉语的语序所反映的是语法化的信息结构（LaPolla 1990；陶红印 1994）。

Thompson（1998）将语法看作语言使用模式的积淀，并通过对不同语言中疑问结构和否定结构的分析证明了这一点。从跨语言的角度看，疑问结构体现为以下五种形式：语调（intonation）、疑问语素（interrogative morphemes）、附加问句（tags）、非语调性音位标记（non-intonational phonological markers）、倒装结构（inversion）。这五种形式有一个共同的特点：疑问的特有标记要么出现在句子的开头要么出现在句子的结尾，或者体现为凌驾于整个句子的音韵（prosodic）模式。也就是说，疑问的表达策略发生在整个句子的层面上，即以整个句子为基本单位。因为疑问经常出现在口语语篇中，因此从口语语篇的特征看，疑问策略作用于整个音韵单位，如语调单位。更确切地说，疑问结构的基础是音韵单位，而不是语法单位。例如，汉语的句末疑问词出现在语调单位的结尾，这些语调单位包括谓语（“是吗?”）、小句（“你吃饭了吗?”）、名词短语（“张三呢?”）等。那么，语言又是怎样表达否定的呢？不同语言中的否定结构体现为三种基本的形式：否定助词（negative particles）、否定动词（negative verbs）、否定词缀（negative affixes）。可以看出，这三种形式都是直接作用于谓语的词或词缀。也就是说，否定的表达策略是以谓语动词为中心的。为什么疑问运用的是以音韵单位为取向的策略，而否定运用的是以谓语动词为中心的策略呢？为了回答这一问题，Thompson 借助语料库验证了自己的假设：疑问和否定的差异是由这两种结构在互动（interactional）功能上的差异造成的。疑问用来实施询问信息的功能,疑问是互动行为的重要组成部分,因为疑问意味着对方需要作出回应。起着提问作用的疑问句是相邻话对的始发语,作为一个音韵单位,是引起话轮转换的话语步骤或基本单位。与疑问不同的是,否定用来对状态或事件进行否认,只是涉及对命题真伪的判断,而不是要求交际对方作出回应。正因如此,"疑问"和"否定"是处在不同层面上的语言结构。Thompson(1998)的研究对句法研究具有重要的启发意义:句法形成的背后有着语篇的动因,句法结构上的差异反映的是语篇功能上的差异。

从历时的角度看,语篇语用因素是语言演变的重要动因(Brinton 2001)。Givón(1979b)指出,"今天的句法或许是昨天的语篇语用的产物"(Today's syntax may be the product of yesterday's discourse pragmatics.)。也就是说,要了解一种语言现在的句法,就必须了解这种语言早先阶段的语篇。因此,语法化研究可以从历史演变的角度进一步验证语法与语篇之间的关系。Hopper & Thompson(1993)在广泛的跨语言研究的基础上指出,语言的实际使用所涉及的认知、社会和互动因素在语法的塑造过程中发挥了主要作用。语法规则产生于人们在语言交际过程中习惯运用的一些策略,特别是语篇的信息处理,是语法产生和进化的主要因素。总之,语法是语言使用模式的积淀(Thompson 1998),语法产生于语篇中反复出现的模式,并且这些模式不断地塑造着语法(Cummings & Ono 1997)。

许多句法现象和范畴都是从最初的语篇成分和语篇范畴演变而来的。Firth(1968:121)曾经指出,语法范畴是从语篇中抽象出来的,即产生于口头的或书面的话语片段。Hopper(1979)认为,句法中的时态标记就是语篇成分语法化的结果。例如,完成体标记包含的完成概念是在叙述过程中为表示事件前连后续的需要而产生的。Givón(1979b)用确凿的事实证明,"主语"这个语法范畴就是由语篇里的"话题"演变而来的。Hopper & Thompson(1984)对词类范畴(lexical category)的研究也说明了语篇现象演变为句法范畴的观点。他们指出,语言中最普遍的两个词类范畴名词与动词实际上产生于叙述过程中两个最基本的语篇功能:名词可被看作语篇的可控参与者(discourse manipulable participants)被词汇化的结果,而动词则是报道的事件(reported events)的词汇形式。名词体现的是识别参与者,特别是新引入的参与者的语篇功能,动词体现的则是陈述事件的语篇功能。

从共时的角度看,句法—语篇界面涉及两个核心问题:一是句法结构和句法范畴的语篇功能,二是句法现象在语篇层面上的分布以及语篇对句法结构选择的制约。这两个方面是相辅相成的,一方面,句法现象往往与语篇功能之间存在着规约性的联系,另一方面,语篇功能会对句法现象的分布和选择施加制约,特别是语义相同但结构不同的句式变体,由于其语篇功能的不同,在使用上也就受到相应的制约。例如,英语中的倒装结构、分裂结构、被动语态和移位结构等非常规(non-canonical)句法结构在实施特定的语篇功能的同时,这些结构在语篇中的使用和选择将受到语篇因素的制约(Birner & Ward 1998; Gundel & Fretheim 2004; Ward & Birner 2001,2004)。

4.4 句法结构的语篇功能

语篇功能是一个比较宽泛的概念,主要涉及句法范畴和句法结构在语篇建构中的作用。特定的句法现象往往与一定的语篇功能发生规约性的联系(Lambrecht 1994)。例如,英语和汉语中的存现句都具有呈现新信息的语篇功能,倒装结构具有语篇衔接功能,被动结构的功能之一就是保持语篇视点的一致性。语篇功能是一个比较宽泛的概念,有的语篇功能涉及句法范畴和句法结构在语篇建构中的作用,如否定的语篇功能(Pagano 1994; Jordan 1998; Hidalgo-Downing 2000b)。Fawcett(in press)认为,语篇功能与语言形式所体现的说话者的话语意图有着直接的联系。为了界定不同类型的语言中某一结构的语篇功能,Myhill(2001)提出了一些用来衡量语篇功能的普遍性参数,其中最重要的有两个:一是指称距离(referential distance)与话题持久力(topic persistence),二是时序排列(temporal sequencing)或前景化(foregrounding)。这两个参数都可以通过统计数字来说明句式变体的语篇功能及其深层的语篇动因。

句法现象与语篇功能之间的联系是规约性的。句法现象的语篇功能是约定俗成的,特定的句法结构通常用来实施特定的语篇功能。但这并不意味着句法结构与语篇功能之间总是存在着一一对应的关系。Prince(1998)认为,句法形式与语篇功能之间的关系是任意的,同一个句法形式可以对应多个不同的语篇功能,同一个语篇功能也可以对应多个不同的句法形式。Prince 是站在句法自主的立场来阐释形式与功能之间的复杂关系的,并以此强调句法形式与语篇功能之间的关系超出了句法的界限,也就无法在句法范围内得到满意的解释。下文将通过句式变体的语篇功能进一步阐释句法结构的语篇功能问题。

在语义的层面上,语言中的同一个意义可以表现为不同的语言形式。这种同义现象不仅发生在词汇层面上,也发生在句法层面上。也就是说,语言中的同一个命题意义可以由不同的句法结构来表达。例如,"John ate fish and chips."所表达的命题意义还可以体现为下列句法结构(1b-1h):

(1) a. John ate fish and chips.
b. It was John who ate fish and chips.
c. What John did was eat fish and chips.
d. The person who ate fish and chips was John.
e. Fish and chips were eaten by John.
f. Eating fish and chips is what John did.
g. Fish and chips John ate.
h. Fish is what John ate — and chips.

(Cook 1989: 61-62)

从表面上看,这一点与语言学中的经济原则相违背,但句法结构的同义现象与词语的同义现象不无相似之处:语言中没有绝对的同义词,同样,也不会有绝对的同义句。因为"相同语义的不同表现形式在共时系统里并存,必有其各自的功能价值"(张伯江、方梅 1996: 136)。同一个意义可以体现为不同句法结构的一个重要原因就是语言通过不同的句式变体(allosentence)表达了不同的信息结构,并以此来实现不同的语篇功能。

根据 Lambrecht(1994: 17)提出的语用标记规则,如果句式变体中的一个句法结构实施两个语篇功能而另一个句法结构只实施其中的一个语篇功能,那么前者在语用上是无标记的,后者在语用上是有标记的。在例(1)中,(1a)相对于(1b)来说在语用上是无标记的。因为(1a)在信息焦点上是中性的,既可以作为对"Who ate fish and chips?"的回答也可以作为对"What did John do?"或"What did John eat?"的回答,而(1b)只能作为对"Who ate fish and chips?"的回答。

在语篇的组织过程中,发话者需要根据信息流的推进合理地编排信息,从而保证语篇的信息连贯。句式变体在信息结构上的差异使其在语篇的组织过程中能够服务于不同的信息流。在语用上无标记的句子可以比有标记的句子实施更多的语篇功能,因而在语篇的组织中具有普遍性,而在语用上有标记的句子在语篇的组织中发挥着较为特殊的语篇功能。20 世纪 80 年代以来,西方许多语言学家对非常规(noncanonical)句法结构的研究也说明了这一点(Birner & Ward 1998; Ward & Birner 2001,2004)。非常规句法结构主要涉及三种类型的移位结构:(一)前置结构(preposing),包括主题化(topicalization)、焦点前置(focus preposing)和左向移位结构(left-dislocation);(二)后置结构(postposing),包括存现结构(existential structure)和右向移位结构(right-dislocation);(三)谓项置换(argument reversal),包括倒装(inversion)和被动结构(passivization)。所有这些非常规句法结构在语用上是有标记的,因为它们与相应的常规句法结构相比具有特定的语篇功能。

以前置结构中的主题化和左向移位结构为例,这两种结构都是通过谓项前置而形成的句法结构,其差别在于主题化通过谓项前置在句子中形成一个空位,而在左向移位结构中谓项前置后由相应的代词来填补空位。例如(例 2—6 选自 Prince 1985):

(2) Q: What did you do over vacation?
A1: I read two books.
A2: # Two books I read. (#表示该句子在语篇中是不可接受的)
A3: # Two books, I read them.

例(2)中的 A1 是常规句式,A2 是主题化,A3 是左向移位结构,作为对 Q 的回答,只有 A1 是合适的,而 A2 和 A3 都不合适。虽然都是非常规句式,主题化和左向移位结构在语篇功能上也存在差异。例如:

(3) Q: Why do you like horses so much?
A1: Well, this one book, I read it when I was a kid and it really made a lasting impression on me. It was about a really smart horse and I guess I've loved horses ever since.

A2：* Well, this one book I read when I was a kid and ...

在例(3)中,A1 属于左向移位结构,可以作为对 Q 的回答,而 A2 属于主题化,不能用作对 Q 的回答。

这两种结构在语篇功能上的差异在于主题化用来标记语篇中已经引发的实体或者与已引发实体构成集合关系的实体,左向移位结构不但用来标记语篇中已经引发的实体或者与已引发实体构成集合关系的实体,还可以为目前不处于信息焦点而且不是通过处于优选位置的成分所表达的实体创建一个独立的信息单元。例如:

(4) A：You want to see E.T.?

B1：I saw E.T. yesterday.

B2：E.T. I saw yesterday.

(5) A：You see every Spielberg movie as soon as it comes out.

B1：No — I saw E.T. (only) yesterday.

B2：No — E.T. I saw (only) yesterday.

(6) Once there was a wizard. He was very wise, rich and was married to a beautiful witch. They had two sons. The first was tall and brooding, he spent his days in the forest hunting snails, and his mother was afraid of him. The second was short and vivacious, a bit crazy but always game. Now *the wizard*, *he lived in Africa*.

在例(4)中,由于"E.T."这一实体已经在上文中被引发,因此 B2 的主题化可以与上文构成一个连贯的语篇。在例(5)中,由于"E.T."与上文所引发的实体"every Spielberg movie"构成集合关系,因此在 B2 中就可以将"E.T."前置构成主题化结构,并与上文构成一个连贯的语篇。在例(6)中,语篇一开始就引入了"wizard"这一实体,但语篇并没有一直围绕该实体展开,而是又引入了与其相关的实体。这样"wizard"这一实体就不再是语篇的信息焦点,因此语篇在最后重新引入这一实体时运用了左向移位结构。

句式变体往往与一定的语篇功能联系在一起,也可以说,语篇功能是句式变体的深层动因。如果脱离了句式变体赖以存在的语篇语境,就很难解释句式变体在共时系统中的存在及其产生的原因。

4.5 语篇因素对句法结构选择的制约

从语法的角度讲,句子在结构上受到句法规则的制约,有正确与不正确之分。从语用的角度讲,句子与一定的语境联系在一起,用来表达各种功能,具有合适与不合适之分。在语言的使用过程中,人们不但要运用合乎语法的句子,而且还要根据具体的语篇语境来选用适当的句式。

语篇因素对句法结构的选择与分布的制约涉及语篇中的句法形式如何满足或服务于语篇的衔接与连贯以及信息组织的方式。Cowan(1995)认为,语言中存在着制约句法形式的语篇原则(discourse principles),这些原则使说话者能够在语篇的展开过程中选择适当的句法结构来组织语篇。语篇原则由认知原则和修辞原则组成。认知原则在语篇生成与理解过程中用来提高信息处理的简易度,这就要求说话者根据语篇发展的需要和信息组织的规律来选择适当的句法结构,以便减轻信息处理的认知难度。修辞原则制约着说话者对某一句法结构的选择,即这一句法结构是否符合语篇发展的需要或目前的情景语境。

语篇因素对句法结构选择的制约包括对句式选用的制约和对句式变体选用的制约(廖秋忠 1991)。语篇因素对句式选用的制约主要体现为语篇因素对语序和句法形式的制约。例如,Birner(1995)通过大量的语料分析发现,英语倒装结构必须遵循一个重要的语篇原则:倒装结构中的动词不可以为语篇添加新信息。语篇因素对句式变体选用的制约涉及命题意义相同但结构不同的句子在语篇中的运用,如主动语态与被动语态的选用。对句式变体的选用主要取决于结构不同的句子在语篇功能上的差异。例如 Weinert & Miller(1996)对不同类型的分裂(cleft)结构的分析,Gregory & Michaelis(2001)对主题化结构和左向移位结构的分析都体现了语篇功能对句式变体选用的制约。

古人在遣词造句时就已经注意到词语和句式的选用问题,并把词语的选用和锤炼称为"炼字",把句式的选择和调整称为"炼句"(王天庆 1985)。例如,对同一个事件的表达可以采用主动句或被动句,但在一定的语篇语境中,主动句和被动句的使用并不是任意的。如下所示:

(7) #在学校里,他是德智体全面发展的学生。去年同学们评他为“三好生”。今年他在各方面又取得了很大进步。

(8) 在学校里,他是德智体全面发展的学生。去年他被同学们评为“三好生”。今年他在各方面又取得了很大进步。

(王天庆 1985: 29)

根据 Givón(1983)的话题连续性理论,当语篇按同一个话题展开时,语篇的连贯程度和可接受性就会高于话题不连续的语篇。在例(7)中,话题从“他”转移到“同学们”然后又回到“他”,由于话题的中断,语篇的连贯程度被削弱。在例(8)中,被动语态的运用使语篇能够按同一个话题展开,保证了话题的连续性,因而例(8)的连贯程度要大大高于例(7)。

从语篇的角度看,句式的选择受到语篇因素的制约。语篇中的句子不仅要合乎语法,而且还要与语篇上下文之间构成连贯关系。如果忽视了语篇因素对句式选择的制约,就会削弱语言使用的得体性,降低语言交际的效率。例如:

(9) Now comes the President here. It's the window he's stepping through to wave to the crowd. On his victory his opponent congratulates him. What they are shaking now is hands. A speech is going to be made by him. "Gentlemen and ladies. That you are confident in me honours me. I shall, hereby pledge I, turn this country into a place, in which what people do safely will be live, and the ones who grow up happily will be able to be their children."

(Halliday 1978: 134)

虽然这只是 Halliday 杜撰的一个例子,但已经足以说明句法结构的选择并不是任意的,而是受语篇因素制约的。例(9)中的语篇很难让人接受的主要原因就是句法结构的选择不但使语篇在宏观上未能保持叙述角度的一致,而且使语篇在信息上未能突出重心,从而导致了句子之间在形式和意义上缺乏必要的承接。

语篇信息组织的方式也制约着句法结构的选择。根据信息组织的一般规律,信息单元中的已知信息出现在新信息之前,即信息焦点位于句尾,这就是末尾焦点原则。例如:

(10) A：I thought you had a meeting in Sydney today. What are you doing here?

B1：Oh, they called the meeting off.

B2：Oh, they cancelled the meeting.

C1：他们把会议取消了。

C2：他们取消了会议。

(Halliday 1981)

例(10)中的B1和B2之间在语义上并没有多大的差别,但在同一个语篇中,B1比B2更合适,因为“the meeting”已经是已知信息,因此在对“What are you doing here?”做出回答时,“the meeting”不能作为信息焦点出现在句尾。在B1中,动词短语的使用调整了已知信息“the meeting”在句中的位置,从而对信息组织起到了一定的调节作用,这样就使B1的选择显得比较自然。这种情况在汉语中也同样存在。如果用例(10)中的C1和C2对“What are you doing here?”作出回答,C1优于C2,因为C1通过“把”字句的运用,将“会议”从句尾移到了句中,而C2却把“会议”放到了信息焦点的位置上。

语篇总是以一定的信息组织方式展开,以便保持信息流的畅通和信息的可及性(accessibility)。在语篇的展开过程中,已知信息为新信息的传递提供铺垫和基础,并通过已知信息与新信息之间的相互作用,使信息流不断向前推进。例如：

(11) 从前有座山,山上有座庙,庙里有个老和尚,老和尚在给小和尚讲故事。老和尚说……

(12) #从前有座山,有座庙在山上,有个老和尚在庙里,小和尚在听老和尚讲故事。老和尚说……

(金立鑫 2000：190)

例(11)是一个合格的语篇,符合信息推进的一般规律,已经引发的实体成为信息流中的已知信息和信息传递的出发点,这种流畅的信息推进模式在很大程度上依赖于句法结构的选择。如果把(11)中的句法结构变换为(12)中的句式,虽然句子的语义没有发生变化,但语篇的信息流起伏较大,已经引发的实体不但没有成为信息传递的出发点,反而出现在了新信息的位置上。

总之，语篇无论是在宏观上还是在微观上都制约着句法结构的选择。在语篇层面上，句法结构的选择不仅要保持话题的连续性和语篇视角的一致性，而且句式的选择应符合信息组织的需要，使句与句之间在信息上前后承接，以保证语篇信息流的畅通。因此，在语言交际过程中，发话者需要根据语篇因素的制约，适当地调整和选择句法结构。

4.6 结束语

形式语言学的自主句法观把语言看作一个自足的系统，认为语言结构不会受到语言外部因素的影响和制约。从语言使用的角度看，语言结构不可能摆脱语言外部因素的制约。语篇语用学把句法结构的研究延伸到语篇的层面，探讨句法结构的语篇功能以及语篇因素对句法结构选择的制约。一方面，特定的句法结构可以实施一定的语篇功能，从而在语篇的组织中发挥着重要的作用。另一方面，在语言交际过程中，语篇因素会对句法结构的选择施加制约，从而使发话者选择适当的句法结构来达到语言交际的目的。

我们可以从语篇的角度对句法结构进行研究，从而考察句法结构在语篇层面上的运作及其动因。除了句法结构以外，与句法结构相关的语法范畴和句法过程等句法现象都可以在语篇的层面上进行研究。近年来，从语篇的角度对句法现象进行的研究为句法现象的研究提供了新的理论视角和研究方法，并逐渐演变为一种功能语言学的研究范式，从而在一定程度上弥补了传统句子语法的局限性。

第五章

语篇向心理论述评[①]

5.1 引言

向心理论(centering theory)是由美国语言学家和认知科学家在20世纪末发展起来的关于语篇处理和语篇局部结构的理论,它试图回答如下问题:语篇主题(aboutness)是如何在语段序列中发生变化的,人们是如何理解回指成分的,主题是如何制约推理的,在代词的使用上有哪些语篇语境的制约条件,语篇是如何划分为更小的单位的,哪些语言标记可以将这些更小的单位连接在一起或划分开来?向心理论所关注的重点是处理难度、语篇回指和语篇连贯性等问题(Grosz, Joshi & Weinstein 1983, 1986, 1995; Walker, Joshi & Prince 1998)。向心理论旨在解释自然产生的语篇中交际参与者的注意中心(center of attention),涉及注意状态、推理难度和指称形式这三者之间的关系。这一理论,在出现后,引起了人们的极大兴趣,并已被广泛地运用于语篇分析、语篇的计算机处理和句法分析等研究领域。

① 本章原载于《当代语言学》,2003年,第149—157页。

5.2 理论基础

语言交际是一个由交际双方共同参与的互动过程(Coulthard 1977/1985,1994;Widdowson 1984)。在这一互动过程中,交际双方共同建构一个语篇模型(discourse model)或语篇世界(discourse world),即现实世界或非现实世界的心理表征(Brown & Yule 1983: 206)。Webber(1979)和Prince(1981)认为,语篇模型是由语篇实体(discourse entity)、属性(attribute)以及语篇实体之间的联系构成的。笼统地说,语篇实体指的是语篇所谈论的对象。作为一种心理表征,语篇实体在具体的语篇中体现为各种指代成分,如名词、代词等。语篇实体在语篇模型中充当"中心"(center)角色,在语篇的任何一点上,某一个语篇实体可以与上文中所提到的实体发生联系,即充当回指中心(backward-looking center,简称Cb),同时,这一实体又可以成为下一个语段所涉及的中心,即充当下指中心(forward-looking center,简称Cf)。

当发话者选择某一语言形式来指代语篇实体时,他的选择也同时表达了他的注意状态(attention state),因为语篇中的指代成分表达的是发话者的注意中心。语篇中的语段都包含着将该语段与其他语段连接在一起的中心。具体地说,一个语段中往往包含着一系列的下指中心,其中有一个是回指中心,与上文中的某一个下指中心相联系。在语篇的推进过程中,语段中的下指中心按显著程度(salience)排列,显著度最高的中心将成为下一个语段的回指中心。语篇的中心就是以这种方式不断过渡,并以不同的过渡方式来决定语篇的连贯程度。例如:①

(1) a. Jeff helped Dick wash the car.

b. He washed the windows as Dick waxed the car.

c. He soaped a pane.

(2) a. Jeff helped Dick wash the car.

① 本章所有例句均来自 Walker, Joshi & Prince(1998)。

b. He washed the windows as Dick waxed the car.

c. He buffed the hood.

单纯从语篇理解的语义理论或语用推理的角度看,例(1)和例(2)中的两个语篇在连贯性上似乎并没有多大差异。(1c)中的代词"he"回指"Jeff",因为"soaped"所表达的动作是"washed"所表达的事件的一部分;(2c)中的代词"he"回指"Dick",因为"buffed"所表达的动作与"waxed"所表达的事件有关。但是,从向心理论的角度看,例(1)中的语篇比例(2)中的语篇更为连贯,因为例(1b)和(1c)的回指中心一直是"Jeff",但例(2)中,(2b)的回指中心为"Jeff",而(2c)的回指中心则转换为"Dick"。

向心理论综合了两个语篇模式:语篇向心模式(discourse centering model)和语篇聚焦模式(discourse focusing model)。语篇向心模式(Joshi & Kuhn 1979; Joshi & Weinstein 1981)涉及语篇推理的语法制约问题,主要指的是语篇所具有的一元倾向(monadic tendency),即语篇倾向于围绕一个实体展开。推理有难易之分,而难易程度的差别与语篇中语段的结构有关。可以假设,为了使推理变得简单,语段将谓词的某一个谓项挑出来作为中心。这样就使语段的处理似乎都变成了一元谓词演算(monadic predicate calculus)。因为一元谓词演算的效度是可以确定的,更重要的是,一元谓词演算总比多元谓词演算要容易得多。

语篇聚焦模式(Grosz 1977;Sidner 1979,1983;Grosz & Sidner 1986)探讨语篇的注意焦点,涉及语篇结构以及与语篇参与者的意向、注意和语言选择相联系的意义问题。聚焦是在两个层面上进行的:整体聚焦是由整个语篇和语段的情景语境决定的,并影响受话者对语段的总体理解;局部聚焦指的是在语篇的推进过程中,注意焦点(相当于语段所谈论的对象或实体)在语段之间的变化。语段的语言形式对确定局部焦点起着重要的作用。一方面,受话者对语段的语言形式的记忆影响对下文的理解;另一方面,语篇中的代词及其他回指词通过语言形式来确立语篇的连贯性,局部焦点被用来为指称关系的确立所需的推理提供维系点(anchor),这样就减少了受话者在理解回指表达时所作的推理数量。发话者在表达命题内容时的语言选择会影响受话者在语篇处理过程中的推理负荷。

在向心理论中,语篇结构包括三个基本成分:语言结构、意向结构和注意状态。语言结构包括语段如何组织为语篇片段(discourse segment)、语篇片段之间的关系,以及语调、形态、句法等语言特征。意向结构界定语篇的意图,语篇的总体交际意图称为语篇意图,语篇中的片段也包含相关的意图,称作语篇片段意图。语篇的连贯性在于语篇片段意图的实现有助于语篇意图的实现。语言结构最终取决于意向结构,语篇片段意图之间的关系是语篇结构关系的基础。注意状态指的是在语篇的任何一点上由意向结构和语言结构所决定的语篇参与者的注意焦点。向心理论试图将发话者的注意状态与语言形式的选择以及语篇结构相匹配。注意状态在语言结构和意向结构之间起调和作用。选择某一语言形式来指代某一语篇实体就是为了将发话者的意向与注意中心相对应。注意状态制约着指代成分的表层形式,并将当前的语段与上文的语段相连接。语篇中的某一个指代成分所表达的语篇实体可以是回指中心,代表当前的注意焦点。

5.3 理论框架

语篇是由语篇片段构成的,每一个片段都是语篇模型的一部分。在语篇的某一点上,下指中心集合 Cf(U_i, D)表示语篇片段 D 中的语段 U_i 所引发的语篇实体。回指中心 Cb(U_i, D)是下指中心的特殊成分,表示语段 U_i 所谈论的中心,类似于通常所说的主题。回指中心可以把当前的语段与语篇上文联系在一起。

下指中心按其显著度呈等级排列。显著度是知觉心理学的一个基本概念,显著的实体是容易吸引人注意的事物,是容易识别、处理和记忆的事物(沈家煊 1999b: 7)。下指中心中显著度最高的成分被称作优选中心(preferred center,简称 Cp),代表下一个语段的潜在回指中心。英语中下指中心的显著度按其语法功能呈等级排列:

主语>宾语>宾语 2>其他

一般说来,主语的显著度大于宾语,宾语的显著度大于其他功能成分。

向心理论还包括三个制约条件和两条规则。其制约条件可以表述如下：

对于由语段 U_1，…，U_m组成的语篇片段 D 中的每一个语段 U_i：

（一）只有一个回指中心 Cb(U_i，D)。

（二）下指中心集合 Cf(U_i，D)的每一个成分都必须在 U_i中实现。

（三）回指中心 Cb(U_i，D)在 U_i所实现的下指中心 Cf(U_{i-1}，D)中显著度最高。

第一个制约条件限定了回指中心的数量；第二个制约条件限定了下指中心的语法形式，即一个语段的所有下指中心都必须在该语段中表现为某种形式的指代成分，如代词、零代词、指代显性语篇实体的名词短语、指代可推知的(inferable)隐性语篇实体的名词短语等。第三个制约条件对某一语段的下指中心在下一个语段中的实现情况以及下一个语段的回指中心作出了预测，如果语段 U_i的优选中心 Cp(U_i)在语段 U_{i+1}中被现实化，那么，它预期将成为语段 U_{i+1}的回指中心 Cb(U_{i+1})。

向心理论的两条规则为：

对于由语段 U_1，…，U_m组成的语篇片段 D 中的每一个语段 U_i：

（一）如果下指中心 Cf(U_{i+1}，D)的某一个成分在语段 U_i中表现为代词，那么，该语段的回指中心 Cb(U_i，D)也应该表现为代词。

（二）过渡状态(transition state)按一定的顺序排列。延续(CONTINUE)过渡优于保持(RETAIN)过渡，保持过渡优于流畅转换(SMOOTH－SHIFT)过渡，流畅转换过渡优于非流畅转换(ROUGH－SHIFT)过渡。

规则(一)又称作代词规则(Pronoun Rule)，因为代词化(pronominalization)是表达语篇显著度的重要手段，而且回指中心经常被省略或被代词化。根据规则(一)，某一语段可以包含多个将上一个语段中的语篇实体现实化的代词，其中必须有一个用来表达回指中心。如果只有一个代词，那么该代词一定是回指中心。规则(二)通过对各种过渡方式的分类来衡量语篇片段的连贯性。连贯性的程度与受话者的推理负荷有直接的关系。例如，当语篇以同一个中心延续发展时，受话者在语篇的理解过程中的推理负荷相对于其他过渡方式来说要小得多，因而，语篇的连贯性就强得多。毗邻语段 U_{i-1}和 U_i的中心过渡方式的划分基于两个因素：从 U_{i-1}到 U_i的回指中心是否相同；该语篇实体是否与语段 U_i的优选中心相同。具体表述如下：

情况（一）　$Cb(U_i)=Cb(U_{i-1})$ 或 $Cb(U_{i-1})=[?]$

情况（二）　$Cb(U_i)=Cp(U_i)$

其中的 $Cb(U_{i-1})=[?]$ 表示在上一个语段中没有回指中心 $Cb(U_{i-1})$ 的情况，譬如在语篇的开始部分。中心的过渡呈现为如下几种状态：

	$Cb(U_i)=Cb(U_{i-1})$ 或 $Cb(U_{i-1})=[?]$	**$Cb(U_i)\neq Cb(U_{i-1})$**
$Cb(U_i)=Cp(U_i)$	延续	流畅转换
$Cb(U_i)\neq Cp(U_i)$	保持	非流畅转换

当以上（一）、（二）两种情况同时成立时，毗邻语段 U_{i-1} 和 U_i 的回指中心相同，且 U_i 的回指中心与优选中心相同，两个语段之间的连接关系为延续过渡，也就是说，发话者一直在谈论同一个语篇实体，并打算继续将该实体当作谈论的主题。

当情况（一）成立而情况（二）不成立时，毗邻语段 U_{i-1} 和 U_i 的回指中心相同，但 U_i 的回指中心与优选中心不相同，那么，两个语段之间的关系呈现为保持过渡，也就是说，发话者打算在下一个语段中将中心转换为一个新的、显著度较低的实体。

当情况（一）不成立时，毗邻语段 U_{i-1} 和 U_i 的回指中心不相同，两个语段之间呈现为转换关系。当情况（二）成立时，U_i 的回指中心与优选中心相同，那么，两个语段之间呈现为流畅的转换关系；当情况（二）也不成立时，U_i 的回指中心与优选中心不同，那么，两个语段之间呈现为非流畅的转换关系。

根据向心理论的制约条件、规则、下指中心的显著度、过渡状态，我们可以对例（1）和例（2）中的两个语篇作如下分析：

（1）a. Jeff helped Dick wash the car.

回指中心：	[?]
下指中心：	[JEFF, DICK, CAR]
过渡状态：	无回指中心

b. He washed the windows as Dick waxed the car.

回指中心：	[JEFF]
下指中心：	[JEFF, WINDOWS, DICK, CAR]
过渡状态：	延续

c. He soaped a pane.

回指中心：	[JEFF]
下指中心：	[JEFF, PANE]
转换状态：	延续

(2) a. Jeff helped Dick wash the car.

回指中心：	[?]
下指中心：	[JEFF, DICK, CAR]
过渡状态：	无回指中心

b. He washed the windows as Dick waxed the car.

回指中心：	[JEFF]
下指中心：	[JEFF, WINDOWS, DICK, CAR]
过渡状态：	延续

c. He buffed the hood.

回指中心：	[DICK]
下指中心：	[DICK, HOOD]
过渡状态：	流畅转换

从以上分析中可以看出，例(1)比例(2)更连贯。语段(1c)是延续过渡，因为其回指中心与语段(1b)的回指中心相同，而且(1c)的优选中心与回指中心相同。语段(2c)则是流畅转换过渡，因为其回指中心在语段(2b)中发生了变化，但(2c)的优选中心与回指中心相同。

5.4 处理难度、指称形式与语篇连贯

向心理论认为，语篇的连贯性与语篇的处理难度之间存在着密切的关系。在一个连贯的语篇中，歧义和话题变换应被减少到最低限度，从而使受话者比较容易地处理语篇中的信息。这一点已经包含在向心理论的三个制约条件和两个规则之中，因此，向心理论可以用来解释语篇的连贯性。例如：

(3) a. Susan gave Betsy a pet hamster.
b. She reminded her that such hamsters were quite shy.
c. She asked Betsy whether she liked the gift.

(4) a. Susan gave Betsy a pet hamster.
b. She reminded her that such hamsters were quite shy.
c. Betsy told her that she really liked the gift.

(5) a. Susan gave Betsy a pet hamster.
b. She reminded her that such hamsters were quite shy.
c. ? #Susan asked her whether she liked the gift. (? #表示该句子在语篇中的可接受性较低或存在疑问)

(6) a. Susan gave Betsy a pet hamster.
b. She reminded her that such hamsters were quite shy.
c. #She told Susan that she really liked the gift.

根据向心理论的制约条件和规则，例(3)至例(6)中的语篇在连贯性上依次降低。首先，根据向心理论的制约条件，语篇片段中的每一个语段只有一个回指中心。由于所有语段(b)的优选中心均为“Susan”，那么，“Susan”也将预期成为语段(c)的回指中心。再根据向心理论的第一条规则，语段(c)的回指中心一定体现为代词，并且该代词一定是回指“Susan”的。由于例(3)中的语篇与向心理论的制约条件和规则相一致，因而是最连贯的，而例(6)中的语篇则完全违反了向心理论的制约条件和规则，因而是最不可接受的。

大量的心理语言学实验也证明,在连贯的语篇中,代词用来表示回指中心,而名词短语用来表明注意焦点的转移(Hudson, Tanenhaus & Dell 1986;Hudson-D'Zmura 1988;Hudson-D'Zmura & Tanenhaus 1998)。在由两个句子构成的语篇中,当语篇的其他方面都相同而回指中心的体现方式不同的情况下,受试者在理解回指中心为代词的语篇和回指中心为名词短语的语篇时,前者的速度要快于后者。但是,当不充当回指中心的实体体现为代词时,其理解速度要慢于相应的名词短语;而且当非回指中心体现为代词时,受试者往往认为该句子是不可理解的。因此,根据指代成分的表达方式,语篇中心的显著度呈现为如下的等级排列:

零指代成分>代词>确指名词>不确指名词

可以看出,零指代成分的显著度最高,代词次之,而不确指名词的显著度最低。总而言之,在连贯的语篇中,代词是确立中心并使中心进一步延续的优选形式,而名词则是中心转换的优选形式。

句法结构在语篇中心的确立和过渡中也发挥着重要的作用。因此,语篇的连贯性在某种程度上制约着语篇中句法结构的选择。Hurewitz(1998)通过研究发现,被动语态在会话语篇和书面语篇中所发挥的作用是不同的。在会话语篇中,被动语态与相对应的主动语态相比被更多地用来实现语篇中心的"延续"过渡,即语篇的回指中心保持不变,从而使语篇具有较高的连贯性。而被动语态在书面语篇中的重要作用在于促成语篇中心的转换。Birner(1998)运用向心理论对英语倒装结构在语篇中的分布情况进行了研究。她发现,如果倒装结构中的前置成分和后置成分表达的是语篇上文中已经提到的信息,那么最近所提到的信息应当出现在前置成分的位置上。也就是说,与后置成分所表达的信息相比,前置成分所表达的信息熟悉度更高,因而其显著度也就更高。这样,倒装结构中的前置成分代表语段的回指中心,从而使该语段与语篇上文建立起紧密的连贯关系。

总之,连贯性是合格语篇的内在要求。对于受话者来说,语篇处理的难度越低,语篇的连贯性就越强。在语篇的生成过程中,发话者应最大限度地减少指代成分可能造成的歧义,并在同一个语篇片段内尽可能地减少语篇中心的转换,从而避免让受话者在语篇的理解过程中付出不必要的处理努力。为了保证语篇的连贯性,发话者在语篇的组织过程中应当尽量根据向心理论的制约条件和规则来选择适当的指称形式和句法结构。

5.5 评论

向心理论试图从认知的角度对语篇指称、语篇理解和语篇的连贯性等问题进行系统的研究。目前,向心理论还处于发展阶段,因而仍有个别地方还需要进一步完善。首先,关于影响和制约下指中心显著度等级的因素问题,目前尚未取得一致的看法。显著度本身就是一个非常复杂的问题,它涉及语言结构、语义、语用和认知等因素。譬如,指示(deictic)指称代词的使用一般不受显著度等级的制约。例如:

(7) a. John is a real workaholic.

b. I saw him at the office early yesterday morning.

c. He didn't notice me or anyone else arriving.

d. He looked like he'd already been there for hours.

在(7b)中,I 指代情景语境中的发话者本人,按其语法功能,I 在该语段的下指中心中显著度最高,但语段(7c)的回指中心却又变为"John"。以此分析,(7a)和(7b)之间的中心过渡关系为"保持",(7b)和(7c)之间为"转换"。但从直觉上讲,整个语篇片段是以"John"为中心展开的。

在英语中除了语法功能和语法关系等因素,某些表示感知的动词也会影响下指中心显著度的等级排列。试比较:

(8) She_i saw $Mary_j$. "she" =Jane =Cb

a. ? She_i was wearing thick glasses. (? 表示回指关系的不确定性)

b. ? She_j was wearing thick glasses.

(9) She_i looked at $Mary_j$. "she" =Jane =Cb

a. # She_i was wearing thick glasses.

b. She_j was wearing thick glasses.

在例(8)中,如果脱离了一定的语境,就很难确定(8a)和(8b)中的代词"she"到底回指的是"Jane"还是"Mary",而在例(9)中,由于"looked at"具有一定的意图性,受话者会期望在下一个语段中出现有关"Mary"的信息,因而"Mary"在下指中心中的显著度要高于"Jane"。这样,下一个语段中的主语代词"she"应该回指"Mary"而不是"Jane"。

间接引语动词也会影响下指中心显著度的等级排列。例如:

(10) a. He_i told Harry_j that the plans were going well. "He" =John =Cb
b. He said …

根据(10b)中间接引语的内容,代词"he"可以回指"Harry",如"He_j said he expected them to …",也可以回指"John",如"He_i said they'd arrive on time."。

向心理论中的两条规则也需要进一步完善。第一条规则指出,当某一语段包含多个代词时,其中必须有一个用来表达回指中心,如果只有一个代词,那么该代词一定是回指中心。但是,这一规则却没有说明同一个语段中多个代词的回指问题。例如:

(11) a. Terry_i has been getting harassed by Sandy_j at school.
b. Her_i father told $\text{her}_{i/j}$ to stop it.

在(11b)中,主语中的代词"her"回指(11a)中显著度最高的下指中心"Terry",这一点符合向心理论的第一条规则,但该理论却无法说明(11b)中宾语代词"her"的回指问题。

第二条规则通过语篇中心的过渡状态来说明语篇的连贯性,但这一规则只是用来说明相邻的两个语段之间的中心转换,但在更大的语篇单位中,单纯运用相邻语段之间的连贯关系并不一定能说明整个语篇的连贯性。例如:

(12) John went to his favorite music store to buy a piano.
He had frequented the store for many years.
He was excited to be going to the store to actually buy a piano.
It was the biggest music store in the area.
It had just the kind of piano that he wanted.
It was closing just as John arrived.

(13) John went to his favorite music store to buy a piano.
It was a store John had frequented for many years.
He was excited to be going to the store to actually buy a piano.
It was the biggest music store in the area.
He knew that it had just the kind of piano that he wanted.
It was closing just as John arrived.

在例(12)中仅有一次中心转换,而例(13)则频繁地转换中心。从直觉上看,两个语篇在连贯性上似乎并没有多大差别。但二者之间在连贯性上是否存在差别,还需要通过大量的实证性研究,对类似的语篇进行比较。总之,在运用向心理论来解释语篇的连贯性时,还应当引入宏观的制约规则,从而使该理论既能解释语篇的局部连贯性也能解释语篇的宏观连贯性。

5.6 结束语

在以往对指称关系的研究中,指称关系被单纯地看作语篇中的某一个指代成分与语篇上下文中的指代对象之间在语义上的照应关系。向心理论则从认知的角度出发,把语篇所涉及的实体看作交际参与者的心理表征和语篇中心。作为一种心理表征,语篇世界中的实体根据其显著度在具体的语篇中体现为各种形式的指称形式,并以此来表达发话者的注意状态。语篇中心的显著度呈等级排列,显著度最高的中心表达了交际参与者的注意焦点,因此该中心往往与上文所涉及的某一个中心构成回指关系,同时又预期成为下一个语段的回指中心。语篇中心就是以这种方式对语篇的生成与理解以及语篇的连贯性发挥作用的。虽然向心理论仍处于发展阶段,并在某些方面还需要进一步完善,但笔者相信,该理论在语篇分析和自然语篇的计算机处理等方面将会有广阔的应用前景。

第二部分

语篇的衔接与连贯

第六章

论衔接与连贯的关系[①]

6.1 引言

衔接与连贯是语篇分析领域中的两个最基本的概念，也是语篇分析的重要议题。但是，对于衔接与连贯的关系问题，目前人们既有一致的看法，也有许多分歧。如何把握衔接与连贯的实质以及二者之间的关系是语篇分析中一个不容回避的重要课题。本章将从衔接与连贯这两个术语的来源和定义入手，对衔接与连贯的关系问题作初步探讨，并提出自己对这一问题的见解与看法。

6.2 术语的来源与发展

在语篇分析领域，Halliday & Hasan(1976)对英语语篇中的衔接现象所作的研究对衔接理论的发展作出了重大贡献。在此之前，Jakobson

① 本章原载于《外国语》，1998 年第 4 期，第 44—49 页。

(1960)对文学语篇中由句法结构和重复而形成的排比现象的分析被认为是对语篇衔接的最早研究(Traugott & Pratt 1980: 21)。Halliday(1964: 303)首次将衔接划分为语法衔接和词汇衔接两大类,后来,Hasan(1968)对语法衔接做了较为详尽的探讨。在文学语言的研究方面,Gutwinski(1976)从语法衔接和词汇衔接的角度对文学语篇的衔接现象进行了分析。一般认为 Halliday & Hasan 的《英语中的衔接》(*Cohesion in English*,1976)一书的出版标志着衔接理论的创立。Halliday 和 Hasan 对语篇衔接的研究一直没有中断,他们(Halliday 1985;Halliday & Hasan 1985)沿着自己的研究道路继续探索,进一步发展和完善了衔接理论(朱永生 1995a: 36)。

对连贯的研究早在现代语言学诞生之前就开始了,在修辞学中,连贯被认为是使文章获得统一性的重要前提条件。但是,在语篇分析领域,对连贯的研究则是从 20 世纪 60 年代才开始的。在这一方面,德国篇章语言学家 Harweg(1968)对语篇中由各种替代手段(substitution)形成的衔接与连贯关系所作的分析具有开创性意义。较早对语篇的连贯性进行研究的还有 Bellert(1970)、van Dijk(1972, 1977)、Widdowson(1978, 1979)、Kintsch(1974)、Halliday & Hasan(1976)、Coulthard(1977/1985)、Enkvist(1978)等。20 世纪 80 年代是连贯理论发展的高峰期,其中最引人注目的研究有 Beaugrande(1980)、Beaugrande & Dressler(1981)、Brown & Yule(1983)、Graig & Tracy(1983)、Stubbs(1983)、van Dijk & Kintsch(1983)、Tannen(1984b)、van Dijk(1985a)、Halliday & Hasan(1985)、Blackmore(1987,1988)等。20 世纪 90 年代是连贯理论向纵深发展的时期,比较引人注目的研究有 Ehrlich(1990)、Tsui(1991)、Blackmore(1992)、Martin(1992a)、Schiffrin(1994)、Gernsbacher & Givón(1995)等。限于篇幅,本章对这些研究将不作详细介绍,感兴趣的读者可以参阅以上这些成果。

6.3 术语的定义与区分

语篇分析是一项跨学科研究,由于许多语言学家从不同的角度来研究语篇,他们对衔接与连贯的定义也就有所不同。但笔者通过比较十多种定义后发现,人们对衔接与连贯的理解虽有分歧,但共识为多。Beaugrande & Dressler(1981)、Brown & Yule(1983)、Stubbs(1983)、Tannen(1984b)、Richards, Platt & Weber(1985)、Crystal(1985,1992)等都把衔接看作语篇的表层结构关系,而连贯则是语篇深层的语义或功能关系。也就是说,语篇的衔接是通过词汇和语法等表层结构形式实现的,而连贯则是通过句子或语段之间的语义或功能关系实现的。Widdowson(1978: 26,28-29)认为,衔接是语篇中句子的命题之间的关系,而连贯则是命题所实施的言外行为之间的关系。Widdowson 对连贯的定义与以上所提到的定义并无多大出入,但他把衔接看作命题之间的语义关系,这一点与 Halliday & Hasan(1976: 4)的衔接定义有相似之处,即他们都把衔接看成一种语义关系。Halliday 和 Hasan 认为,当语篇中的某一语言成分需要依赖另一语言成分来解释时,便产生衔接关系。作为一种语义关系,衔接在具体的语篇中体现为照应(reference)、省略(ellipsis)、替代(substitution)、连接(conjunction)等语法衔接手段和重现(reiteration)、搭配(collocation)等词汇衔接手段。Halliday & Hasan(1976: 23)认为,语篇的连贯性表现在两个方面:语篇在语境方面是连贯的,因而在语域上是一致的;语篇自身是连贯的,因而是衔接的。这两条标准在语篇的连贯中所发挥的作用是相辅相成、缺一不可的。语域一致性指的是构成语篇的句子或语段都属于同一个情景语境,即语篇是按同一个话语范围、话语方式和话语基调展开的。除此之外,语篇在语义上必须是前后衔接的。在系统功能语言学的理论体系中,语篇是一个语义单位,由于语域和衔接也都属于语义的范畴,所以从这种意义上讲,Halliday 和 Hasan 所说的连贯也应是一个语义概念。

综合以上定义,我们可以看出,连贯是语篇深层的语义或功能连接关系。那么,我们应当怎样看待衔接呢?笔者认为,衔接应当是一种语义关系,语篇的各种语法和词汇衔接手段是借助语义来实现衔接关系的。如果脱离了意义,单纯的词汇或语法形式之间便不会建立起衔接关系。因此,我们不妨把衔接定义为语篇表层的结构形式之间的语义关系,它在具体的语篇中体现为词汇和语法衔接手段。

由于衔接和连贯分别涉及不同的语篇特征,所以大部分语言学家对这两个概念作了区分,但也有人未对二者作严格区分。例如,van Dijk

(1977：126)认为连贯是语篇的一种语义特征,它依赖于每个单句的解释与其他句子的解释之间的关系,而衔接则是连贯的一种具体类型。后来,van Dijk(1985a：108)对语义连贯(semantic coherence)和表层结构衔接作了区分,但仍把表层结构衔接看作语义连贯的表达系统。Van Dijk & Kintsch(1983：149)把衔接看作用来解释深层语义连贯的语法表现形式(grammatical representations),并把衔接归于句法连贯(syntactic coherence),即表达语义连贯的句法手段。除句法连贯和语义连贯外,van Dijk 和 Kintsch 还同时区分出了语体连贯(stylistic coherence)和语用连贯(pragmatic coherence)。语体连贯指的是说话者或语篇运用同一种语域,相当于 Halliday & Hasan(1976)的语域一致性;语用连贯指的是言语行为序列的连贯关系,即语篇在语言功能上的连贯性。

6.4 衔接与连贯的关系问题

衔接与连贯的关系问题是语篇分析中的热点话题之一。在这一问题上,目前不同的观点和看法仍然存在,争论的焦点是衔接在连贯中的作用问题,归纳起来大致有以下三种不同的观点:(一)衔接是连贯的必要条件但不是充分条件;(二)衔接既不是连贯的必要条件也不是充分条件;(三)要从语言运用的过程和认知科学的角度来解释衔接与连贯的关系。

第一种观点认为,连贯的语篇必须是衔接的,即衔接是连贯的必要条件。Halliday & Hasan(1976,1985)始终把衔接作为连贯的必要条件,并指出,衔接是建筑连贯大厦的基石(1985：94)。持类似观点的还有 Reinhart(1980：161)和 Ehrlich(1990：29),二者将语篇的连贯性分为显性连贯(explicit coherence)和隐性连贯(implicit coherence)两大类。具有显性连贯的语篇必须满足三个条件:衔接、一致性、相关。一致性指的是语篇中的句子在语义上必须是一致的,也就是说在同一个事态中都是真的;相关指的是语篇中的句子跟语篇的主题和语境都是相关的。在语篇缺乏显性连贯的情况下,如果语篇接收者能够通过语用推理等手段理解语篇的内在连贯性,那么语篇就具有隐性连贯。虽然上述观点都坚持衔接是连贯的必要条件,但 Reinhart 和 Ehrlich 在观点上显然要比 Halliday 和 Hasan 要委婉一些,并且显性连贯和隐性连贯的分类似乎说明了衔接在多大程度上作用于连贯的问题。关于这一点,笔者将在本章 6.5 节再作进一步探讨。

第二种观点与第一种观点几乎是针锋相对的。这一观点强调了语用知识在解释语篇连贯性中的作用,并指出,衔接既不是语篇连贯的必要条件,也不是充分条件。Enkvist(1978)认为,衔接并不能保证语篇的连贯。例如,下面这段文字中充满了衔接,但它却不是一个连贯的语篇:

(1) I bought a Ford. The car in which President Wilson rode down the Chaps Elysees was black. Black English has been widely discussed. The discussions between the presidents ended last week. A week has seven days. Every day I feed my cat. Cats have four legs. The cat is on the mat. Mat has three letters.

(Enkvist 1978: 110)

Widdowson(1979)、Brown & Yule(1983)、Stubbs(1983)、Giora(1985)、Tsui(1991)等则认为,连贯的语篇不一定都是衔接的。例如:

(2) A: Can you go to Edingburgh tomorrow?
B: B.E.A. pilots are on strike.

(Widdowson 1979: 96)

在这段会话语篇中虽然没有衔接手段,但 A 完全可以通过语用知识来理解 B 的含意,也就是说 A 和 B 的语段之间存在着连贯关系。Tsui(1991)认为,在会话语篇中,不管是否存在衔接关系,只要一个语段能够满足其前面语段的言外意图或者与其语用预设有关,那么这两个语段之间就可构成连贯关系。例如:

(3) A: What's the time?
B: a. Eleven.
b. Time for coffee.
c. I haven't got a watch, sorry.
d. How should I know.

e. Ask Jack.

f. You know bloody well what time it is.

g. Why do you ask?

h. What did you say?

i. What do you mean?

(Tsui 1991: 115)

在B对A的提问可能做出的回答中,(a)和(b)是针对A的问话所表达的言外意图做出的反应;(c)—(i)则是针对A的预设做出的回答。正因如此,语段(a)—(i)都可以与A的问话构成一个连贯的语篇。

Brown & Yule(1983: 197)认为,在把一段文字作为语篇解释时,受话者和读者力图使所描写的一系列事件形成一幅连贯的画面,把这些事件联成一体,而不是只看是否有语言上的连接。Brown & Yule(1983: 225)还进一步强调了含意(implicature)对解释语篇连贯性的重要性,并强调了语篇接收者在理解话语含意时所运用的三种语用策略: 交际功能的运算、社会文化知识的运用、对所要做出的推理的确定。

第三种观点与第二种观点有一定的联系,并且可以看作第二种观点的延伸。持这一观点的人大都承认衔接既不是语篇连贯的必要条件也不是充分条件,但他们更注重从语言运用的过程和认知科学的角度来探讨语篇的连贯性问题。这一观点的出发点在于语篇的连贯性与语篇接收者的认知思维有关。Gernsbacher & Givón(1995)指出,连贯性是一种心理现象(mental phenomenon),而不是语篇或社会语境的特点。其实,这种观点在Brown & Yule(1983)以及Stubbs(1983)的著作中也有所体现。Brown & Yule(1983: 199)指出,语篇就是受话者和读者视为语篇的话语,语篇的连贯性是听话者或读者在话语理解过程中强加给语篇的结果。这一看法与Stubbs(1983: 96)的观点不谋而合: 是听话人的理解创造了语篇的连贯性。在这一方面,Beaugrande & Dressler(1981)从认知科学的角度对语篇连贯性的研究具有代表性的意义。他们在语篇研究中采用的是心理操作法(procedural approach),语篇研究的中心就是确定语言系统在运用时所涉及的心理操作或运算过程并寻找这些操作的动机和策略。Beaugrande & Dressler(1981: 84)把连贯看作将语义用于语篇使之成为有意义的心理操作过程的结果。他们认为,语篇所描绘的事件和情景的线

性排列会激活语篇接收者的心理操作,并以此还原或创造连贯关系。下面是 Brown(1997)的一个例子:

(4) The king died. The queen died of grief.

例(4)中的两个句子涉及两个事件:国王之死和皇后之死。这两个事件的线性排列可以使语篇接收者激活如下的心理操作和运算:例(4)中的国王和皇后生活在同一个国家、同一个年代;国王之死先于皇后之死;皇后之死是由国王之死造成的,直接原因是皇后悲伤过度;等等。由此看来,对语篇连贯性的理解涉及语篇接收者将语篇世界中的概念和关系连接在一起的心智活动或认知推理。

就衔接与连贯的关系而言,Beaugrande & Dressler(1981: 71)认为,衔接是建立在预先设定的(presupposed)连贯性基础之上的,重复、省略、替代、连接等语篇衔接手段的运用有助于语篇在表达上和理解上的简易性(efficiency),即增强语篇的稳定性和经济性,用起来省力。Blackmore(1987,1988,1992)在 Sperber & Wilson(1986/1995)的关联理论基础之上对语篇连贯的认知模式所作的探索也恰恰证实了这一点。Blackmore 认为,连贯性产生于听话人在话语的理解过程中对关联性的寻求,而衔接手段的目的在于制约话语的关联方式,从而减少听话者在对关联性的寻求过程中所付出的认知努力。

6.5 如何看待衔接与连贯的关系

上文对衔接与连贯的关系问题上的各种不同观点进行了简要的归纳和分析。在这些不同的观点面前,我们应当怎样看待衔接与连贯的关系呢?笔者认为应从以下几个方面来把握这一问题。

首先,要确定语篇连贯的标准,这是正确看待衔接与连贯的关系问题的关键所在。朱永生(1997a: 23)认为,连贯是一个语义概念,它指的是话语内不同组成部分之间在意义上的联系,具体表现在两个方面:(一)话语内不同组成部分所表达的命题彼此相关;(二)话语内不同的组成部分所表达的言外之意彼此相关。话语只要能符合上面任何一条标准,可视为连贯。归纳起来,语篇的连贯性指的是语篇的组成部分在意义或功能上的连接关系。

第二,要正确理解衔接的真正含义。衔接是一种语义关系,它在语篇中体现为具体的词汇和语法形式。在探讨衔接关系时不应脱离意义,因为衔接手段是借助意义来实现衔接关系的,离开了意义也就谈不上衔接。孤立地去分析各种衔接手段对研究语篇的连贯性并无多大帮助。衔接只是表达语篇连贯性可能用到的手段,而语篇表层的衔接关系是建立在深层的连贯关系基础上的。例如:

(5) a. They have a big house on the hill.

b. It has at least 10 rooms.

(van Dijk 1985b: 109)

如果把例(5)看作一个连贯的语篇,那么(5a)与(5b)之间的连贯关系不是靠"house"与"it"的同指关系实现的,而是由(5a)和(5b)所表达的完整命题之间的关系实现的。而且,单纯从形式上难以确定"house"与"it"之间是否存在衔接关系,二者之间的衔接关系是建立在(5a)和(5b)的连贯关系基础上的。

第三,要用辩证的方法来看待衔接与连贯之间的相互关系,我们要对这两个概念加以区分,但不能把它们对立起来。在说明衔接与连贯的关系时,许多语篇分析者仿照句法学家的做法,杜撰出充满衔接但不连贯或者连贯但不衔接的语篇,这些例子从某种程度上的确能说明一定的问题,但在实际的语言运用中,情况则并非这么简单。甚至可以说,这些人工制造的语篇与人们运用语言的实际情况相去甚远。在语言交际中,语篇的发出者总是最大限度地保持语篇的连贯性,语篇的接收者则以语篇的连贯性为前提来理解话语。在语篇的生成过程中,交际者可以根据需要选择适当的衔接手段,以加强语篇的连贯性,并使语篇接收者在语篇的理解过程中付出较小的认知努力。在另一些情况下,语篇的衔接,特别是词汇衔接,则是在连贯语篇的生成过程中产生的副产品或伴生物。透过语篇所使用的衔接手段可以揭示连贯的语篇是如何在语言系统中通过具体的语言编码实现的,但它们本身并不能从本质上说明语篇的连贯性。

第四，语篇连贯理论涉及语义、语用、认知等多种理论和知识，在进行语篇分析时，我们要用全面的眼光去看待语篇的连贯性问题。从语义的角度看，语篇连贯性在局部上表现为语篇中前后相连的句子之间的语义联系，在总体上则表现为句子意义与语篇的宏观结构（macrostructure），即语篇主题之间的联系。从语用的角度看，语篇连贯性体现为语篇的组成部分在功能上的连接关系，即句子或语段所实施的言外功能之间的联系。从认知的角度看，语篇连贯性涉及语篇接收者在语篇理解过程中的心理运算和认知推理。因此，单纯从一个角度不足以说明语篇连贯性的全貌。

第五，语篇不仅仅是一个静态的成品（product），而且语篇也是一个动态的过程（process）。作为成品，它是语言运用的结果或产物；作为过程，它是语言使用者在语言交际过程中的相互作用（interaction）。在进行语篇分析时，我们可以把语篇看作一个静态的成品，并对其衔接手段进行分析。但是这种静态的分析在很大程度上不能说明语篇的连贯性。语篇是在语言的运用过程中产生的，脱离了语言运用的实际过程以及与语篇的生成和理解相关的因素，便很难揭示语篇连贯性的实质。

6.6 结束语

衔接和连贯及其关系问题，是语篇分析的重要议题。衔接是语篇表层的结构形式之间的语义关系，连贯则是语篇深层的语义或功能连接关系。在衔接与连贯的关系问题上，许多语言学家从不同的角度对这一问题作了大量有益的探索并提出了不同的观点。这些不同观点，一方面反映了语篇分析者的不同研究视角，另一方面也反映了语篇分析的跨学科性质。本章旨在阐明衔接与连贯的关系，并以此作为引玉之砖，以便引发大家从多领域、多视角对语篇进行分析和研究，共同推进这一年轻而又充满活力的学科的研究和发展。

第七章

语篇照应的动态分析[①]

7.1 引言

在 Halliday & Hasan(1976)的语篇衔接理论中,照应是一种主要的语法衔接手段。它指的是语篇中的某一语言成分与另一语言成分之间在指称意义上的相互解释关系。将语篇照应看作语言成分之间的关系,这无疑对解释语篇衔接具有十分重要的意义,但这种静态的研究难以揭示语篇照应的实质。本章试图从一个不同的角度对语篇照应进行动态的分析。

7.2 静态分析对语篇照应解释的局限性

在语篇中,如果对一个词语的解释不能从词语本身获得,而必须从该词语所指的对象中寻求答案,这就产生了照应关系(Halliday & Hasan

① 本章原载于《外语教学》,2001 年第 6 期,第 17—21 页。

1976: 31)。因此,照应是一种语义关系,它指的是语篇中一个成分做另一个成分的参照点,也就是说,语篇中一个语言成分与另一个可以与之相互解释的成分之间的关系。例如:

(1) Francesca Johnson died in January of 1989. She was sixty-nine years old at the time of her death.

(R. J. Waller, *The Bridges of Madison County*)

(2) The next morning after breakfast I went down to look at the little house in Great Britain Street. It was an unassuming shop, registered under the vague name of Drapery.

(J. Joyce, *Dubliners*)

在例(1)中,代词"she"和"her"的确切含义是由它们的所指对象决定的。如果要对它们作出语义解释,就得在语篇上下文中寻找和它们构成照应关系的词语。从上下文中可以看出,"she"和"her"与"Francesca Johnson"构成照应关系。例(2)中的"it"指的是上文中的"the little house in Great Britain Street"。

在 Halliday & Hasan(1976)的语篇衔接系统中,照应是语篇中的某一成分和另一成分之间在指称意义上的相互解释关系。更确切地说,它是语篇中的指代成分(reference item)与指称或所指对象(referent)之间的相互解释关系。Halliday & Hasan(1976)把照应分为两大类:外指(exophora)和内指(endophora)。外指照应指的是语篇中某个成分的参照点不在语篇本身内部,而是存在于语境中。在语篇层面上,外指照应通过建立语篇与情景语境之间的联系来参与语篇的建构,但外指照应本身不能建立语篇上下文之间的衔接关系。只有内指照应才能构成语篇衔接关系。内指照应指的是语言成分的参照点存在于语篇上下文中。内指可以进一步分为回指(anaphora)和下指(cataphora)。回指照应指的是所指对象位于上文,即指代成分的指称位于指代成分之前;下指照应指的是所指对象位于下文,即指代成分的指称位于指代成分之后。

从以上分析中可以看出,Halliday & Hasan(1976)把语篇照应视为指代成分与语篇上下文中的所指对象之间在语义上的相互解释关系。这种静态的描写对语篇中的衔接关系具有较强的解释力。但是,把语篇照应单纯地看作语言成分之间的关系并不能说明语篇中的所有照应现象,因而也就难以揭示语篇照应的实质。

第一,指代成分与指代对象之间在意义上并不一定是一一对应的关系:

(3) Wash and core six cooking apples. Put them into a fireproof dish.

(Halliday & Hasan 1976: 2)

(4) The man who gave his paycheck to his wife was wiser than the man who gave it to his mistress.

(Karttunen 1969)

一般认为,例(3)中的"them"指代的是上文的"six cooking apples",但实际上"them"所指代的应该是"the six cooking apples that have been washed and cored",即已经发生变化的苹果。同样,例(4)中的"it"在形式上等于上文的"his paycheck",但二者的所指对象却是不同的,因为其所指对象的拥有者是不同的。上文"his paycheck"的拥有者为把支票交给妻子的人,"it"的所指对象的拥有者则是把支票送给情妇的人。

第二,许多指代成分的所指对象并不直接存在于语篇上下文中,例如:

(5) a. Horace got some beer out of the car. The beer was warm.

b. Horace got some picnic supplies out of the car. The beer was warm.

(Clark & Haviland 1977: 21)

在例(5a)中,"the beer"与上文的"some beer"构成了指示照应关系,但在(5b)中,"the beer"的照应对象并不直接地存在于语篇的上下文,只有通过语用协调(pragmatic accommodation)来作出"There was beer in the picnic supplies."的预设,才能够理解语篇中的衔接关系。

第三,语篇中的指代成分与指代对象之间有时在意义上只是一种语用关系。例如:

(6) Henry's thinking of rowing the Atlantic. Do go and talk to the wretched fool.

(Halliday & Hasan 1976: 276)

(7) There's a boy climbing that tree. The idiot's going to fall if he doesn't take care.

(ibid.: 279 - 280)

例(6)中的"the wretched fool"指代上文的"Henry",但二者之间仅仅存在着一种语用意义上的等同关系,而在纯语义上并没有多大联系。例(7)中的"the idiot"与"a boy"之间的照应关系也是如此。

第四,静态分析难以解释内涵语境(intensional context)中的照应现象。内涵语境指的是处于情态算子(modal operator)和命题态度谓词(propositional attitude predicate)辖域内的语篇上下文(Roberts 1996: 215)。例如:

(8) a. You should buy *a lottery ticket* and put it in a safe place.
It might be worth a million dollars (if you were lucky).
b. You should buy a lottery ticket and put it in a safe place.
It's worth a million dollars.

(9) a. Jan expected to get *a new puppy* soon.
She intended to keep *it* in her back yard.
b. Jan expected to get *a puppy*.
She managed to housebreak *it* quickly.

(Roberts 1996: 216 – 218)

例(8)和(9)描写的都是虚拟的世界,因而,在指代虚拟的事物时,指代成分必须是在情态算子或表达虚拟世界的命题态度谓词的辖域之内,如(8a)和(9a)所示。但在(8b)和(9b)之中,语篇的前半部分表征的是虚拟世界,而后半部分表征的则是现实世界,由于虚拟世界尚未成为现实,因此指代成分不能出现在表征现实世界的语篇中。

从以上分析中可以看出,语篇照应并不单纯是语言成分之间的指代关系。那么语篇照应的实质是什么呢? 要回答这一问题,就必须对语篇照应进行动态的考察。

7.3 语篇世界与语篇照应

从动态的角度看,无论是会话语篇还是书面语篇,都是一个由交际双方共同参与的互动过程(Coulthard 1977/1985,1994;Widdowson 1984)。在这一互动过程中,交际双方共同建构一个语篇世界,而作为成品的语篇只不过是这一互动过程在语言中被现实化的结果。语篇世界可被看作现实世界或非现实世界的心理表征(Brown & Yule 1983: 206),它是语篇可以参照的,并且是随着语篇的发展不断增加的共有知识(McCarthy 1994: 268)。语篇世界与 Webber(1979)和 Prince(1981)所说的“语篇模型”(discourse-model)是一致的,它是由语篇实体、属性以及语篇实体之间的联系构成的。在具体的语篇中,语篇实体或语篇指称便体现为各种指代成分,如名词、代词等。当同一语篇中具有指代功能的语言成分共同指代语篇世界中的某一实体时,这些语言成分之间便构成共指关系(co-reference)。因此,正如 McCarthy(1994: 268)所说的那样,语篇照应不是某一语言成分来指代另一语言成分,而是具有指代功能的语言成分共同指代语篇世界中的某一实体;从这种意义上讲,照应无所谓内指与外指、回指与下指之分。在语篇的层面上,具有指代功能的语言成分指代的是语篇世界中的实体,而语言成分之间并不能构成相互的指代关系。

正因如此,Brown & Yule(1983)对 Halliday & Hasan(1976)的照应理论提出了质疑。根据 Halliday & Hasan(1976: 52)的理论,当发话者谈论某一人或事物时,就可以用一个名词性指代成分,如“John”,作为先行词,然后就可以无限地使用“he”“his”“him”等代词来指代这一初始指称“John”,在这样一个照应链中,听话者在理解每一个代词时都是以最初的指代成分“John”为指称对象的,而语篇也正是通过这种方式来实现语篇照应的。但 Brown & Yule(1983: 200)则认为这种解释是难以令人信服的,因为交际参加者在使用和理解指代成分时,不可能每次都追溯到先行词甚至语篇的开头。特别是在较长的语篇中,由于同一个照应链往往很长,这样做就更不可能了。无论是在语篇的生成过程中还是理解过程中,初始指代成分使交际参与者在他们所建构的语篇世界中建立一个指称,然后就可以用代词来指代这一语篇指称,而不是去指代语篇中的初始指代成分。

从动态的角度看,由于交际双方在互动过程中共同构建一个语篇世界,作为成品的语篇在表征这一语篇世界时就可以将某些共有知识从语篇中省去,以便在不影响语篇连贯性的前提下,尽可能使语言表达合乎经济原则(Economy Principle)的要求。因此,如果不从动态的角度进行考察，上文例(3)—(9)中的照应现象就难以得到令人信服的解释。

7.4 语篇指称的确立

语篇指称指的是语篇中具有指代功能的语言成分的所指对象，即语篇世界中的实体。既然语篇照应是指代成分与语篇实体或指称之间的关系，那么，语篇指称是如何在语篇世界中确立的呢？也就是说，指代成分与语篇指称之间的照应关系是如何建立起来的呢？对这一问题，Halliday & Hasan(1976)并没有作出回答，因为他们所关心的只是指代成分与语篇上下文中的指代对象之间的照应关系。在他们看来，指代成分(特别是代词)与指代对象之间存在着一种预设(presupposition)关系，即语篇中的指代成分预设了指代对象的存在，所以指代成分的出现必然会使受话者从语篇上下文中去寻找并识别其指代对象。这样，语篇上下文中的指代对象便是指代成分的指称，而它在语篇上下文中的存在也就是理所当然的了。但事实并非如此。从本章第二节的例子中可以看出，有定(definite)代词或名词所指称的对象并不存在于语篇上下文中。而在另一些情况下，某一代词似乎指代语篇上文的某一个名词，但二者之间并不存在照应关系。

从动态的角度看，语篇指称并不存在于语篇之中，而是存在于语篇世界之中。语篇中的指代成分只不过是语篇指称的语言表现形式。当语篇涉及语篇世界中的某一实体时，发话者需要在语篇中用一个指代形式来建立照应关系，并以此在语篇世界中确立一个语篇指称，以便发话者在语篇的发展过程中用有定的指代成分与之照应。一个语言成分能否在语篇世界中确立语篇指称取决于其所指对象在语篇世界中的存在与否。

发话者可以通过 there-be 结构来断言某一语篇实体的存在，但是用这种方式将语篇实体引入语篇世界有时会使语篇显得冗赘。因此在很多情况下，发话者是以预设的方式直接确立语篇指称的。也就是说，如果发话者在语篇中预设了某一实体存在于语篇世界中，那么发话者可以用一个相应的指代形式来确立语篇指称。在有些情况下,发话者可以通过指代形式本身来传达预设信息,如有定名词和代词不但预设了某一语篇实体的存在,而且还预设了所指对象的身份已被确定或认同。在另一些情况下,发话者也可通过命题态度来传达存在预设。例如:

(10) Bill didn't realize that he had a dime. It was in his pocket.

(11) John managed to find an apartment. The apartment had a balcony.

(Karttunen 1976)

例(10)的叙实动词(factive verb)"realize"和例(11)中的含蓄动词(implicative verb)"managed"分别诱发了"Bill had a dime"和"John found an apartment"的预设,因此"a dime"和"an apartment"可以直接在语篇世界中确立语篇指称,并与下文的指代成分构成共指关系。

在传统的语言哲学领域,指代被看作语言与现实世界之间的对应关系。也就是说,指代是以所指对象在现实世界中的存在为前提的。但上文已经指出,语篇既可以表征现实世界也可以表征非现实世界。因此,语篇世界中的实体有的可以与现实世界中的实体相对应,而有的则只能存在于语篇世界中,后者在现实世界中是不存在的。例如:

(12) a. If John bought a book, he'll be home reading it by now.

b. It'll be a murder mystery.

(Rozwadowska 1992: 41)

(13) He wished for the thousandth time in his life that he had a dog, a golden retriever, maybe, for travels like this and to keep him company at home. But he was frequently away, overseas much of the time, and it would not be fair to the animal. Still he thought about it anyway.

(R. J. Waller, *The Bridges of Madison County*)

由于例(12)描写的是一个假设,例(13)描写的是一个愿望,"a book"和"a dog"的所指对象只能存在于非现实世界中,而"a book"和"a dog"只能在表征非现实世界的语篇世界中才能确立语篇指称,而且发话者在指代同一指称时,语篇在情态和意态上必须与上文一致,以便使指代成分与同一语篇世界中的指称相照应。试比较:

(14) a. If John bought a book, he'll be home reading it by now.

b. # It's a murder mystery.

例(14a)描写的是非现实世界,而(14b)描写的则是现实世界。由于二者所表征的不是同一个语篇世界,因此(14a)中的"a book"与(148)中的"it"不能构成共指关系。

7.5 结束语

本章的目的并不是对 Halliday & Hasan(1976)的照应理论进行全盘否定,而是从动态的角度对该理论加以补充,以便使其更加完善。照应是语篇衔接的重要手段之一,但它并不单纯是语言成分之间的指代关系,而是指代成分与语篇世界中的语篇指称之间的指代关系。语篇指称存在于语篇世界之中,不存在于语篇之中,一个语言成分能否在语篇世界中确立语篇指称取决于其所指对象在语篇世界中的存在与否。

第八章

话语序列的连贯关系[①]

8.1 引言

连贯性是语篇区别于非语篇的重要标志之一。在宏观层面上，语篇的连贯性体现为构成语篇的句子或语段所表达的意义与语篇主题之间的联系，即语篇在总体上是按同一主题展开的。在微观层面上，语篇的连贯性则体现为前后相连的句子或语段之间的相互联系，也就是说，语篇在局部上是连贯的。任何一个语篇，无论是在总体上还是在局部上都必须具有连贯性，否则它在结构上便是不合格的，甚至是不可接受的。Van Dijk（1977，1985a）和 Stubbs（1983）等人把语篇中前后相连的句子或语段构成的有意义的语言单位称作话语序列（sequence of discourse）。例如：

（1）Ann's work is marvellous. Jean's is terrible.

（2）Ann arrived late for work. She missed the train.

句子或语段是通过连贯关系构成话语序列的。本章将从语义和语用这两个方面对话语序列的连贯关系作初步探讨。

---

① 本章原载于《山东外语教学》，2000 年第 1 期，第 20—24 页，原文与翟红华合作完成。

8.2 话语序列的语义连贯

在语言交际过程中，人们不是借助孤立的、单个的词句，而是借助由话语序列组成的连贯语篇来表达意义（Crombie 1985：1）。因此，语篇分析的重要任务之一就是阐明句子或语段是如何通过线性组合构成连贯语篇的。从语义的角度看，语篇是由表达命题序列的话语序列构成的（Beaugrande & Dressler 1981；van Dijk 1972，1977，1985a）。因此，话语序列的连贯关系首先表现为句子所表达的命题意义之间的联系。例如：

（3）This morning I had a toothache. I went to the dentist.

从语义结构的角度看，例（3）中这一话语序列的连贯关系表现为该话语序列所表达的两个事态之间的线性排列关系。

一般说来，话语序列的语义结构表现为外延的（extensional）和内涵的（intensional）两种类型（van Dijk 1977）。如果话语序列所表达的事态的线性组合与真实世界里的排列顺序相对应，那么，话语序列表现为外延的语义结构。如果话语序列所表达的事态的线性组合在真实世界里找不到对应体，那么，话语序列表现为内涵的语义结构。例如：

（4）a. John was ill.

b. He didn't come.

（5）a. John didn't come.

b. He was ill.

例（4）是一个由（4a）和（4b）构成的话语序列，它是一个外延结构，因为它反映了真实世界中的因果、条件或先后的自然逻辑或顺序关系。例（5）则是一个内涵结构，它颠倒了例（4）中的自然顺序关系，（5a）表示的是结果，而（5b）表示的是原因，而且从时间顺序上看，（5b）应先于（5a）。所以，（5a）和（5b）之间是通过功能上的连贯关系构成一个连贯的话语序列的，即（5b）是对（5a）的进一步说明或解释。

在现实世界中，许多事态、事件、行为的自然顺序是相对固定的，因此,在语篇中,为了达到话语序列在语义上的连贯,话语序列的组合关系需要与现实世界中的自然顺序相对应。也就是说,语篇世界要与现实世界相吻合。语义连贯对命题的排列顺序的制约作用在事件或动作的时间关系上表现得尤为明显,例如:

(6) a. We went to an expensive restaurant.
    b. John ordered trout with almonds.

在例(6)中,(6a)表示(6b)的条件,(6b)表示结果或者是对(6a)的详细说明。如果把(6a)和(6b)的排列顺序颠倒过来,该话语序列就不再具有语义上的连贯性,因为语篇接收者将难以把握事件之间的时间关系和地点关系。

有些话语序列受现实世界的自然顺序关系的限制,只有外延结构,如例(6)。但在另一些情况下,话语序列的语义结构还要受到信息结构的制约。根据语篇修辞(textual rhetoric)的要求,语篇中的已知信息或预设信息在前,未知信息在后(Leech 1983: 63)。例如,例(4)表达了一种自然逻辑或顺序关系,例(5)表达了一种内涵的功能关系。我们也可以从信息结构的角度把(5a)看作预设信息或已知信息,(5b)是对(5a)的进一步解释,或者是从(5a)中推理出的新信息,即(5b)表达的是未知信息。如下所示:

已知信息 ⟶ 未知信息

(7) John didn't come. He was ill.

如果把例(4)和例(5)放到更大的语篇上下文(discourse context)中去的话,二者之间的区别是显而易见的。例如:

已知信息 ⟶ 未知信息/已知信息 ⟶ 未知信息

(8) We went to the movies. John didn't come. He was ill.

(9) We went to the movies. John was ill. He didn't come.

从信息结构的角度看,语篇是一个由已知信息向未知信息不断推进的动态过程。在语篇的发展过程中,新信息逐渐变成旧信息。在例(8)中,"John didn't come."对于前一个命题来说是未知信息,但对后一个命题来说则变成了已知信息。例(9)中的"John was ill."也是如此。可以看出,例(9)在命题排列上不符合语篇修辞对信息推进的一般要求,所以不如例(8)显得自然和连贯。因为语篇接收者很容易将例(9)中的"John was ill."理解为 John 是在去电影院的途中或在电影院里病倒了，但后面的"He didn't come."却又证明这种理解是错误的。

除了信息结构的要求外，话语序列的语义结构还受到语篇发出者的思维和感知等认知规律的制约。人类认识和描述客观世界时往往遵循从一般到特殊、从整体到局部的认知模式。例如，van Dijk（1977：106）认为，在对某种事态进行描述时，命题之间的序列关系一般呈现为以下排列顺序：

（10）一般—特殊：

Peter always comes late. He won't be in time tonight either.

（11）整体—局部/部分：

She could see Harry Duke. She could see his powerful shoulders.

（12）集合—子集—成分：

Many girls had applied for the job. Some of them were invited to a meeting with the staff.

（13）包括—被包括：

There was a large glass on the table. In it was a pinkish juice.

（14）大—小：

Peter climbed upon the hill, which was covered with pine trees. Under the trees were thick bushes.

（15）外—内：

We came to an isolated inn. The lights were already on.

（16）拥有者—被拥有：

Peter was shabbily dressed. His jeans had large holes in them.

但在有些情况下，语篇发出者并不总是遵循以上这些逻辑顺序。例如：

（17）Peter was late again. He never comes on time.

（18）The house had not been painted for years. In fact the whole town looked dilapidated to us.

以上两个序列在语义上都是连贯的，但例（17）表现了"从特殊到一般"的语义结构，例（18）则表现出"从局部到整体"的语义结构。在这两个序列中，第二个命题可以看作对第一个命题的解释或补充。

从以上分析中可以看出，话语序列的组合关系并不总是与现实世界中的自然逻辑顺序相吻合。因此，根据命题之间的线性组合关系，van Dijk（1985a：110）把话语序列的语义连贯分为两大类：条件连贯（conditional coherence）和功能连贯（functional coherence）。条件连贯指的是构成话语序列的命题在条件上构成相互的联系，即前一个命题表示后一个命题的条件或原因，如例（3）。功能连贯指的是一个命题相对于前一个命题所发挥的功能，如后一个命题对前一个命题进行解释、补充或说明，如例（5）。当然，van Dijk 的这种分类并不是绝对的，有时可以出现条件连贯和功能连贯的重合。例如，在例（6）中，（6b）既可以看作（6a）的结果，又可以看作对（6a）的进一步说明。也就是说，（6a）与（6b）之间的语义连贯既可以是条件连贯也可以是功能连贯。

8.3 话语序列的语用连贯

从上文的讨论中可以看出，单纯从语义的角度并不能完全解释话语序列的连贯关系。首先，同一个句子可以出现在不同的话语序列中，也就是说，命题意义相同的句子可以具有不同的话语价值（discourse value）。例如：

（19）Tim had an accident. He broke his ankle.

（20）Tim is in hospital. He broke his ankle.

在例（19）和（20）中，"He broke his ankle."表达了相同的命题意义，但它在例（19）中表示结果，在例（20）中则表示原因，或者是对前一个命题的进一步说明。

其次，对于有些话语序列来说，如果脱离了语境，就很难确定其连贯关系。例如：

（21）We will have guests for lunch. Calderon was a great Spanish writer.

单纯从语义的角度看，例（21）中的两个句子之间在表面上并不存在任何语义上的联系。因此，van Dijk（1972：40）认为，例（21）中的话语序列是

"绝对不合乎语法的",即这一话语序列在语义上是不连贯的。然而,Widdowson(1979：129)则认为,在一定的语境中,例(21)中的两个句子完全可以构成一个连贯的话语序列。假设有几个人喜欢宴请一些客人,以便在餐桌上谈论某些著名作家的作品,这几个人经过一番讨论后认为,Calderon 是一位大作家,可以把他的作品列为谈论的对象。因此,在这样一个语境中,例(21)中的第二个句子是对第一个句子的进一步说明或补充。

由此看来,话语序列的连贯关系并不总是单纯通过句子的命题意义实现的。从语用的角度看,语篇并不是单纯的句子的组合,而是言语行为的序列,即话语序列的连贯关系是通过句子所实施的交际功能实现的。Widdowson(1978：29)认为,语篇的连贯性体现为句子所实施的言外行为之间的连接关系。例如:

(22) The committee decided to continue with its arrangements. Morgan left London on the midnight train.

从表面上看,例(22)中的两个句子之间并不存在任何语义上的联系,因此,要正确理解这一序列的连贯关系,首先必须依赖一定的语境来推导出这两个句子的言外功能。根据不同的语境,二者之间在功能上的联系可以有两种解释。第一种解释就是二者之间存在着"陈述(assertion)—推论(conclusion)"的功能关系。这样,我们就可以把二者之间的连贯关系理解为(23):

(23) The committee decided to continue with its arrangements. These arrangements required Morgan to leave London. Morgan, therefore, left London on the midnight train.

第二种解释就是二者之间存在着"陈述(assertion)—修正(correction)"的功能关系,这样我们就可以把二者之间的连贯关系理解为(24):

(24) The committee decided to continue with its arrangements. These arrangements required Morgan to remain in London. Morgan, however, left London on the midnight train.

因此,对于某些话语序列来说,只有从功能的角度入手,把话语序列放到一定的语境中,才能把握其连贯关系。

如果把话语序列看成是言语行为的线性组合,那么,言语行为在话语序列中的作用并不总是平等的。Van Dijk(1977: 215)区分了并列言语行为(compound act)和复合言语行为(complex act)。并列言语行为是由两个或两个以上的成分性言语行为(component acts)构成的一个完整的言语行为。复合言语行为指的是由成分性言语行为和辅助性言语行为(auxiliary acts)构成的一个完整的言语行为。例如:

(25) Please shut the window. I'm cold.

(26) Peter is in hospital. Harry told me that.

从整体上看,例(25)实施了"请求"的言外功能,它是由两个相对独立的成分性言语行为构成的并列言语行为,即二者都是实施"请求关窗"这一行为的必要而且充分的条件。例(26)是一个复合言语行为,它在整体上实施了"陈述"的言外功能,其中,第一个言语行为是成分性的,在整个"陈述"行为中起主导作用,第二个言语行为是辅助性的,它主要是用来说明所陈述的信息的来源,以便增强信息的可信度。也就是说,辅助言语行为是为成功地实施成分性言语行为服务的。Ferrara(1985: 145 - 146)对主导言语行为(dominant act)和从属言语行为(subordinate act)作了区分。这种区分与 van Dijk(1977)的成分性言语行为和辅助性言语行为的划分是相通的。

言语行为序列的连贯关系可以表现为各种类型(van Dijk 1977,1981; Ferrara 1980a,1980b,1985)。其中,最常见的有:

(27) 辩解关系(justification):从属言语行为为主导言语行为提供理由或动机上的辩解。

We are in a church. Don't talk so loudly.

(28) 解释关系(explanation):从属言语行为针对主导言语行为的命题内容做出"为什么"的回答。

John is in hospital. He is ill.

(29) 扩展关系(expansion):一个言语行为对另一个言语行为作出进一步的说明或概括。

John will be late today, too. He is always late on Monday.

(30) 重复关系(repetition):一个或数个言语行为对另一言语行为进行重复,即言语行为序列涉及相同的事态。

We could get the money. There is no problem in that. We can't provide the clemency. Money could be provided. Mitchell could provide the way to deliver it.

（31）评论关系(comment)：一个或数个言语行为对另一言语行为所表达的命题内容进行评论，即表达说话者对某一言语行为的观点或态度。

It's about $120,000. That's what, Bob. That would be easy. It is not easy to deliver, but it is easy to get.

（32）准备关系(preparation)：从属言语行为是为实施主导言语行为提供准备条件，以保证主导言语行为的顺利实施。

Do you have five minutes time? I would like to talk with you.

当然，话语序列在功能上的连贯关系远不止这些。以上所列举的只是由同一个说话者发出的言语行为的序列关系，而在会话语篇中，由不同的说话者发出的言语行为也可以构成言语行为序列，最典型的例子就是会话中的相邻话对，例如：

（33）祝贺—感谢：

A：Congratulations!

B：Thanks.

（34）提供—谢绝：

A：Would you like a cup of coffee?

B：No, thanks.

这类言语行为序列的连贯关系也是通过功能来实现的。应当注意的是，话语序列在功能上的连贯关系并不总是具有明显的语言标记。在这种情况下，人们需要借助语言运用的语境来推导话语序列在功能上的连贯关系。

8.4 结束语

连贯性是语篇的重要特征之一，它既体现在语篇的宏观层面，也体现在语篇的微观层面。对话语序列的连贯关系的研究不但可以揭示语篇在微观层面上的结构特征，而且有助于理解语篇的宏观语义结构和连贯语篇的建构机制。话语序列的连贯关系可以从语义、语用等角度进行研究，单纯从一个角度难以揭示连贯的实质，只有把语义、语用等因素结合起来才能全面地解释话语序列的连贯关系。

第九章

语篇的信息连贯[①]

9.1 引言

语篇的连贯性常常被解释为语篇各组成部分在意义上的连接关系(Brown & Yule 1983;Crystal 1992;Östman & Virtanen 1995)。许多语言学家也大都从语义、语用和认知等角度来探讨语篇在意义上的连贯性,如van Dijk(1977)的宏观结构理论、Mann & Thompson(1988)的修辞结构理论以及Beaugrande & Dressler(1981)的程序操作模式,等等。但是,从信息传递的角度看,语篇不只是意义的载体,同时也是信息的载体,因此一个合格的语篇在信息上也必须是连贯的。

9.2 语篇的信息流与语篇连贯

语言学所说的信息指的是以语言为载体所传输的消息内容(徐盛桓

① 本章原载于《外语教学》,2003年第4期,第13—16页。

1996：5）。在语言交际过程中，发话者总要传递一定的信息，并且把自己所要传递的信息以信息单元（information unit）的形式组织起一定的信息结构，并通过语言结构形式表达出来。Halliday（1994：296）认为，信息单元是由新信息和旧信息构成的，而信息则生成于新旧信息的相互作用之中。信息的新与旧是根据发话者对受话者的知识状态（knowledge state）的假设来确定的。旧信息指的是发话者认为受话者可以复原的（recoverable）的信息，即前文提及过的事物、处于语境中的事物以及正在谈论中的事物；新信息指的是发话者认为受话者不可复原的信息，即上文未提及过的事物或意想不到的事物（不管前文是否提及过）。

在语篇的生成过程中，发话者为保证语篇信息流（information flow）的畅通，需要根据自己对受话者的知识状态所作出的假设来合理地编排信息。发话者根据自己对受话者知识状态的假设，将信息单元中的信息划分为旧信息和新信息。在语篇的信息流中，旧信息是信息传递的起点，它为引出新信息服务。不包含新信息的语篇是没有交际价值的，而完全由新信息构成的语篇往往会给受话者造成理解上的困难。Givón（1984a：491，1992：8）把语篇看作信息的混成物（hybrid）或折中物（compromise），即语篇信息流是由新信息和旧信息构成的，在语篇的信息链中，每一个命题一般都添加一定的新信息，从而既不使语篇在信息上冗余也不会使所有的信息都是全新的。Givón（1984a：491）用一个连续体（continuum）来描写语篇中两个命题之间的信息连贯关系，这一连续体的两端分别为“冗余”（redundancy）和“矛盾”（contradiction），命题的信息连贯关系则处于这两个极端之间。如果把某一命题添加到语篇信息流中而新信息不能被增添时，就会出现信息冗余。如果把某一命题添加到语篇信息流中而信息发生不相容情况时，就会出现信息矛盾。也就是说，如果某一新信息与信息流中的旧信息不发生任何联系或者没有以信息流中的任何旧信息作依托，那么，受话者在提取信息时需要付出大量不必要的认知努力，这样就使信息的可及性大大降低。总之，在语言交际过程中，发话者不但要使语篇具有一定的信息量（informativeness），而且还要使信息具有最佳的可及性。这是因为在语篇信息流的推进过程中，信息的编排一方面要受到交际目的的制约，即语篇要传递一定的信息，另一方面又受到交际者认知局限性的制约，即信息的编排要符合人类的一般认知规律，以便使受话者以较小的认知努力获取信息。

Givón(1992：8)指出,语篇信息流中的新旧信息的比率是受到一定制约的。就新信息而言,语篇中的一个小句往往包含至少一个切分成分(chunk)的新信息,而且往往只包含一个切分成分的新信息。就旧信息而言,语篇中的一个小句往往包含至少一个切分成分的旧信息,而且往往包含不止一个。也就是说,语篇不但要传递一定的新信息,而且新信息的传递需要一定的旧信息作依托。旧信息在语篇的信息连贯中发挥着重要的作用。Givón(1992：9)指出,语篇中包含旧信息的切分成分的功能在于将新信息与大脑中已储存的旧信息相连接。在认知上,包含旧信息的切分成分可以为情节记忆中的储存轨迹提供方位指示。也就是说,旧信息的功能在于使信息具有可及性。因此,在信息流的推进过程中,新旧信息相互作用,旧信息不断引出新信息,而新信息又转化为旧信息并为引出下一个新信息服务。

由此看来,语篇的信息连贯与信息内容传递的方式之间存在着密切的关系。换句话说,信息连贯不是意义上的连贯,而是与信息单元中的成分在信息传递过程中的信息状态和交际价值有关。这一点也说明了意义与信息之间的不同之处。Lambrecht(1994：43)指出,句子的意义是句子内部语言成分之间相互作用的结果,并且是保持稳定的,而句子的信息价值取决于交际者的认知状态。某一命题意义是否具有信息价值完全取决于该命题意义能否改变受话者对世界的心理表征(mental representation)。一方面,同一个句子所表达的意义是相对固定的,但其信息价值则是因人而异的。例如,John came yesterday.的意义是相对固定的,但是对于已经了解这一信息的受话者来说,它是没有任何信息价值的,而对于其他受话者来说,它可能或多或少地传递了一定的新信息。另一方面,深层结构相同但表层结构不同的句子所表达的命题意义是相同的,但在信息结构上表现出明显的差别。例如:

(1) The rain destroyed the crops.

(2) The crops were destroyed by the rain.

(Widdowson 1978：2)

在语义上,例(1)和(2)是同义的,二者都表达了相同的事态,但在信息结构上则是不同的。因此,例(1)和(2)往往出现在不同的语篇上下文中,这是因为发话者对不同的信息结构的选择体现了发话者对受话者的知识状态的假设。一般说来,在回答"What did the rain do?"这一提问时,例(1)比例(2)更为合适,因为"What did the rain do?"传达了"The rain did something."的已知信息,而且例(1)也是以已知信息"the rain"作为信息传递的出发点,因而信息的可及性较高,而例(2)则以未知信息"the crops"作为信息传递的起点,这样受话者在信息的提取过程中就需要付出较多的认知努力,从而削弱了语篇在信息上的连贯性。

任何一个合格的语篇在信息上都应该具有连贯性。信息流的连贯性产生于两个方面:从交际参与者的角度看,当发话者发出某一个新命题时,受话者主要关注的问题之一就是如何建立起该命题与上文已经出现的命题之间的连贯关系,而与此同时,发话者主要关注的问题之一则是如何将语篇的连贯性延伸到下一个更新的命题(Givón 1984a: 493 - 494)。也就是说,语篇的信息连贯性产生于发话者与受话者的互动过程之中。但是,在语篇的信息连贯中起关键作用的是发话者,因为处于交际过程中的发话者需要不断地对受话者的知识状态作出假设,以便合理地编排信息,从而在保证语篇以连贯的方式向前发展的同时,还要使受话者在构建命题的连贯关系时能以较小的认知努力从记忆中提取所需的信息。

9.3 信息的可及性与语篇的信息连贯

可及性是一个心理语言学概念,通常指一个人在说话时,从大脑记忆系统中提取一个语言或记忆单位的便捷程度(How easy or automatic the retrieval is),因而又称便取度(Ariel 1990: 16; 许余龙 2000: 321)。在语言学领域,虽然有些语言学家曾对可及性这一现象作过研究,但较为系统的可及性理论在很大程度上是在 Sperber & Wilson(1986/1995)的关联理论基础上发展起来的(Ariel 1990: 4;Toole 1996: 265)。根据关联理论,听话者在话语理解的过程中总是选择最具有可及性的语境假设来处理说话者所提供的信息,即听话者总是以最小的认知努力来获得最大的语境效果。本章所探讨的信息可及性与关联理论中的可及性有一定的相似之处。在语言交际过程中，发话者以信息单元的形式来编排信息，目的就是使受话者以较小的认知努力来提取信息，从而使信息具有最佳的可及性。对于受话者来说，信息的可及性越高，语篇的连贯性就越强（Givón 1992：7）。请看下面的例子：

（3）Q：What time did you leave the building?

A：# What I did at five thirty was leave the building.

（McCarthy 1991：53）

（4）# No one else had known where the entrance to the cave was situated. What John discovered was the cave.

（Widdowson 1979：123）

例（3）中的特殊疑问句隐含了"You left the building."的预设信息（presupposed information），但在回答中，这一信息却成为断言信息（asserted information），而发问者所期待的信息却在回答中成为预设信息。由于回答者没有根据发问者的知识状态合理地编排信息，发问者在处理信息时就要付出较多的认知努力。在这种情况下，回答与问题之间便缺乏信息连贯性。在例（4）中，第二个句子预设了"John discovered something."的信息，但发话者在发出第一个句子后，这一信息应该是受话者所期待的信息，而不是已知信息。由于发话者将新信息作为信息传递的出发点，降低了信息的可及性，因而整个语篇在信息上缺乏连贯。

Clark & Haviland（1977）曾针对新旧信息的编排问题提出了所谓的"新旧信息契约"（given-new contract）。他们在一些心理语言学实验的基础上指出，在交际过程中，发话者与受话者之间存在着一种默契，这种默契要求发话者根据语境合理地编排语段的新旧信息，以便使受话者能够从记忆中推算出旧信息的唯一先行项（antecedent），并且不会使新信息预先出现在先行项上。Clark 和 Haviland 把自己的新旧信息契约看作 Grice（1975）的合作原则的一部分，运用这一理论，可以判断语篇的信息连贯性。例如：

（5）# Two men were watching the dog. The one watching it laughed out loud.

（6）Two men were watching the dog. The tall one watching it laughed out loud.

(7) John and Bill looked at each other. Suddenly, John hit him.

(8) Olivia kissed Oscar somehow. It was on the ear that Olivia kissed Oscar.

(9) # Someone kissed Oscar on the ear. It was on the ear that Olivia kissed Oscar.

(Clark & Haviland 1977)

例(5)中第二部分的已知信息大致为"the man watching the dog",但发话者在上一个句子中却有两个可能的先行项,即"the man_1 watching the dog"和"the man_2 watching the dog",这样就使受话者无法从记忆中提取已知信息的唯一先行项。因而,例(5)是不可接受的。在例(6)中,由于发话者在已知信息中提供了身高方面的区别特征,因而,受话者就会很容易地推算出已知信息的先行项。在例(7)中,受话者也会很容易地从记忆中提取"him"的先行项"Bill",因为"him"的先行项只能是"Bill"而不是"John",否则,发话者应采用反身代词。例(8)是一个连贯的语篇,因为发话者在第二部分预设了"Olivia kissed Oscar somehow."的已知信息,而且受话者可以直接从上一个句子中找到它的唯一先行项,因此,信息的可及性较高。在例(9)中的第二部分,发话者也同样预设了"Olivia kissed Oscar somehow."的已知信息,并断言了"Olivia kissed Oscar on the ear."的新信息,受话者在话语的理解过程中不但无法提取与已知信息相匹配的先行项,而且发现发话者所传递的新信息已经出现在先行项上,这样就会使受话者在信息的提取过程中付出太多不必要的认知努力,信息的可及性也因此被大大降低。

在交际过程中,发话者有时根据经济原则(Leech 1983)的要求,使已知信息与先行项之间存在着一种隐含的或间接的关系,但受话者仍然可以根据新旧信息契约和合作原则推导出已知信息的先行项。例如:

(10) Jake called Jess a Democrat. The insult made him bristle.

(Clark & Haviland 1977)

从表面上看,例(10)中的已知信息"The insult"在上一个句子中并没有直接的先行项,但受话者在话语的理解过程中可以从记忆中提取"Jake called Jess a Democrat."的信息,并相信发话者遵守了新旧信息契约和合作原则,从而补全发话者省略掉的信息,即"Calling someone a democrat is an insult.”,并以此建立起已知信息与先行项之间的间接关系。

从以上分析中可以看出,发话者在信息的传递过程中应该根据自己对受话者的知识状态的假设,合理地编排信息,从而使受话者在处理新信息时能够以较小的认知努力从大脑中提取所需的信息,使信息具有最佳的可及性。

9.4 信息性与语篇的信息连贯

信息性(informativity)是相对于受话者对信息的期望值而言的,它指的是语篇信息超越或低于期望值的程度,即语篇所表述的事件在多大程度上是预料之中的还是出乎意料的,是已知的还是未知的或不确定的(Beaugrande & Dressler 1981: 9)。

在人类的语言交际中,语篇要具有一定的信息量(Grice 1975; Beaugrande & Dressler 1981; Prince 1981; Givón 1984a; Giora 1988, 1997)。任何一个合格的语篇或多或少都具有信息量,无论其形式或内容具有多么高的可预测性,在语篇所表述的事件中,总是会有一些不可完全预见的变量。否则,如果语篇的信息性过低,会使受话者感到乏味甚至不可接受。

在信息传递的过程中,发话者需要根据自己对受话者的知识状态的假设,对语篇的信息性进行不断的协调,以便能有效地达到交际的目的。就语篇的信息性而言,在一般情况下,语篇在信息的编排上应符合信息递增条件(the graded informativeness condition),即在一个合格的语篇中,每一个命题都应该在上文的基础上增加与话题相关的信息(Giora 1988, 1997)。换句话说,语篇中的某一个命题都要比前一个命题在信息上有所增加。例如:

(11) #John left the party early. He left it.

(12) John left the party. He left it early.

(Bickerton 1979: 243)

在例(11)中,第二个命题只是重复了第一个命题中的信息,因而没有给语篇信息流添加任何新信息。在例(12)中,第二个命题在第一个命题的基础上增加了有关John较早离开晚会的信息,因而符合信息展开的一般规律。

就信息的推进方式而言,语篇的发展是信息不断累加的过程。Giora(1988)认为,语篇片段往往以概括性的或信息性最低的话题(discourse topic)信息作为开头,在语篇的展开过程中,每一个命题都在上文的基础上增加与话题相关的信息,最后以信息性最高的命题作为语篇片段的结束。例如:

(13) It often occurred in the history of science that an important discovery was come upon by chance. A scientist looking into one matter, unexpectedly came upon another which was far more important than the one he was looking into. The penicillin was a result of such a discovery.

In 1928 the British bacteriologist, Fleming, tried to cultivate a species of germs called ataphylococci. One day he discovered that one of the cultures was accidentally contaminated by a fungus called penicillium notatum ...

(Giora 1988: 560 - 561)

例(13)的第一段用一个概括性的命题作开头,并逐渐过渡到信息性最高的命题。然后,这一命题又成为第二段的话题,使语篇前后连贯,符合信息递增条件。相反,虽然下列语篇与例(13)在信息内容上基本相同,但由于其信息推进的方式不符合信息递增条件,所以是不连贯的。

(14) # It often occurred in the history of science that an important discovery was come upon by chance. A scientist looking into one matter, unexpectedly came upon another which was far more important than the one he was looking into. The penicillin was a result of such a discovery. The penicillin was accidentally discovered by Fleming in 1928.

(Giora 1988: 554 - 555)

(15) # It often occurred in the history of science that an important

discovery was come upon by chance. The penicillin was a result of such a discovery. A scientist looking into one matter, unexpectedly came upon another which was far more important than the one he was looking into.

(ibid.: 556)

虽然例(14)中的最后一个句子所表达的命题与前一个句子所表达的命题之间存在着一定的联系,并且在信息上也有所增加,但它与本段的话题没有关系,因而应当把最后一个句子作为下一段的开始。例(15)也不符合信息递增的条件,因为第二个句子的信息性最高,应该出现在第三个句子的后面。

信息递增条件不仅制约着命题的排列顺序,而且决定着语篇段落的界限和某一命题在语篇段落中的归属问题。如果命题的排列和段落的划分不符合信息递增条件,那么,语篇就没有连贯性可言。

9.5 结束语

在以往的研究中,语篇分析学家似乎过分地强调了受话者在连贯性解释中的作用,语篇的连贯性也因此被看作受话者在理解语篇过程中强加给语篇的结果(Brown & Yule 1983: 199),即受话者通过合作原则和交际语境推导发话者的意义,从而对语篇作出连贯的理解。从信息传递的角度看,语篇是信息流不断推进的动态过程,而发话者在语篇的信息流中发挥着积极的作用。这是因为语篇的信息连贯涉及发话者的认知操作。在这一操作过程中,发话者需要对受话者的已知信息和未知信息作出假设,以便合理地编排信息,确保语篇在信息上的连贯性。

第十章

语篇连贯的系统功能模式①

10.1 概述

语篇的连贯性是语篇分析的中心议题之一。自从语篇分析产生以来，人们对语篇连贯性的标准问题一直没有完全一致的看法。造成这种分歧的原因之一在于语篇分析是一个涉及语义、语用、认知等多个领域的跨学科研究。在对语篇的连贯性的研究中，系统功能语言学作出了较大的贡献。Halliday & Hasan(1976：23)把语篇看作一个语义单位，并提出了语篇连贯的两条标准：语篇在语境方面是连贯的，因而在语域(register)上是一致的；语篇自身是连贯的，因而是衔接的。这两条标准在语篇的连贯中所发挥的作用是相辅相成、缺一不可的。也就是说，如果一个语篇具备了衔接但缺乏语域一致性，那么它仍然不是一个连贯的语篇；反之亦然。后来，Halliday(1985：318)又进一步阐明了语篇连贯的标准：要达到连贯，语篇必须是衔接的，不但如此，它还必须根据它所属的语域使用各种衔接手段；它在语义上必须是适宜的，并与词汇语法的表现手段相对应(即它必须有意义)；并且它必须有语篇结构。本章将在此基础上

① 本章原载于《弦歌集：外国语言文学论丛》(朱永生主编)，第84—95页，复旦大学出版社，1998年11月。

对系统功能语言学的语篇连贯标准问题作初步探讨。

10.2 意义：语篇连贯的内在要求

系统功能语言学认为，语言本质上是一个语义系统网络，并通过概念功能、人际功能和语篇功能提供意义潜势（meaning potential）。语言交际不是通过孤立的句子来实现的，而是通过语篇去实现的。Halliday & Hasan（1985：10）认为，语篇是一个由意义组成的语义单位，它产生于意义潜势网络之中；语篇既是语义选择的结果，同时又是语义功能实现的重要手段。任何一个语篇都是通过表达语言的这三个语义功能将语义系统现实化的：概念功能指的是语言对人们在现实世界中的各种经历的表达；人际功能指的是语言表达讲话者的身份、地位、动机并建立和维持一定的社会关系的功能；语篇功能指的是语言成分组织成为语篇的功能。

语篇不是大于句子的语法单位，而是用来表达一定的社会文化意义的语义单位。语篇具有双重特征：它既是一个成品，又是一个过程。作为成品，它既是特定社会文化语境的产物，同时又是在意义的社会交换过程中从意义潜势中不断选择的结果。作为过程，语篇是语义选择的连续性过程，它产生于意义潜势网络之中。也就是说，语篇是人们根据社会文化语境通过意义潜势的选择而进行的意义的社会交换。存在于意义潜势中的意义只有在语篇中才能变得有意义（meaningful）。

语篇是在一定的情景语境（context of situation）中产生的，所以，语篇受制于情景语境。也就是说，情景语境制约着意义的社会交换。情景语境分为三种：话语范围（field of discourse）、话语基调（tenor of discourse）和话语方式（mode of discourse）。话语范围指的是语篇所涉及的社会活动，它在具体的语篇中是通过概念功能表达的，体现在语法中的及物性系统。话语基调指的是交际参与者之间的角色关系和交际意图，它在具体的语篇中是通过人际功能表达的，体现在语法中的语气和情态系统。话语方式指交际的媒介或渠道，它在具体的语篇中是通过语篇功能表达的，反映在语法中的主位结构、信息结构和衔接系统。由于话语范围、话语基调和话语方式分别支配着语言的概念功能、人际功能和语篇功能,人们可以从情景语境出发对语篇的语义特征和语言形式作出有据可循的预测。因此,对于一个语篇来说,它不仅要与语境发生联系,反映意义的社会交换,而且其词汇语法的表现形式也要与语篇所表达的意义相匹配。下面我们用例(1)来说明这一点。

(1) The Christian should therefore take atheism seriously, not only so that he may be able to answer it, but so that he himself may still be able to be a believer in mid-twentieth century. With this in mind, I would ask you to expose yourself to the three thrusts of modern atheism. These are not so much three types of atheism — each is present in varying degree in any representative type — so much as three motives which have impelled men, particularly over the past hundred years, to question the God of their upbringing and ours. They may be represented by three summary statements:

God is intellectually superfluous;
God is emotionally dispensable;
God is morally intolerable.

(Halliday & Hasan 1985: 13 - 14)

这是一段关于基督教在现代社会中地位的广播演讲。演讲者是宗教权威的牧师,听众为基督教信徒。由于语境与语篇之间的密切关系,语境变项直接反映在语篇在语义功能中的选择。话语范围是通过概念功能表达的,从例(1)中可以看出,语篇不仅使用了大量与宗教有关的词语(如Christian、believer、God、atheism)而且通过及物性系统中的心理过程(如take ... seriously、answer、expose oneself to、question、consider 等结构)表达了人们的信仰和态度,并通过关系过程(如由 be 和 represent 表达的结构)反映了无神论思想的存在和性质。话语基调是通过人际功能表达的,例(1)是通过语气系统中带有祈使意义的句式(如 The Christian should take atheism seriously; I would ask you to ...; Let us ...)来表达牧师与信徒之间的关系,并突出牧师的权威的。话语方式是通过语篇功能表达的,例(1)是一个用于演讲的书面语篇,因此,在语法结构上比较简单,但词汇密度较高；语篇连接词（如 therefore、with this in mind、in turn、first、next）等衔接手段的运用反映了论辩性演说体的语篇特征。

由此看来，语篇的情景语境因素制约着人们在语义功能所提供的意义潜势中的选择，这种选择的过程或结果——语篇——最后在语言中体现为相应的语言形式。对于一个语篇来说，它不但要表达一定的意义，而且还要根据所表达的意义在语言的意义潜势中作出相应的选择。这一点是语篇连贯性的内在要求。

10.3 连贯与衔接的关系

Halliday & Hasan 在《英语中的衔接》（*Cohesion in English*，1976）一书中对语篇的衔接理论进行了全面、系统的论述。在 Halliday 和 Hasan 的理论框架中，衔接是一种语义关系，当语篇中的某一语言成分需要依赖另一语言成分来解释时，便产生衔接关系（Halliday & Hasan 1976：4）。作为一种语义关系，衔接在具体的语篇中体现为照应、省略、替代、连接等语法衔接手段和重现、搭配等词汇衔接手段。语篇中的各种衔接手段是借助意义把语篇中的语言成分连接在一起的。Halliday & Hasan（1976）把衔接看作一种语义关系，并把它当作语篇连贯性的必要条件之一。那么，衔接在语篇的连贯性中是怎样发挥作用的呢？Halliday & Hasan 在《语言、语境和语篇》（*Language*，*Context*，*and Text*，1985）一书中从语篇组织的整体性（unity of texture）这一角度对衔接和谐（cohesive harmony）与语篇连贯的关系作了较为深入的探讨。

Halliday & Hasan（1976：2）认为，语篇与非语篇（non-text）的区别就在于前者具有语篇特征（texture）。他们（1985：71－72）进一步指出，语篇特征是语篇的本质属性，它与语篇接收者对语篇连贯性的感知（perception）有着密切的关系。在具体的语篇中，语篇特征体现为语篇成分所表达的信息内容之间的语义关系。这种语义关系最直接地体现为语篇中的各种衔接纽带（cohesive tie），即存在衔接关系的两个语言成分之间所构成的语义关系。衔接纽带连接的两个语言成分之间存在三种不同的语义关系：相互参照（co-reference）、相互区分（co-classification）和相互扩展（co-extension）。相互参照指的是两个语言成分指代同一事物。如例（2）中的"it"和"a little nut tree"：

（2）I had a little nut tree
Nothing would it bear
But a silver nutmeg
And a golden pear.

（Halliday & Hasan 1985：70）

相互区分指的是两个成分属于同一类别，但不具有相同的从属关系。如例（3）中的"your pen"和"yours"：

（3）— Can I borrow your pen?
— Yes, but what happened to yours?

（Halliday & Hasan 1985：74）

相互扩展指的是两个成分分别属于相似的类别，但不等同。如例（2）中的"silver"和"golden"之间存在相互扩展的语义关系，因为二者指的是两种不同的金属。

在语篇中，相互参照主要是由各种照应手段来实现的；相互区分主要是由替代和省略来实现的；相互扩展则主要是由同义、反义和上下义关系来实现的。这三种语义关系可以把语篇中的语言成分连接成不同的衔接链（cohesive chain）。根据语言成分之间的不同语义关系，衔接链可分为同一性链（identity chain）和相似性链（similarity chain）。当语言成分之间存在相互参照的语义关系时便构成了同一性链；当语言成分之间存在着相互区分或相互扩展的语义关系时便构成了相似性链。例如：

（4）Once upon a time there was a little girl
and she went out for a walk
and she saw a lovely little teddybear
and she took it home
and when she got home she washed it.

（Halliday & Hasan 1985：70）

例(4)中的"girl—she—she—she—she"和"teddybear—it—it"为同一性链,"went—walk—got"为相似性链。

Halliday & Hasan(1985: 91)指出,尽管衔接链对语篇的连贯性起着重要作用,但它本身并不足以说明语篇的连贯性。Halliday(1985: 316)认为,语篇的连贯性不仅仅是因为衔接链的存在,而是它们之间相互作用的结果。衔接链之间的相互作用(chain interaction)指的是两个或更多衔接链中的语言成分之间的互动关系。当一个衔接链中至少有两个成分与另一衔接链中的两个成分之间存在着相同的功能关系时,这两个链之间便存在着相互作用的关系。如例(4)中的同一性链"girl—she"与相似性链"went—got"之间是相互作用的。

为了说明语篇的连贯性,Halliday & Hasan(1985: 93)把语篇中的语言成分分为两大类:

(一)相关标记:指所有进入同一性链和相似性链的语言成分。它们又可分为:

a. 中心标记:相互作用的相关标记;

b. 非中心标记:不相互作用的相关标记。

(二)外围标记:指未进入任何衔接链的语言成分。

根据以上区分,Halliday 和 Hasan 认为语篇连贯性的强弱取决于以下三个方面:

(一)外围标记与相关标记的比例越低,语篇连贯性就可能越强;

(二)中心标记与非中心标记的比例越高,语篇连贯性就可能越强;

(三)在衔接链的互动关系中所发生的中断越少,语篇连贯性就可能越强。

Halliday 和 Hasan 把以上三点概括为衔接和谐,并指出,连贯性的变异是衔接和谐变异的函数。也就是说,语篇的连贯性是一个变量,连贯性的强弱受衔接和谐的制约。

Halliday 和 Hasan 的衔接和谐理论对理解语篇的连贯性有很大帮助,但是,单纯依赖语篇中的衔接和谐难以解释语篇连贯性的实质。Martin(1992a: 433)从三个方面说明了这一点:第一,作为语篇特征的衡量标准,衔接和谐只说明了语篇整体性的一个方面,它没有说明由语域和体裁(genre)所产生的语篇整体性;第二,衔接和谐只能衡量经验功能方面的语篇特征,它没有考虑到人际功能、语篇功能和逻辑功能结构的衔接链之间的相互作用关系;第三,衔接和谐强调的是成分衔接,即表达信息内容的语言成分之间的衔接关系,而没有涉及信息内容的整体衔接。因此,对于一个连贯的语篇来说,如果它在下列三个方面发生变化,其衔接和谐将不会受到影响,但其连贯性却受到了不同程度的影响:

(一) 改变语类结构中的任意两个成分的顺序;

(二) 将体现为主语或主位的同一性链和相似性链改为小句中的剩余成分或新信息;

(三) 将一对信息内容或话步的排列顺序颠倒。

因此,要说明语篇的连贯性,单纯依赖语篇中的衔接手段是不够的。语篇连贯性还要受到语域和语篇结构的制约。关于这一点,笔者将在本章的10.4 和 10.5 节作详细论述。

10.4 语域一致性与语篇连贯

语域一致性指的是语篇成分属于同一个语域,即语篇是按同一个语域展开的。本章在 10.2 节提到,语篇是在一定的情景语境中产生的,情景语境分为三种:话语范围、话语基调和话语方式。话语范围是通过概念功能表达的,体现在语法中的及物性系统;话语基调是通过人际功能表达的,体现在语法中的语气和情态系统;话语方式是通过语篇功能表达的,反映在语法中的主位结构、信息结构和衔接系统。语篇与情景之间存在着密切的关系,情景语境的变化会引起语言的变异。这种由情景语境的变化而引起的语言功能的变体称为语域。语域是一个语义概念,可以定义为若干意义的组合。这些意义与话语范围、话语基调和话语方式等情景语境的组合有着特别的关系(Halliday & Hasan 1985: 38-39)。

Halliday(1978: 32)指出,语域这一概念是一种预测形式。如果我们知道了语言运用的情景语境,就可以预测出许多将要使用的语言。这种预测是双向的。一方面,通过情景语境我们可以预测到语篇中的意义潜势以及在意义潜势的实现过程中可能作出的语言选择。特定情景语境中产生的语篇必然具有一定的语言特征，这些语言特征反映在语篇中的及物性、语气与情态、主位结构与信息结构以及衔接等语言系统。另一方面，通过语篇的语言特征，我们就能够判断出语篇的情景语境因素。例如：

(5) Well, I've come to see you because I've been having this pain. Had it on and off for ever such a long time and never done anything about it, really, I suppose.

(Halliday & Hasan 1985：38)

从所运用的语言上看，这一语篇的话语范围为私人向医生描述病情；就其话语基调而言，这一语篇发生于一位中老年妇女与自己的私人医生之间；这一语篇的话语方式为面对面的口语交谈。

从语篇的产生过程来看，任何语篇的产生都是一个语义选择的过程。语篇开始后，在任何一点上，前面的语义选择总会为后面的选择提供语境。正是由于语篇与语境之间的密切关系使语篇接收者在交际过程中作出预测。从这种意义上讲，一个语篇对于语篇接收者来说是否具有连贯性取决于语篇在语域上是否具有一致性。Eggins(1994：87)指出，对于一个语篇来说，如果我们能够想出一个情景语境，并且语篇中的所有小句都可以在这个语境中出现，即我们能够为语篇中所有小句的集合限定一个话语范围、话语基调、话语方式，那么该语篇就具有语域连贯性(registerial coherence)。否则，如果语篇在语域上缺乏一致性，那么语篇就不能视为连贯。例如：

(6) The little white mouse sniffed the cheese carefully. Camembert is a soft, French cheese. The French consume a lot of dairy products. Isn't milk an important source of calcium? You know of course that vitamin deficiencies can lead to feelings of fatigue and listlessness.

(Eggins 1994：89)

从表面上看，这一段文字是前后衔接的，但在语域上却缺乏一致性，因为我们看不出所有这些句子可能出现的情景语境。这段文字在话语范围上有较大的跳跃性；从话语方式的角度看，一些句子属于书面语，而另一些句子则更像是口语；就话语基调而言，我们很难看出交际参与者之间的关系和交际意图。

在语域一致性这个问题上,朱永生(1997b: 24)提出了三条更具可操作性的标准:(一)上下文组织符合该类语篇通常的组织方式,检查的依据是语篇的类型结构;(二)语篇的线性联系即句际之间的语义联系,检查的依据是相邻主位结构之间的变化和新旧信息的分布;(三)语篇的整体联系,检查的依据是通篇有一个能包容语篇内所有小话题(sub-topic)的大话题,即能把全篇的内容置于其中的认知框架。从这三个方面出发,我们就可以更好地把握语域一致性的内涵。

10.5 语篇结构与语篇连贯

本章 10.3 和 10.4 节提到,语篇的连贯性与衔接和语域一致性有着密切的关系。除此之外,语篇的连贯性还受到语篇结构的制约。语篇结构是一种语义结构,它与句法结构没有关系。每一个语篇都有一定的结构。语篇的结构特征不但能够区分完整的语篇与不完整的语篇,而且能区分不同的体裁形式。就一个语篇所属的体裁形式而言,语篇结构体现为语类结构潜势(generic structure potential)。与每一种体裁相联系的是一组受语境变项控制的语篇结构成分。

语篇结构与语篇的情景语境之间存在着密切的关系。本章 10.2 节已经提到,语篇的情景语境与语域之间存在着双向的预测关系。Halliday & Hasan(1985: 70)认为,在语篇结构和情景语境之间也存在着类似的预测关系。这种预测关系表现为情景变项(话语范围、话语基调、话语方式)的组合(contextual configuration)与语篇结构成分之间的相互作用关系。我们不但可以通过语篇结构预测语篇的情景语境因素,还可以通过语境组合对语篇的结构作出预测。具体表现为:

(一) 什么成分必须出现;

(二) 什么成分可能出现;

(三) 它们必须在什么位置出现;

（四）它们可能在什么位置出现；

（五）它们可能出现的频率。

Halliday & Hasan（1985）对一些"购物—服务"语篇进行分析后发现，在这类语篇中，有些成分是必须出现的，属必备成分（obligatory elements），如交易询问（sale request）、交易回答（sale compliance）、出售（sale）、购买（purchase）、交易结束（purchase closure）。例如：

（7）SR =→[Can I have ten oranges and a kilo of bananas please?

Yes, anything else?

SC =→[No thanks.

S =→[That'll be dollar forty.

P =→[Two dollars.

PC =→[Sixty, eighty, two dollars. Thank you.

（Halliday & Hasan 1985：59）

在一个完整的"购物—服务"语篇中，以上成分一般都是必须出现的，并且它们的排列顺序为：SR—SC—S—P—PC。

在语篇结构中，还有一些成分可能出现，也可能不出现，这要视具体情况而定，这类成分属于选择成分（optional element）。"购物—服务"语篇中的交易诱发（sale initiation）就属于这一类，如"Who's next?"。语篇结构中的必备成分具有区分语篇语类结构潜势的功能。语境变项的改变可引起语篇结构成分的改变，其中，必备成分的改变将会导致语域或语类结构的改变。对于一个特定的语篇体裁来说，哪些成分必须出现，哪些成分可能出现以及它们必须或可能出现的位置等，都受到语境组合的制约。

任何一个语篇都属于一定的体裁，语篇结构就是语类结构潜势在具体语境中现实化的结果。许多语篇正是由于在结构上不符合该语篇的体裁，所以缺乏连贯性。例如：

（8）A：Yes, I can.

B：Can you see into the future?

（Stubbs 1983：16）

众所周知，在会话语篇中，应该是先问后答，由于例（8）中的两个话步的顺序被颠倒，所以，这段会话不能算作一个连贯的语篇。

Eggins(1994：87)指出,如果我们能够识别出一个语篇所属的体裁,也就是说我们能够识别出它的图式结构(schematic structure),即语类结构潜势,并且语篇中的每一部分都能表达语篇结构中的一个成分,那么该语篇就具有体裁连贯性(generic coherence)。因此,对于一个相对完整的语篇来说,如果某些应该出现的必备成分没有出现,或者语篇结构成分的排列顺序被颠倒或打乱,那么该语篇就不会有连贯性可言。

10.6 结束语

从整体上看,随着系统功能语言学的不断发展和完善,语篇连贯理论也逐步走向成熟。关于这一理论中尚存的某些不足之处以及外界的误解,朱永生(1995a,1997b)已有详细论述,笔者在此不再赘述。应该进一步强调的是,在系统功能语言学的理论体系中,语篇是一个语义单位,语篇的连贯性是衔接、语域一致性和语篇结构等因素共同作用的结果。单纯从一个角度不足以说明语篇连贯性的实质。

第十一章

关联理论对语篇连贯性的解释力[①]

11.1 引言

Sperber & Wilson(1986/1995)的关联理论把语言交际看作一个示意—推理过程,并从认知语言学的角度提出语言交际是按一定推理思维规律进行的认知活动。关联理论认为,人类的认知以最大关联(maximal relevance)为取向,而语言交际以最佳关联(optimal relevance)为取向。因此,根据关联原则,任何一个交际行为都传递着最佳相关性的假定或期待,听话者总是以最小的认知努力来获得最大的语境效果,并以此推导说话者的交际意图。由于语言交际不是通过孤立的句子或语段实现的,而是通过句子或语段构成的连贯的语篇来实现的,因此,许多语言学家便以话语相关为出发点来解释语篇的连贯性。那么,关联理论究竟能在多大程度上解释语篇的连贯性呢?本章将对这一问题作初步探讨。

① 本章原载于《外语教学与研究》,1998年第3期,第9—14页。

11.2 语篇连贯性的关联解释

连贯性是语篇最重要的特征之一,它常常被解释为语篇各组成部分在意义或功能上的连接关系。在有些情况下,语篇的连贯关系是通过语言明确表示出来的,但在另一些情况下,语篇的连贯性则表现得不是那么明显,这就需要语言使用者运用语用或认知推理来推导出语篇中隐含的连贯关系。许多学者认为连贯性与相关性之间存在着密不可分的关系。程雨民(1997: 101-102)把相关性看作连贯与否的标准:所谓相关,是说话人认为说话的内容与所谈到的对象有某种联系,这时话语就是连贯的,如果他意识不到任何联系,那话语就缺乏连贯性。类似的看法在关联理论正式出现之前就已存在。Reinhart(1980)就把关联看成具有显性连贯的语篇所必须满足的条件之一,即语篇中的句子跟语篇的主题和语境必须是相关的。Beaugrande & Dressler(1981: 4)则认为,连贯性就是语篇世界(textual world)的各组成部分,即语篇深层的概念和关系的组合,以某种方式使彼此之间具有可及性和相关性。在以上这些观点中,"关联"是一个非常笼统的概念,因此,它与 Sperber & Wilson(1986/1995)所说的"关联"是有一定差异的。

Sperber 和 Wilson 的关联理论认为,在语言交际过程中,话语理解涉及两类信息的结合和运算,由话语信号建立的新假设和在此之前已被处理的旧假设或语境假设。因为人类语言交际的目的之一就是要改善自己对世界的认识和理解,所以在交际过程中听话者总是期待说话者的话语所提供的假设能够改变自己的语境假设。在交际过程中,说话者所提供的假设或信息不但应该是新的,而且还要能改变听话者的语境假设,也就是说能够产生语境效果(contextual effect)。只有产生语境效果,表达新信息的命题才能相关。语境效果包括三种情况:新信息与旧信息相结合并产生语境含意;新信息加强旧信息;新信息排除旧信息。

因此,理解话语不只是识别它所表示的显性假设,而是看它所提供的假设对语境假设的影响,也就是说看它在听话者的认知环境中所产生的语境效果。在语言交际过程中,随着语篇的发展,听话者提取或建立起一系列假设,并对它们进行处理,从而形成一个逐渐变化的认知背景。在话语的理解过程中,新信息被处理后就会成为认知语境中的旧信息,使认知语境不断扩大或充实,供下一个新信息的处理使用。话语就是这样给听话人提供不断变化的背景,听话者则在这样的背景下加工新命题。从语篇连贯的角度看,如果语篇中前面的语段不能为听话者提供理解新话语所需的语境,那么听话者将不能看出语段所表达的命题之间的任何关联性,语篇便缺乏连贯性。Blakemore(1988,1992)认为,如果把连贯看作对相关性的寻求的结果,连贯性表现为两种类型:第一种类型表现为一句话在决定另一句话的相关性中所起的作用的连贯,即一句话的命题跟前一句话所提供的语境假设相互作用的方式。从这种意义上讲,连贯性是关联方式的副产品。也就是说,只要一个语段所提供的命题能够与前一个语段所提供的语境假设相结合产生语境含意,或使语境假设中的旧信息得到加强,或排除旧信息,那么这两个语段之间便存在着连贯关系。例如:

(1) A: Could you have a quick look at my printer — it's not working right.

B: I have got an appointment at eleven o'clock.

在这段会话中,B 的话语所提供的假设使其与 A 的认知环境中的下列假设互为显映:

(2) a. There are only five minutes until eleven o'clock.

b. The printer problem is not an obvious one, but will require opening it up.

c. Opening up the printer will take more than five minutes.

以上假设与 B 的话语所提供的假设相结合便产生语境含意(3):

(3) A is not able to have a look at the printer now.

有时,话语提供的新假设可以加强旧的语境假设,例如:

(4) A: I have a hunch that Gill is looking for a new job.

B: Yeah, she is studying job ads whenever she's got a spare minute.

在例(4)中,A 的话语表明他对自己所说的话的真实性没有把握。如果 A

的语境假设中存在假设(5)：

(5) Someone reading job advertisements is probably looking for a new job.

那么B的话语所提供的假设证实了A的假设是正确的,或者说B的假设使A的语境假设得到了加强。

当新旧假设相互排斥时,较强的假设可以排除较弱的假设,例如：

(6) A：We have to call another meeting. I don't think that Christine is going to come, so we will be one person short of a quorum.

B：No need for cancellation, I see Christine just coming up the drive.

在这段对话中,B的话语所提供的新假设与A的假设发生了矛盾,但由于B的假设更具真实性,所以排除了A的假设。

在以上三个语篇中,由于第二个语段所提供的假设可以与第一个语段所提供的语境假设相互作用,并产生语境效果,因此它们都是连贯的语篇。

第二种类型表现为一句话在决定另一句话的内容中所起的作用的连贯。关联原则使听话者有权相信语篇中的一个语段与它前面的语段之间在命题上存在着连接关系;并且听话者有权相信,前面语段所提供的语境假设是听话者在理解新信息时最易获得的假设。例如：

(7) I put the butterfly wing on the table. It broke.

(8) I put the heavy book on the table. It broke.

孤立地看,例(7)和(8)中的代词"it"的所指对象并不清楚,也就是说,我们很难确定"It broke."的确切命题内容。根据关联理论,听话者对"It broke."的正确理解依赖于语篇中第一句话所提供的语境信息。在例(7)中由于第一句话的命题为听话者提供了蝴蝶翅膀容易断裂而桌子不会被蝴蝶翅膀压断的信息,所以,根据最佳关联原则,"it"与"the butterfly wing"构成同指关系。同样,在例(8)中,听话者根据第一句话的命题所提供的有关书的重量的信息推导出桌子被压断的解释,即"it"与"the table"构成同指关系。

因此,从关联理论的角度看,语篇的连贯性涉及听话者在交际过程中的认知推理和心理运算。连贯性产生于交际参与者对话语关联性的寻求。

11.3 关联理论对连贯理论的补充

关联理论试图从认知科学的角度阐释语言交际中的话语相关性，并以此来揭示话语理解的心理机制。虽然关联理论的明确目的并不在于解释语篇的连贯性（Wilson 1998：58），但这一理论无疑对语篇连贯理论作出了有益的补充。

在语篇分析学家对语篇的连贯性进行的探讨中，连贯性往往被看作语篇中的句子或语段在语义或功能上的连接关系，即连贯性是语篇本身所具有的一种特性。也就是说，语篇的连贯性是建立在语篇的构成成分之间的语义或功能关系基础之上的，从这一观点出发，对语篇连贯性的解释主要是借助于句子的命题意义、信息结构或言语行为理论、会话含意理论、社会文化语境等语用因素来寻找语篇中的连接关系。这种解释无疑为揭示语篇的连贯性提供了很大的帮助，但同时也忽略了语言交际的认知特征。其实，早在20世纪80年代初期就有人意识到，语篇的连贯性是一种心理现象，而不是语篇或社会语境的特点。例如，Brown & Yule（1983：199）认为，语篇的连贯性是听话者或读者在语篇的理解过程中强加给语篇的结果；Stubbs（1983：96）也指出，是听话者的理解创造了语篇的连贯性。也就是说，语篇的连贯性与语篇接收者的认知有关，这一点在Gernsbacher & Givón（1995）围绕自然语篇的连贯性这一论题而主编的论文集中已成为一种共识。

关联理论从认知科学的角度对语言交际的认知过程作出了解释，并且对Grice（1975）的语用学理论作出了修正和补充。从关联理论的角度看，语篇的连贯性产生于听话者对话语相关性的寻求。语篇连贯性的关联理论观与其他语言学家（如Green 1989：101－106）从Grice（1975）的会话含意理论角度对语篇连贯性作出的解释有不同之处。Grice的会话含意理论是建立在合作原则基础之上的，即交际双方都知道合作原则中的质、量、相关与方式准则及其次则，并试图彼此合作，而且听话人能够识别说话人是否明显违反了某一准则或次则而产生了含意。在正常情况下，听话人认为说话人是遵守合作原则的，如果说话人明显地违背了某一准则或次则，听话人仍以说话人遵守了合作原则为前提，推导说话人的会话含意。而关联理论则认为，在交际过程中，交际双方不需要考虑合作的问题，因为交际以相关为取向。关联原则由交际原则和认知原则组成，但这并不是交际者要遵循的规则，而是用于解释交际的认知过程的一般原则。从关联的交际原则看，任何一个示意交际行为都预先设定这个交际行为本身具有最佳的相关性，即听话人在理解话语并付出有效的努力之后能获得足够的语境效果；从关联的认知原则看，人类认知常常与最大相关性相吻合，即听话人在理解话语时付出尽可能小的努力而获得最大的语境效果。由于话语本身和语境假设具有相关性，这种关联使听话人对说话人的意图作出合理的推论，从而对话语作出正确的理解或反应。说话人不是靠有意违反什么准则来使听话人理解自己所说话语的意图的。

语境在连贯理论中起着十分重要的作用。但传统的语境概念是一个笼统的、包罗万象的范畴，至于听话者如何选择语境来理解连贯的语篇，语言学家并没有作出令人满意的回答。例如，van Dijk（1977：112）借助知识框架（frame）来说明语境信息在解释语篇的连贯性和语篇理解中的重要性。就例（9）而言，如果听话者将它理解为一个连贯的语篇，则需要涉猎“信件邮寄”方面的常识。

（9） Peter sent a letter to his aunt. Owing to the postal strike, it came a week too late.

但问题是，“信件邮寄”这一知识框架是由一系列的常规信息构成的，它包括写信、填写信封、贴邮票、邮局、邮递员，等等。除此之外，例（9）中还可能会涉及有关“Peter”、“his aunt”以及“postal strike”等方面的信息。很明显，在对例（9）的连贯性作出解释时并不是所有这些信息都能起作用。也就是说，语境信息的选择是受到一定制约的。那么，是什么规则支配着语境信息的选择呢？这一问题还需要关联理论来作出回答。

传统语用学把语境看作事先确定的常项，把关联看成按合作原则进行含意的推导后才能确定的变项。而关联理论则把关联看作常项，把语境看作变项。在关联理论中，语境是一个由大脑中的一系列假设构成的心理结构体，话语的理解就是从语境中选择最相关的假设，以便用最小的处理努力来获得最大的语境效果，从而找到话语同语境假设的最佳关联。

因此，语境的选择是受关联原则支配的。根据关联理论的交际原则和认知原则，每一个示意交际行为都预先设定该交际行为本身具有最佳关联性，听话者总是选择最具有可及性的语境假设来处理说话者所提供的信息。因此，满足关联原则的语境假设应该是最易获得的，只要听话者能在最易获得的语境假设中找到对方话语的最佳关联解释，即获得了足够的语境效果，听话者有理由相信这一解释就是说话者期望听话者要作出的解释。从这一点上讲，关联理论弥补了连贯理论在解释语境选择这一问题上的不足之处。

就语篇的理解而言，许多语言学家（Beaugrande & Dressler 1981；Brown & Yule 1983；van Dijk & Kintsch 1983）根据连贯关系来阐释话语的理解过程。Van Dijk & Kintsch（1983：154）认为，语篇接收者在理解话语之前需要建立起语篇中的连贯关系。但事实并非完全如此，日常交际中经常会出现表面不连贯的语篇，但在一定的语境条件下这些语篇不仅是完全可以理解的，而且是可以接受的，因为它们符合交际的关联原则（Wilson 1998：73）。例如：

（10）Peter：What did Susan say?
Mary：You've dropped your wallet.

如果把连贯关系看作话语理解的前提，那么例（10）只有一种理解，即 Mary 直接回答了 Peter 的提问。但不可否认，我们对例（10）完全可以作出非连贯的理解，即 Mary 没有直接回答 Peter 的提问，而是提醒 Peter 掉了钱包。在这种情况下，提醒 Peter 掉了钱包要比回答他所提出的问题更相关。Smith & Wilson（1992：5）曾举过一个类似的例子，当讲座正在进行的时候，忽然有人走进报告厅并宣布：

（11）Ladies and gentlemen, I have to tell you that the building's on fire.

虽然（11）与讲座的内容之间不会构成任何连贯关系，但对于听众来说，这句话要比讲座中的任何一句话都值得引起他们的注意。正如 Wilson（1998：64）所说的那样，越是重要的信息，其语境效果就越大，处理起来也更省力，因此其关联性也就更强。仅就语篇的理解而言，关联理论除了能够解释连贯理论能够解释的现象，还能解释该理论所不能解释的现象。

11.4 关联理论对语篇连贯性解释的局限性

正如 Levinson(1989：456)所说的那样,关联理论试图从认知科学的角度找出“所有有关语言交际的理论”,这的确是一种“大胆的”尝试。这种雄心在 Blakemore(1988,1992)和 Wilson(1998)对语篇连贯性的阐释中表现得十分明显。在她们看来,语篇的连贯性是一个依赖于相关性的派生概念(derivative notion),即连贯性是相关性的副产品(by-product)。但是,由于关联理论本身的某些缺陷以及语篇的复杂特征,关联理论在解释语篇连贯性时仍有一些局限性。

首先,关联性既不是语篇连贯的必要条件也不是充分条件。Giora(1997)指出,关联原则并非制约人类交际的唯一原则,它不能说明语篇的结构合格性(well-formedness),因而无法替代连贯理论。其理由是相关的话语并不一定是连贯的,而连贯的话语也并不一定是相关的。虽然 Wilson(1998)认为 Giora 对关联理论产生了误解,即混淆了关联的认知原则和交际原则,但 Giora 的话并非无稽之谈。在上文例(10)中我们已经看到,在某一特定的语境之中,“You've dropped your wallet.”所表达的命题对听话者来说是相关的,但它与“What did Susan say?”之间不一定构成连贯关系。同样,某一语段或言语行为与另一语段之间具有连贯关系,但它所表达的命题并不具有相关性。Ziv(1988：540)分析过下面两个例子：

(12) A：Are you coming to my party?

B：I won't be able to make it. I have an appointment.

(13) A：Are you coming to my party?

B：I have an appointment. I won't be able to make it.

虽然(12)和(13)在结构上都是合格的,但从关联原则的角度看,二者之间却存在着较大的差异。在例(12)中,B 对 A 的邀请首先作出了否定的回答,然后说出了不能参见晚会的理由,因此整个对话基本符合关联原则的要求。但在例(13)B 的回答中,“I have an appointment.”已经表达了“I won't be able to make it.”的含意,B 的回答中“I won't be able to make it.”

所表达的信息是冗余的(redundant),因此也就不能产生语境效果,即不相关。

其次,关联理论单纯从认知科学的角度来解释语言交际,忽略了人类交际中的社会文化特征(Ziv 1988;Goatly 1994)。例如,在语言交际过程中,合作和礼貌有时起着不容忽视的作用:必要的合作符合交际的社会规约或常规,而礼貌则是维持人际关系的重要手段。正因如此,关联理论对语言交际的解释有时不太符合人们的直觉。Ziv(1988:539)通过例(14)说明了这一点。

(14) A:Are you coming to my party?

B:No. I've got an exam tomorrow.

如果运用关联原则来说明 B 的回答中"I've got an exam tomorrow."与 A 的语段的关联性,就必须设想 A 在 B 的回答中间提出了"为什么?"的问题。用这种方法来解释类似于例(14)的语言现象与人们的一般直觉相去甚远,按照这种分析方法,上文中的例(12)也会面临着同样的问题。但是,根据 Leech(1983)的礼貌原则(politeness principle),对他人的邀请作出直截了当的否定回答往往被认为是不合作的,甚至是侮辱性的。因此,在回绝他人的邀请时,更为合意的回答应该是在否定之后说明一下回绝的理由。由此看来,单纯从认知的角度有时难以解释语篇在某一特定社会文化语境中的合格性。

再次,关联理论在某些问题的解释上模糊不清,这就给该理论的应用带来了一定的困难。其中至关重要的一个问题就是对关联程度的衡量(Berg 1991:418)。Levinson(1989)曾经指出,"关联"等于"语境效果"除以"为获得语境效果所付出的努力",但由于这两个参数难以计算,关联也就成了一个相对空泛的概念。另一个问题涉及非断言性言语行为的相关性问题。Berg(1991:418)认为,询问性和指令性言语行为不能用作推理的前提(premise),如果从断言性言语行为的角度来说明此类言语行为的相关性,却又不符合人们对相关性判断的直觉。为了避免关联理论的模糊性和抽象性,Berg(1991)建议将"关联"这一概念与语篇的目的或目标联系起来。例如:

(15) A:Where are my key?

B:To the car or the house?

(16) A：Where are my keys?

B：Ask the children.

在例(15)和(16)中，B 分别用疑问和指令对 A 的提问作出了回答。由于我们不能将这两类言语行为直接用作语用推理的前提，B 的回答的相关性就很难通过关联理论来得到合理的解释。但 Berg(1991：424 - 425)认为，由于言语行为总是与一定的目的相联系的，无论是断言性还是非断言性言语行为，只要其预期效果能够使对方接近某一目标，该言语行为就具有相关性。例(15)中 A 对 B 的提问作出的回答以及例(16)中 A 对 B 的指令的反应都有助于 A 找到自己问题的答案，因此 B 的两种回答都是相关的。

最后还应指出的是，连贯是语段之间的关系，而关联则是命题之间的关系。连贯是一个内涵丰富的概念。语段之间的命题关联只能说明语篇连贯性的一个侧面。Östaman & Virtanen(1995：244 - 245)概括了连贯研究的六种主要方法：(一).研究句子在微观层面上的结合关系，如从关联理论角度进行的连贯研究；(二) 运用语篇的宏观结构模式对连贯进行的研究；(三) 运用修辞结构理论(rhetorical structure theory)来研究语篇的连贯性；(四) 围绕语篇的互动(interactive)特征进行的研究，如借助言语行为理论、英国伯明翰学派的语篇分析模式、美国的会话分析理论来解释语篇的连贯性；(五) 运用图式理论(schema theory)对连贯进行的探讨；(六) 从参与、协调、磋商等语篇策略(discourse strategy)的角度对连贯进行的研究。由此看来，语篇的连贯性体现在语篇的各个方面，而关联理论只不过为连贯现象的研究提供了一个视角。

11.5 结束语

从本章的分析中可以看出，关联理论能够在一定程度上解释语篇中的连贯关系。但由于关联理论仍处在发展的初始阶段，其自身尚有不足之处和不成熟的地方，关联理论在解释语篇的连贯性时具有一定的局限性。关联是一个认知概念，它体现的是命题之间的关系，而连贯则是一个涉及语义、语用、认知等多重因素的复杂概念，它体现为语段之间的关系以及与语篇结构、语篇策略、语篇理解等因素相关的各个方面。笔者对Giora（1997，1998）的观点深表赞同，即连贯是一个独立于关联的概念，而不是关联的派生物或副产品。只有这样才能揭示语篇连贯性的实质。

第三部分

语 篇 功 能

第十二章

语用预设的语篇功能[①]

12.1 引言

预设常常被定义为发话者在说出某个特定的句子时所作的假设,即说话者为保证句子或语段的适宜性而必须满足的前提。自德国著名逻辑学家 Frege 于 1892 年提出这一概念以来,预设现象一直是语言学家和哲学家所关注的焦点之一。在逻辑语义学中,以 Strawson(1950)等人为首的哲学家和语言学家从真值条件(truth condition)出发,将预设看作句子或命题之间的关系。但由于语义预设具有可取消性(defeasibility)和语境依赖性等特点,越来越多的语言学家意识到预设是一种语用现象,而非语义现象(Stalnaker 1970,1974;Levinson 1983;Givón 1984b;van der Sandt 1988;Mey 1993;Lambrecht 1994;Dryer 1996)。因为预设不但与语境有关,而且与发话者有关,即预设不是句子或命题之间的关系,而是发话者与语段之间的关系。以往的预设研究基本上在句子的层面上进行,从而忽视了预设在超句(supra-sentential)结构中的作用。本章将预设看作一种语用现象,并对语用预设的语篇功能进行了初步的探讨。

---

① 本章原载于《外国语》,2000 年第 3 期,第 25—30 页,原文与朱永生教授合作完成。

12.2 语用预设的语篇视角

虽然以往的预设研究主要局限在句子的层面，但有些语言学家已经意识到在语篇层面上研究预设的重要意义。Van Dijk(1981: 51)认为，将预设概念引入哲学、逻辑学和语言学的目的在于解释传统的句子语法所难以解决的语篇和语境特征。Caffi(1994: 3326)也指出，在预设研究中，有必要将对单个句子中的谓词(predicate)的分析转向对语篇结构的分析。预设在语篇层面上的作用也引起了某些语言学家的注意。法国语言学家Ducrot(1972: 94)早已指出，预设的基本功能就是为语篇的进一步发展建立一个框架(frame)。正如Vennemann(1975: 315)所说的那样，语篇中的预设限定着语篇后续语句的范围。也就是说，预设可以决定一个句子或语段在某一特定语篇语境中的适宜性。例如：

(1) a. John kissed Mary.
b. Mary was kissed by John.
c. It was John who kissed Mary.
d. It was Mary who was kissed by John.
e. What John did was kiss Mary.
f. Who John kissed was Mary.
g. Mary, John kissed her.

(Brown & Yule 1983: 127)

虽然例(1a)—(1g)所表达的命题内容是相同的，即都表达了相同的事态，但它们在信息结构上却是有差异的，也就是说它们所传达的断言信息和预设信息是不同的。因此发话者对某一结构的选择取决于其对受话者知识状态的假设。在一个连贯的语篇中，如果把(1a)—(1g)看作对“What did John do?”的回答，那么只有(1a)和(1e)是合适的。因为“What did John do?”传达了“John did something.”的预设，而(1b)和(1g)是关于Mary的而不是关于John的；(1c)的发话者预设“Someone kissed Mary.”，即发话者预设问话者已经知道“Someone kissed Mary.”这一信息，并把John

看作行为者;(1d)则传达了"Someone was kissed by John."的预设,即发话者预设问话者已经知道"Someone was kissed by John."这一信息,并把Mary看作行为的接受者;而(1f)则传达了"John kissed someone."的预设。

语用预设在语言交际的信息流中发挥着重要的作用,因为发话者在发出一个语段时往往同时表达了预设信息和断言信息。断言信息构成了信息流中的新信息,而预设信息则是信息结构的起点,它所传递的是发话者对共知信息的假设或交际双方所共同接受的信息。从动态的角度看,语言交际是发话者和受话者为进行信息的传递而磋商共有场(common ground)的互动过程。在这一动态过程中,交际双方共同构建一个语篇世界,而语篇则是语篇世界的语言表征。在语篇的发展过程中,发话者根据自己的假设将共有场中的信息以隐含的(implicit)方式表述为预设命题,并以此作为信息传递的背景信息,从而保证语篇信息流的畅通。

语用预设传达的是发话者对受话者知识状态的假设。在语言交际过程中,发话者为保证信息传递的效率,必须时常对受话者的知识状态作出假设,以便决定哪些是断言信息,哪些可以作为背景信息。作为一种假设,语用预设不一定具有真实性,也不一定是交际双方所共知的,但它必须是发话者的一种信念,并且至少是交际双方没有异议的或者能为双方所接受的。从范围上讲,语用预设是语篇通过语言手段体现出的背景信息,而不是语言交际中的所有背景知识。

基于以上分析,笔者认为语用预设具有以下基本特点:(一)语用预设是由词汇语法手段诱发的隐含命题,它传递发话者对受话者知识状态的假设;(二)语用预设可以决定一个句子或语段在某一特定语篇语境中的适宜性;(三)从信息结构的角度看,语用预设是为语篇信息流的畅通服务的;(四)作为交际过程中的背景信息,语用预设为交际双方所共有。

12.3 语用预设在语篇组织中的作用

语用预设的语篇组织功能既是语篇信息流的要求,同时也是交际双方互动过程的结果。从本质上讲,无论是会话语篇还是书面语篇,它们都是一个动态的互动过程(Coulthard 1977/1985,1994;Widdowson 1984)。在语篇的生成过程中,发话者为保证语篇信息流的畅通,需要根据自己对受话者的知识状态所作出的假设以及受话者可能作出的反应来合理地编排信息。在语篇的发展过程中,发话者对受话者知识状态的假设就会体现在语篇的组织方式上。正因如此,语用预设在语篇的组织中发挥着重要的作用。

在语篇的组织过程中,可以进入语篇信息流的事实或事态是非常多的,但发话者不可能也没有必要将所有的信息都以断言的方式编排到信息流中。如果这样,语篇就会变得冗赘不堪,甚至不可卒读。在发话者与受话者的互动过程中,发话者为了语篇的简洁性和表达的经济性,可以根据自己的假设将受话者已经了解或被认为没有异议的信息处理为预设信息。例如,在给他人指路时,发话者可以作出如下的回答:

(2) Go north on Fourth Street. You will eventually come to a huge First National Bank building. Turn left on the corner.

(3) Go north on Fourth Street and turn left at First National Bank building.

(Fillmore 1985: 22)

在例(2)中,"You will eventually come to a huge First National Bank building."是以断言的形式出现的,但在例(3)中,这一信息则被处理为发话者的语用预设。发话者选择哪一种表达方式主要取决于自己对问路者知识状态的假设,如问路者对某一地区的了解程度。

从信息结构的角度看,语用预设是语篇信息流的起点。在语篇的发展过程中,语用预设的一个重要功能就是引出断言信息,而断言信息又转化为预设信息并为引出下一个断言信息服务。正因如此,语用预设在语篇的衔接中起着重要的作用。语篇中的预设不但可以与上文构成衔接关系,而且为断言信息的引入提供一个起点,从而使语篇构成一个前后衔接的整体。例如:

(4) John was in Mary's bedroom last night. He was there the night before, too.

(Allerton 1979: 272)

这是一个典型的通过预设构成衔接关系的例子。第二个句子中的"too"所诱发的预设重复了第一个句子的命题,从而使第二个句子在表达断言信息的同时与第一个句子构成紧密的衔接关系。语用预设的这种承上启下的衔接功能在语篇段落之间表现得也很明显。例如:

(5) On the other end of the wire is a former Iowan named Michael Johnson. He lives in Florida now. A friend from Iowa has sent him one of my books. Michael Johnson has read it; his sister, Carolyn, has read it; and they have a story in which they think I might be interested. He is circumspect, refusing to say anything about the story, except that he and Carolyn are willing to travel to Iowa to talk with me about it.

That they are prepared to make such an effort intrigues me, in spite of my skepticism about such offers. So I agree to meet with them in Des Moines the following week ...

(R. J. Waller, *The Bridges of Madison County*)

在例(5)中第二段开始部分的主语从句所诱发的预设"They are prepared to make such an effort."与上一段相承接,同时又引出了本段的主题,从而使段落之间相互衔接。

语用预设的语篇组织功能也体现在语篇结构的宏观层面。在语篇的发展过程中,并不是所有的相关信息都具有同等的重要性,发话者为了突出主要信息并保证信息传递的效率,往往将不属于语篇宏观结构的命题处理为预设信息。这类预设信息在语篇中主要是通过从属分句来表达的,因为从属分句中所传递的信息属于交际双方共有场中的信息或者交际双方可以认为想当然的信息(Dillon 1981;Givón 1982)。例如:

(6) There was nobody but ourselves in the field. When we had lain on the bank for some time without speaking I saw a man approaching from the far end of the field. I watched him lazily as I chewed one of those green stems on which girls tell fortunes. He came along by the bank slowly ...

(James Joyce, *Dubliners*)

在这一语篇片段中,作者描述了主人公与一位饶舌的陌生人相遇的情景,因此有关主人公视觉的信息要比其他信息重要得多。在语篇的组织上,作者将不表现主题内容的附属信息通过从属分句处理为预设信息,似乎这类信息已经被交际双方所共同接受或者已经成为交际共有场的一部分。但是,如果我们将例(6)中的所有信息都同等看待,那么语篇就会显得不自然:

(7) There was nobody but ourselves in the field. We had lain on the bank for some time without speaking. I saw a man approaching from the far end of the field. I watched him lazily. I chewed one of those green stems. Girls tell fortunes on them. He came along by the bank slowly ...

在例(7)中,几乎所有的信息都是通过断言的形式来表达的。这样,语篇不但显得啰唆,而且没有突出其主要信息,从而难以让读者体会出其宏观主题。

12.4 语用预设与语篇的连贯性

在交际过程中,发话者为保证语篇信息流的畅通,需要时常对受话者的知识状态作出假设,以便使信息具有最佳的可及性。对于受话者来说,信息的可及性越高,语篇的连贯性就越强。作为交际过程中的背景信息,语用预设构成了交际双方的共有场。因而在语篇的信息流中,语用预设制约着信息展开的方式并以此制约着语段在语篇语境中的适宜性。也就是说,语用预设可以对语篇信息流施加连贯制约(coherence constraint)。

首先,语用预设对语篇中命题的线性排列施加信息制约(informativeness constraint),即信息的编排必须符合信息递增的原则。换句话说,语篇中的某一个命题都要比前一个命题在信息上有所增加(Beaugrande & Dressler 1981;Giora 1997)。由于预设传递的是背景信息或交际双方没有异议的信息，所以在语篇信息流中如果命题 P_1 预设命题 P_2，P_1 可以位于 P_2 之后，但不能位于 P_2 之前。例如：

（8）Mary used to beat her husband. She has now stopped doing so.

（9）# Mary has stopped beating her husband. She used to beat him.

（van der Sandt 1988：160－161）

在例（8）和例（9）中，由于“Mary has stopped beating her husband.”预设了“Mary used to beat her husband.”这一命题，所以例（8）符合信息递增的原则，而例（9）在信息上是冗余的，因而削弱了连贯性。

其次，语用预设可以对语篇信息流的发展施加延续制约（continuation constraint），即语篇中的后续命题必须与前一个命题构成连贯关系。作为发话者对受话者知识状态的假设，语用预设制约着语篇信息流中后续命题的选择。

一方面，某一句子所诱发的预设制约着其后续命题的适宜性。例如：

（10）# Arthur condescended to mow the lawn yesterday. But he watched television instead.

（Widdowson 1979：122）

Karttunen（1971）认为，例（10）中的“condescended”属于含意动词（implicative verbs），可以引发“Arthur mowed the lawn yesterday.”的预设，所以例（10）中的两个命题前后矛盾，因而没有连贯性可言。当然，例（10）在口语性的辩论语篇中是可以接受的，但这必须涉及两个说话者，即当一方说出“Arthur condescended to mow the lawn yesterday.”之后，另一方先重复对方的话，然后再以“But he watched television instead.”取消对方的预设，从而达到反驳的效果。由于这一点与预设的取消（presupposition cancellation）有关，因此应另当别论。总之，在语篇信息流中如果某一命题与前一个命题构成连贯关系，该后续命题至少不能与前一个命题的预设发生矛盾。

另一方面，某一句子所诱发的预设制约着该句子作为语篇中前一个句子的后续命题的适宜性。

（11）Olivia kissed Oscar somehow. It was on the ear that Olivia kissed Oscar.

(12) # Someone kissed Oscar on the ear. It was on the ear that Olivia kissed Oscar.

(Clark & Haviland 1977: 15)

例(11)和(12)中的分裂句引发了"Olivia kissed Oscar somehow."的预设并传达了"Olivia kissed Oscar on the ear."的断言。因此,发话者把这一分裂句作为例(11)的后续命题不但符合信息递增的原则,而且它所引发的预设与前一个命题相吻合,从而使两个命题构成一个连贯的语篇。如果发话者将这一分裂句当作例(12)的后续命题,其仍然符合信息递增的原则,但这两个命题却不能构成连贯的语篇,因为它所引发的预设与第一个命题所建立的语境不相吻合。发话者在发出第一个命题后,"Olivia kissed Oscar somehow."这一命题并不属于交际双方共有场中的信息,相反,这应该是受话者所期待的未知信息。因此,在连贯的语篇中,后续命题所引发的预设需要在前一个命题所建立的语境中得到满足。预设在语境中的满足可以保证该预设在任何与当前语境相符合的可能世界(possible world)中都是真实的。这一点在语篇的连贯中起着重要的作用。例如:

(13) John is married. It is possible that he is glad that he is married.

(van der Sandt 1988: 197)

(14) Maybe Oedipus killed his father. He will regret killing his father.

(Rozwadowska 1992: 46)

虽然例(13)中的后续命题表达的是一个假设但仍引发了"John is married."的预设,并且这一预设在前一个命题所建立的现实语境中得到了满足,因此该预设属于交际双方的共有场。在例(14)中,后续命题引发了"Oedipus killed his father."的预设,但由于这一预设只能在前一个命题所建立的假拟语境(hypothetical context)中得到满足,所以它不能成为交际双方的共有场。也就是说,它只有在当前的假拟语境中才能成立,这就要求后续命题的情态需要与前一个命题的情态相一致。如果把(14)改为(15),语篇就会失去其原有的连贯性:

(15) # Maybe Oedipus killed his father. He regretted killing his father.

由于后续命题所引发的预设只能在前一个命题所建立的假拟语境中成立,所以例(15)中的后续命题不能出现在现实语境中。

12.5 结束语

本章试图为语用预设的研究提供一个新的视角。笔者从语篇的角度对语用预设在语言交际中的功能作了初步的探讨。在语篇层面上,语用预设在语篇的组织和语篇的连贯性方面起着重要的作用。笔者认为,从语篇角度对语用预设的研究不但可以揭示语用预设在语言交际中的作用,而且可以阐释语篇信息流的运作机制以及语篇组织的特征和语篇的连贯性。

第十三章

语用协调的语篇功能[①]

13.1 引言

从动态的角度看，语言交际是发话者和受话者为进行信息传递而磋商共有场的互动过程。在这一动态过程中，交际双方共同构建了一个语篇世界，而语篇则是语篇世界的语言表征。在语篇的发展过程中，发话者为保证语篇信息流的畅通，需要对受话者的知识状态作出假设，并根据自己的假设将共有场中的信息以语用预设（pragmatic presupposition）的形式表述为背景信息。从信息结构的角度看，语用预设是语篇信息流的起点，其功能在于引出断言信息，而断言信息又转化为预设信息并为引出下一个断言信息服务。但在有些情况下，虽然某一背景信息在语篇信息流中起着重要的作用，而这一信息却没有通过语言形式体现在语篇当中。在这种情况下，受话者就需要根据语篇上下文，通过语用协调（pragmatic accommodation）来补足语篇中的预设信息，以便对语篇作出连贯性的理解。

---

① 本章原载于《解放军外国语学院学报》，2001 年第 4 期，第 15—19 页。

13.2 语用协调

语用协调是语言交际过程中的一种重要的语用调节机制和认知策略。这一理论最初是由 Lewis(1979: 340)提出来的,他把语用协调的规则解释如下:

> 如果在某一时间点 t,某一语段的可接受性是以预设 p 的存在为前提,而 p 在 t 之前没有被预设,那么,如果其余情况相同,并在一定的限度内,预设 p 就会在时间点 t 出现。

语用协调的运作是建立在发话者和受话者的互动关系基础之上的,发话者在交际过程中可以根据需要将某一预设信息省掉,似乎这一信息对受话者来说已经是已知信息,而受话者则借助语用协调来还原这一必要的预设信息。Heim(1988: 371)曾举过这样一个例子,即使在受话者不知道附近有狗的情况下,发话者完全可以说出例(1)作为警告:

(1) Watch out, the dog will bite you.

发话者在说出例(1)时是以"There is a dog here."这一预设信息为前提的,虽然这一信息对受话者来说可能是新信息,但受话者在听到这句话后马上就会补足这一预设信息,因为"the dog"是一个有定(definite)名词词组,它可以在受话者的大脑中激活"There is a dog here."的信息。在这种情况下,例(1)比例(2)更为合适:

(2) Watch out, there's a dog here and it will bite you.

由此看来,在某些情况下将某一预设信息省掉不但不会影响受话者对话语的理解,而且使语言交际更为经济、有效。

正如 Dryer(1996: 498)所说的那样,发话者把未被预设的信息看作交际双方共有场的一部分,并以近乎断言的方式直接添加到共有场中,仿佛这一信息已经是交际双方的共有知识,而且发话者也相信受话者能够识别发话者的这一意图,并通过语用协调将这一信息添加到共有场中去。

但是,需要特别指出的是,语用协调是有一定限度的,也就是说,并不

是任何信息都可以通过语用协调来添加到交际共有场中的。例如:

(3) We came to a deserted house. White smoke came out of the chimney.

(4) We came to a deserted house. # The old man told us that the next village was eight miles from here.

(van Dijk 1977: 112 – 113)

虽然在例(3)中没有出现"The deserted house had a chimney."的预设,但是受话者在理解下文中的"White smoke came out of the chimney."时是以"The deserted house had a chimney."为前提的,这是语用协调的结果,因为在一般人的认知图式(schema)中,烟囱是房子的一部分,发话者提到"We came to a deserted house."之后就可以将"The house had a chimney."处理为已知信息。但在例(4)中情况就不同了,如果没有其他上下文的话,the old man 的出现就会使受话者感到费解,因为无论是在受话者的认知图式还是在语篇上下文或情景语境中都不可能存在着"There was an old man in a deserted house."的信息。这样,受话者也就无法通过语用协调将这一信息添加到交际共有场中去。由此看来,语用协调的运作受三个因素的制约,即情景语境,语篇上下文和认知图式。如果发话者毫无制约地将语篇中的一些必备信息省去,那么就会破坏语篇的连贯性,并给语篇的理解带来困难。同样,受话者在借助语用协调来还原预设信息时也受到以上三个因素的制约。

13.3 语用协调与语篇的连贯性

连贯性是语篇最重要的特征之一。语篇的连贯性不仅体现为语篇的组成部分在意义或功能上的连接关系,而且语篇的信息流应该是畅通的,从而使信息具有最佳的可及性。在语篇信息流的发展过程中,语用预设对语篇的连贯性起着十分重要的作用,但发话者为了表达上的简捷,往往根据情景语境、语篇上下文或图式知识将某一预设信息从语篇中隐去,从而在语篇中形成缺链(missing link)。在这种情况下,受话者为了对语篇作出连贯性的理解,就必须运用语用协调的手段来补足语篇中的缺失信息。语用协调的有效运作是建立在发话者对受话者知识状态的假设基础之上的。也就是说,发话者在求简求省的时候必须相信受话者能够运用情景语境、语篇语境或图式知识通过推理来还原语篇中未曾出现的预设信息,以便对语篇作出连贯性的理解。例如:

(5) Arthur and Agnes decided to get married. They have two children now.

(Widdowson 1979: 128)

例(5)中的第一句话并没有引发"Arthur and Agnes got married."的预设,但是根据常理,例(5)中第二句话所表达的事态应该是"Arthur and Agnes got married."的结果,而不是"Arthur and Agnes decided to get married."的结果。从这种意义上讲,在例(5)的两个事态所构成的序列中,"Arthur and Agnes got married."这一信息似乎已成为交际共有场的一部分。虽然例(5)的两个句子之间存在着缺链,但受话者完全可以借助于语用协调的运作把例(5)理解为一个连贯的语篇。

我们在上文中曾经指出,语用协调的运作是建立在发话者和受话者的互动关系基础之上的。无论是书面语篇还是会话语篇,都可以被看作一个动态的互动过程。在这一互动过程中,交际双方都可以充分发挥语用协调的功能,从而在保证信息流畅通的情况下,使语言交际更加合乎经济原则(Leech 1983)的要求。同时,语用协调的运作在很大程度上也是建立在Grice(1975)的合作原则(Cooperative Principle)基础之上的。受话者在作出语用协调的时候,必须相信发话者是遵守交际的合作原则的。再如:

(6) Jake called Jess a conservative. The insult made him bristle.

(Kempson 1986: 210)

例(6)这一语篇的连贯性是以"Calling somebody a conservative is an insult."为前提的,虽然语篇中并没有出现这样的预设,至于把某人称作保守派是否是一种侮辱也是因人而异的,但由于发话者使用了有定名词词组“the insult”,受话者有理由相信发话者通过“the insult”隐含地传达了“Calling somebody a conservative is an insult.”的预设。也就是说,受话者在把例(6)理解为一个连贯的语篇时,必须通过语用协调来补足发话者所省略的预设信息。

在运用语用协调理论来分析语篇的连贯性时必须注意语用协调的限度,否则,许多本来并不连贯的语篇通过无限度的语用协调,都可能被解释为具有连贯性。例如:

(7) # George Washington was the father of the country. It was Olivia who kissed Oscar.

(Clark & Haviland 1977: 19)

我们在上文中已经指出,语用协调的运作需要一定的情景语境、语篇语境或认知图式作依托。在例(7)中,受话者无论如何都无法通过适当的语用协调来建立起两个命题之间的连贯关系,因而例(7)是一个不连贯的语篇。

13.4 语用协调与语篇指称

Halliday & Hasan(1976: 31)认为,在语篇中,如果对于一个词语的解释不能从词语本身获得,而必须从该词语所指的对象中寻求答案,这就产生了照应关系(reference)。在 Halliday 和 Hasan 的语篇衔接理论中,照应就是用某一语言成分去指代另一语言成分。但是,从动态的角度看,语篇中的照应关系指的是语篇中的语言成分(名词、代词)与语篇世界中的实体(entity)之间的关系,而不是语言成分之间的指代关系(Brown & Yule 1983; McCarthy 1994)。从这种意义上讲,语篇指称(discourse referent)不是存在于语篇之中,而是存在于语篇世界之中。语篇中的指代成分只不过是语篇指称的语言表现形式。当语篇涉及语篇世界中的某一实体时,发话者需要在语篇中用一个指代形式来建立照应关系,并以此在语篇世界中确立一个语篇指称，以便使发话者在语篇的发展过程中用有定的指代成分与之照应。一个语言成分能否在语篇世界中确立语篇指称取决于其所指对象在语篇世界中的存在与否。

发话者既可以用断言的方式也可以通过语用预设来标明某一实体在语篇世界中的存在，并以此来确立语篇指称。例如：

(8) There was once a town in the heart of America where all life seemed to live in harmony with its surroundings. The town lay in the midst of a checkerboard of prosperous farms, with fields of grain and hillsides of orchards where, in spring, white clouds of bloom drifted above the green fields.

(R. Carson, *Silent Spring*)

(9) John managed to find an apartment. The apartment has a balcony.

(Karttunen 1976: 369)

在例(8)中，发话者用 there-be 结构断言了语篇实体"a town"的存在；在例(9)中，发话者运用含蓄动词"managed"所构成的预设结构预设了语篇实体"an apartment"的存在。当一个语篇指称被确立之后，这一指称在信息状态上就会具有可识别特征(identifiable)。因此，发话者在指代同一个语篇指称时，就需要用有定的指代成分，如例(8)中的"the town"和例(9)中的"the apartment"。

在许多情况下，发话者为了语言表达的经济性，常常通过语用预设来确立语篇指称，而且在有些情况下，发话者可以直接运用有定的指代形式来确立语篇指称，并以此来标明语篇指称的可识别特征。在这种情况下，语篇指称的确立和识别就要涉及语用协调的运作。也就是说，发话者预先假设受话者能够通过语篇所提供的信息来推知某一实体在语篇世界中的存在及其可识别特征，而受话者则通过语用协调来还原发话者的预设信息，并以此来理解语篇所体现出的照应关系。例如：

(10) Horace got some picnic supplies out of the car. The beer was warm.

(Clark & Haviland 1977: 21)

在例(10)中，发话者直接用"the beer"来确立语篇指称，并以此告诉受话者这一语篇指称是可识别的。虽然在"the beer"之前并未出现"There was beer in the picnic supplies."的预设,但受话者在话语理解的过程中必须通过语用协调来还原这一预设,否则受话者就无法在语篇世界中找到并识别"the beer"的所指对象。Prince(1981,1992)将"the beer"所确立的语篇指称称作可推知的实体(inferable entity),因为受话者需要通过语用推理才能理解指代成分与语篇指称之间的照应关系。

上文已经提到,语用协调是有一定限度的。Prince(1992: 305)认为,发话者在运用有定的指代形式直接确立语篇指称时至少应该持有以下两个信念: 首先,受话者有理由相信该实体与某一"诱发"(trigger)实体之间存在一定的联系,如例(10)中的"the beer"属于诱发实体"some picnic supplies"的一部分;其次,受话者能够通过这种联系推知该实体的存在。正如Hawkins(1978: 123,1991: 410)所说的那样,发话者提到"a house"之后,就可以在下文中直接运用"the roof""the windows""the size"等有定的指代形式,发话者甚至可以在毫无上文的情况下直接运用"the roof/the windows of my house(is broken)"的表达方式开始一个语篇。又如:

(11) I was late and we decided to call a taxi. Unfortunately, the driver spent a long time finding our house.

(Cook 1989: 71)

(12) A mailbox was coming up, sitting at the end of a lane about one hundred yards long. The name on the box read "Richard Johnson, RR2". He slowed down and turned up the lane, looking for guidance.

(R. J. Waller, *The Bridges of Madison County*)

在例(11)中,"the driver"可以直接确立语篇指称,因为发话者相信受话者能够根据自己的认知图式通过语用协调来还原"A taxi has a driver."这一预设信息,从而对"the driver"的语篇指称作出识别。例(12)中的"the name"在确立语篇指称时是以上文的"a mailbox"为依托的,因此,对于受话者来说,其语篇指称也是可识别的。但是,如果发话者在语篇中没有给受话者提供足够的语境信息,受话者便很难对语篇指称作出识别,这样就会使语篇难以令人接受。例如:

(13) #I was late and we decided to call a taxi. Unfortunately, the retired

admiral spent a long time finding our house.

(Cook 1989: 71)

(14) #I picked up the book I bought and the cockroaches fell out.

(Prince 1992: 307)

例(13)中的"the retired admiral"和(14)中的"the cockroaches"不能直接确立语篇指称,因为"the retired admiral"和"the cockroaches"的所指对象与语篇世界中的诱发实体之间没有联系,因而受话者无法作出语用协调。在同等条件下,下列语篇则更为合适:

(15) I was late and we decided to call a taxi. The driver, as it turned out, was a retired admiral, and unfortunately he spent a long time finding our house.

(Cook 1989: 71)

(16) I picked up *the book* I bought and *the pages* fell out.

(Prince 1992: 307)

由此看来,即使"the admiral"与"the driver"之间存在共指关系,但是这一信息既不属于交际参与者的共有知识也不是认知图式的一部分,因而发话者在传达这一信息时需要像例(15)那样作出特别说明。在例(16)中,受话者可以通过语用协调来还原"There are pages in a book."这一预设,但却很难得出"There are cockroaches in a book."的预设。因此,发话者在传达例(14)中的信息时也需要以断言的形式将"There were cockroaches in the book."这一信息明确表述出来,否则,受话者在信息处理过程中将付出不必要的认知努力。

13.5 结论

语用协调是语言交际过程中的一种重要的语用调节机制和认知策略。在语篇的构建过程中,发话者需要对受话者的知识状态作出假设。

如果发话者相信受话者能够通过积极的认知策略来还原某些预设信息，那么,发话者就可以将这类预设信息从语篇中省去。在语篇的理解过程中,受话者则需要根据语篇上下文所提供的信息,通过语用协调来补足语篇中未出现的预设信息,从而对语篇作出连贯性的理解。不仅如此,语用协调在语篇指称的确立和识别过程中也发挥着重要的作用。

第十四章

人际意义与语篇的建构[①]

14.1 引言

系统功能语言学把语篇看作社会成员之间进行社会意义交换的互动过程。语篇是一个由意义组成的语义单位,它产生于意义潜势网络之中;语篇既是语义选择的结果,同时又是语义功能实现的手段(Halliday & Hasan 1985: 10)。因此,语篇被看作具有功能的语言(language that is functional),或元功能结构体(metafunctional construct)。也就是说,在交际过程中,发话者运用语言表达人们在现实世界中的各种经历(概念功能)和人与人之间的相互关系(人际功能),并通过连贯的语篇(语篇功能)将概念意义和人际意义现实化。Halliday 认为,这三个元功能是同时实现的,没有先后顺序,三种功能处在同一个层次上,同等重要,而且在各自的体现方式上既不重叠也不相互干扰(转引自朱永生、严世清 2001: 40)。但 Martin(1992a) 和 Matthiessen(1992) 则认为,概念功能和人际功能用来反映语言之外的现象,而语篇功能则是语言本身的"使成"(enabling)功能,是为实现概念功能和人际功能服务的。由此看来,三种元功能之间的关系似乎不是那么界线分明,互不相干。一方面,语篇功能

① 本章原载于《山东外语教学》,2004 年第 1 期,第 5—11 页。

可以为概念功能和人际功能的实现服务；另一方面，概念功能和人际功能也具有语篇建构能力。在人际功能的层面上，交际参与者是通过人际意义潜势所提供的语法资源在互动中建构语篇的。

14.2 人际意义与语篇的互动性

语篇的建构是交际参与者的互动中进行的。从动态的角度看，无论是会话语篇还是书面语篇，都是一个由交际双方共同参与的互动过程(Coulthard 1977/1985,1994;Widdowson 1984)。这一点也体现了Bakhtin的对话理论："对话交际是语言的生命真正所在之处"，"对话是同意或反对关系，肯定和补充关系，问和答的关系"(转引自董小英1994: 18)。任何语篇都具有对话性：一方面，任何语篇都是针对特定受话者的；另一方面，语篇往往产生于发话者对其他语篇的反应，而且发话者也期待他人对自己的语篇作出回应(辛斌2000)。

语言交际的一个重要目的是进行意义的交流，建立并保持适宜的社会联系。我们在进行语言交流的时候总是带着一定的目的，如影响他人的态度或行为，向他人提供信息，将自己的态度或行为向他人作出解释，或使他人为我们提供信息，等等。语言所具有的表达人与人之间的关系的功能称作人际功能。人际功能体现在语法中的语气系统和情态系统。

语言交流是一个互动的过程。这种互动行为体现在语言交流的两个目的之中：给予(giving)和求取(demanding)。交际中的交流物(commodity exchanged)也可以分为两类：一是物品与服务(goods & services)，二是信息(information)。这样，在交际过程中就出现了四种交际角色和言语功能。如表14-1所示：

表14-1：交际角色与言语功能(Thompson 1996: 40)

交流物 / 角色	(a) 物品与服务	(b) 信息
(i) 给予	提供 I'll show you the way.	陈述 We're nearly there.
(ii) 求取	命令 Give me your hand.	提问 Is this the place?

从表 14 - 1 中可以看出，当发话者给予物品与服务时实施了提供（offer）的言语功能，当给予信息时实施了陈述（statement）的言语功能，当求取物品与服务时实施了命令（command）的言语功能，当求取信息时则实施了提问（question）的言语功能。

言语功能的实施是在交际参与者的互动中进行的。交际参与者正是在你来我往的互动中实现人际意义的交换并共同建构语篇的。这种互动最直接地体现为言语功能及其引发的应答之间的相互关系。如表 14 - 2 所示：

表 14 - 2：语言交流中的应答（Thompson 1996：68）

	始发语	预期的应答	自由选择
给予物品与服务	提供	接受	不接受
求取物品与服务	命令	执行[行动]	拒绝
给予信息	陈述	认可[不干预]	驳回
求取信息	提问	回答	挑战

语言交流的基本单位是小句。在以信息为交流物的互动过程中，小句以"命题"（proposition）的形式出现，成为可议论的概念，如可以被肯定或否定，也可以被怀疑、反驳、改动等。在以物品和服务为交流物的互动过程中，小句则以"提议"（proposal）的形式出现，因为提议不像命题那样可以被肯定或否定，而是被执行或拒绝。

语言交流的互动主要是通过语法系统中的语气（mood）和情态（modality）来实现的。语气和情态不仅表达了语篇的人际意义，而且为语篇的建构提供了重要的语法资源。人际意义潜势中的语气和情态使交际参与者之间的互动成为可能，并以此参与语篇的建构。

英语中一般区分四种类型的语气：陈述（declarative）语气、疑问（interrogative）语气、祈使（imperative）语气和感叹（exclamative）语气。语气与言语功能之间存在着密切的关系，因为在典型的情况下，某一语气往往与特定的言语功能相对应。如表 14 - 3 所示：

表 14－3：语气（Lock 1996：176）

语　　气	实现的典型言语行为	例　　子
陈述	陈述	They put the books into the boxes.
疑问（yes-no 型）	提问	Did they put the books into the boxes?
疑问（wh-型）	提问	Where did they put the books?
祈使	命令	Put the books into the boxes.
感叹	感叹	What a mess the books are in?

从表 14－3 中可以看出，陈述功能通常是由陈述语气表达的，提问功能通常是由疑问语气表达的，命令功能通常是由祈使语气表达的，感叹功能一般是由感叹语气表达的。但语气与言语功能之间并不总是表现为一一对应的关系。例如，提供功能可以通过陈述语气（如 I'll show you the way.）或疑问语气（如 Would you like the teapot?）或祈使语气（如 Let me get this.）来实现。

情态表达发话者在陈述和疑问中对自己讲的命题的有效性所作的判断或评价，在提议中要求对方承担的义务和在提供中要表达的个人意愿。情态是表达人际意义的重要手段之一，广义的情态也包括意态（modulation）。情态的分类如图 14－1：

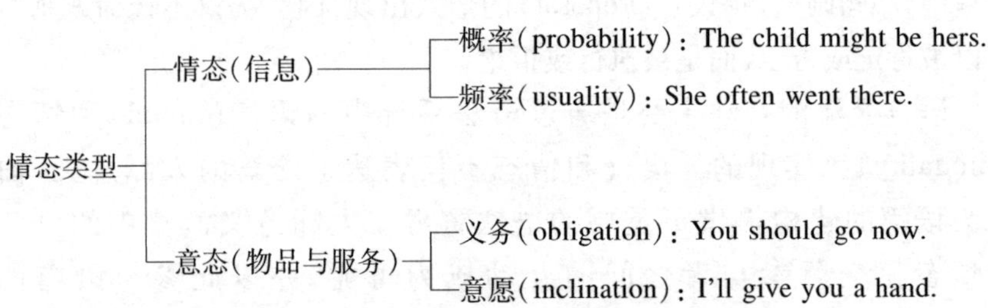

图 14－1：情态类型（Thompson 1996：58）

情态和意态的分工不同：情态指的是以信息为交流物时发话者从概率或频率的角度对信息的可靠性或有效性所持的态度；意态指的是以物品与服务为交流物时发话者从义务或意愿的角度对交流的有效性所持的

态度。人际意义中的情态系统进一步体现了交际参与者之间的互动,发话者通过情态系统表达自己的态度,并影响受话者的态度和行为。

14.3 语篇建构的语法资源:语气系统

语气包括两部分:主语(subject)和限定成分(finite element)。主语表示命题的叙述对象,由名词词组充当。主语在命题中带有很重的语义负荷,因为它是肯定或否定一个命题的基点,是对命题或提议的有效和成功负责的成分。也就是说,当发话者选择某一个成分作为主语时,便同时赋予了该成分一定的情态责任(modal responsibility)(Halliday 1985, 1992;Thompson 1996)。发话者作出一个提议时,提议是否被执行取决于主语,发话者在发出一个命题时,主语是对命题的有效性负责的成分。例如,当发话者发出"Go away."这一指令时,指令的服从与否取决于隐含的主语"you",即受话者。当发话者作出"She was sacked last week by NatWest."这一陈述时,"she"既是命题的叙述对象,同时也是交际参与者互动的出发点。也就是说,发话者是以"she"而不是以"NatWest"作为意义磋商(negotiation)的基点的。无论受话者对该命题的有效性表示反对(No, she wasn't.)还是质疑(Was she?),"she"将不会受到动摇或影响,而受影响的是主语以外的成分。如果受话者使主语发生了改变,语言交流就会被引向一个全新的命题,如"No, NatWest didn't sack her, Barclays did."。由于发话者在表达一个命题时已经将主语看作对命题的有效性负责的成分,因此主语本身没有磋商的余地。命题的其他部分可以被反驳、被怀疑或被改动,但主语是保持不变的,主语的变化意味着命题及其表达的信息的改变。

在语篇的层面上,主语作为一个表达人际意义的功能成分,在语篇的建构中发挥着重要的作用。在会话语篇中,当一个命题选择不同的主语时,它所引发的应答将呈现为不同的语气结构。例如:

(1)

<table>
<tr><td>the duke
my aunt
that teapot</td><td>has
has
has</td><td>given my aunt that teapot
been given that teapot by the duke
been given my aunt by the duke</td><td>hasn't
hasn't
hasn't</td><td>he (a)
she (b)
it (c)</td></tr>
<tr><td>Subject</td><td>Finite</td><td rowspan="2">Residue</td><td>Finite</td><td>Subject</td></tr>
<tr><td colspan="2">Mood</td><td colspan="2">Mood tag</td></tr>
</table>

(Halliday 1994: 77)

由于主语的不同,例(1)中的小句可以分别引发如下的回答:

a. ... hasn't he? Yes, he has. No, he hasn't.
b. ... hasn't she? Yes, she has. No, she hasn't.
c. ... hasn't it? Yes, it has. No, it hasn't.

主语的选择取决于两个因素:第一,当其他情况都相同时,同一个成分既是主语又是主位,即主语和主位重合。在例(1)中,"the duke""my aunt""that teapot"分别是三个小句的主语兼主位,它们既是信息的出发点又是对命题的有效性负责的成分。第二,主语有其独特的意义,它必须对命题的有效性负责,并以此成为语篇互动的落脚点,但主位可以是句首的任何成分,它只充当信息的出发点。在主语和主位不重合的情况下,主语的功能就更加明显了。例如:

(2) That teapot the duke gave to your aunt, didn't he?
— No he didn't. He put it up for auction.

(3) That teapot your aunt was given by the duke, wasn't she?
— No she wasn't. She bought it at an auction.

(4) To your aunt that teapot came as a gift from the duke, didn't it?
— No it didn't. It was the first prize in a Christmas raffle.

(Halliday 1994: 77)

在例(2)中,"that teapot"是主位,因而是信息的出发点,"the duke"是主语,是对命题的有效性负责的主体。所以在附加疑问句中,主语只能是"he(the duke)",而不是"she(your aunt)"或"it(that teapot)"。在例(3)中,"that teapot"仍然是主位,但主语则成为"your aunt",在例(4)中,主位变成了“to your aunt”，而“that teapot”成为主语。所有这些变化不但体现在附加疑问句中，而且，更明显地，体现在受话者的应答中。

主语的语篇组织功能在书面语篇中也表现得很明显。例如：

(5) In both wars *a vital responsibility of the navy* was escort-of-convoy and anti-submarine work, but in the 1917 – 1918 conflict *it* never clashed with the enemy on the surface; whilst between 1941 and 1945 *it* fought some twenty major and countless minor engagements with the Japanese Navy. In World War II *the art of amphibious warfare* had to be revived and developed, but in World War II *the capital naval force* was the air-craft carrier taskgroup.

(Martin 1992a: 461 – 462)

可以看出，例(5)中的语篇是以时间主位来推进语篇的发展的，但在人际意义的层面上，对语篇所描述的一系列事件负有情态责任的是“the naval”和“the capital naval force”，这样就使主语链 a vital responsibility of the navy — it — it — the art of amphibious warfare — the capital naval force 成为该语篇的组织手段之一。

主语是互动的出发点，限定成分则使交际参与者围绕命题的有效性进行的磋商或互动成为可能。在语法层面上，限定成分属动词词组的一部分，它在人际意义的层面上从三个方面限定命题的有效性：(一) 命题相对于说话时间的有效性，即时态；(二) 肯定与否定的有效性，即归一度(polarity)；(三) 命题相对于发话者态度的有效性，即情态。在语言交流的过程中，交际参与者可以从这三个方面对命题的有效性进行辩论或磋商。例如，发话者在表达“She was sacked last week by NatWest.”这一命题时，同时向受话者传达了这样的信息：这一命题叙述的是有关“she”的事态。限定成分“was”向听话者表明了该命题在三个方面的有效性：(一) 该命题描述的是过去已经发生的事件(时态)；(二) 发话者对命题是肯定的(归一度)；(三) 发话者对已经发生的事件具有绝对的确定性(情态)。总之，限定成分的功能就是将受话者指向命题的有效性。在语篇的建构过程中，受话者可以对命题的有效性表示接受，也可以提出异议，从而使语篇在交际参与者的互动中向前发展。Martin(1992a: 462 – 463)指出，在意义的磋商过程中，归一度、时态和情态是最容易受到影响

的意义。例如:

(6) Is that Flo?

— It is/must be/would be/may be/isn't.

(7) Finish it.

— I will/must/would/could/won't.

(8) Is this helping?

— It already has/is/soon will.

在例(6)和(7)中,归一度和情态在意义的磋商过程中是通过不同形式的限定成分表达的。在例(8)中,被影响的意义则是时态。在交际参与者的互动过程中,受话者可以用不同的方式对发话者作出回应,发话者的小句中的剩余成分(residue),如"Flo"、"finish it"和"help(ing)"则被作为想当然的成分被省略,而语气部分将互动过程推向前进,使语篇按照一定的语气推进模式(mood progression)向前发展。

其次,剩余成分有时也会在意义的磋商过程中被改变或调整。例如:

(9) Did Carl win in Rome?

— No, but he eventually did in Seoul.

— Oh did he?

上文已经指出,主语是对命题的有效性负责的成分,在意义的磋商过程中,在命题不发生改变的情况下,主语是保持恒定的,主语的改变将引起命题改变。再如:

(10) Did Ben win?

— No, Carl did.

在对例(10)提问的回答中,提问中的命题首先被否定,然后主语的改变又引发出一个全新的命题。

当主语和限定成分同时改变时,发话者的整个命题或提议将被动摇或被替换,从而使交际参与者之间的互动在命题内容上发生彻底的变化,意义的磋商也将重新开始。例如:

(11) Did Flo win in Rome?

— No, Rome wasn't on her schedule.

— Oh, wasn't it?

从以上分析中可以看出,语气在语篇的建构中发挥着积极的作用。它使小句具有对话性,并使小句成为交际参与者互动行为的基本单位。在语篇的层面上,语气可以将交际参与者之间的互动向前推进。在推进过程中,语气中的主语作为互动的基点一般保持不变,主语的改变也使交际参与者之间的互动在内容上发生变化,而限定成分则通过时态、归一度和情态限定命题或提议的有效性,并为意义的磋商提供了空间和余地。意义的磋商有时也涉及剩余成分的改变或调整,当主语和限定成分同时被改变时,则意味着意义磋商的重新开始。

互动性在会话语篇中表现得最为明显,但在书面语篇中也存在着类似的互动或交流。Martin, Matthiessen & Painter(1997: 5 - 6)指出,可以人际意义着手,把语篇看作一个对话,并将语篇切分为最基本的功能意义单位,即小句。这种做法意味着我们可以运用主语和限定成分所包含的对话潜势(dialogic potential)将语篇划分为用来辩论或互动的单位。例如,我们可以用这一方法对例(12)作如下的处理,括号内是添加的潜在的对话或辩论:

(12) There are fewer species of the larger baleen whales, [— *Are there?*] that filter krill and small fish through their baleen plates. [— *They do not.*] The largest is the Blue whale [— *Is it?*] which is seen frequently in the Gulf of St. Lawrence. [— *It isn't.*] It reaches a length of 100 feet and a weight of 200 tons. [— *Does it?*] The young are 25 feet long at birth [— *They aren't always.*] and gain about 200 1bs a day on their milk diet. [— *Do they?*]

从以上分析中可以看出,书面语篇跟会话语篇一样都是在发话者和受话者的互动中产生的,只不过书面语篇的互动性不像会话语篇那样明显。从例(12)中所添加的潜在的对话中可以看出,书面语篇中的互动关系在很大程度上也是借助于语气系统中的主语和限定成分实现的。这进一步说明了人际意义在语篇建构中的作用。

14.4 语篇建构的语法资源：情态系统

语气系统中的归一度表达肯定和否定两个极端，而情态系统表达肯定与否定这两极之间的中间程度或状态，如可能性的大小和意愿的强弱等。情态既可以通过限定成分表达，也可以由语气附加状语（mood adjunct）表达，如“perhaps”“probably”“definitely”等。

从归一度的角度看，某一命题要么是肯定的要么是否定的，但在“是”与“非”的两极之间通常存在着诸如“可能”“或许”“有时”“经常”之类的中间状态或情态空间（modal space）。例如，在“She teaches Latin.”和“She doesn't teach Latin.”之间存在着以下的情态空间：

（13）She might teach Latin.（或许是，或许不是）
She usually teaches Latin.（有时是，有时不是）
She ought to teach Latin.（目前不是，但希望将来是）
She'll teach Latin if you want.（目前不是，但如果你愿意，将来是）
She can teach Latin if she wants.（目前不是，但如果她愿意，将来是）
She can teach Latin well.（原则上是，目前可能是也可能不是）
（Thompson 1996：57）

肯定与否定之间的情态空间表现为两种情况：（一）不同量值的概率，如“可能”“或许”“一定”“大概”等；（二）不同量值的频率，如“有时”“经常”“总是”等。

在物品与服务的交流中，意义的归一度则表现为规定和禁止。规定表示“做此事”，禁止表示“不能做此事”。在规定和禁止这两极之间也存在着诸如“必须”“应该”“可以”“乐意”之类的中间程度，这就是通常所说的意态。根据言语功能的不同，规定和禁止之间的中间状态有两种情况：（一）在实施命令的言语功能时，中间状态表现为不同程度的义务，如“要求”“应该”“允许”等；（二）在实施提供的言语功能时，中间状态表现为不同程度的意愿，如“愿意”“渴望”“决心”等。

情态意义本身又表现出高、中、低三级量值。如表 14 - 4 所示：

表 14 - 4：情态动词的量值（Halliday 1994：76）

	低	中	高
肯定	can, may, could, might, (dare)	will, would, should, is/was to	must, ought to, need, has/had to
否定	needn't, doesn't/didn't + need to, have to	won't, wouldn't, shouldn't, (isn't/wasn't to)	mustn't, oughtn't to, can't, couldn't, (mayn't, mightn't, hasn't/hadn't to)

基于情态意义的程度差异，发话者在表达人际意义时需要根据情态的量值选择适当的表达形式，以便准确地传达情态意义。当发话者选择了某一情态量值时，也同时对命题或提议作出了一定的情态承诺（modal commitment）（Thompson 1996）。从语篇的角度看，情态承诺不但会影响受话者的态度或行为，而且受话者可以对情态承诺作出回应，并对情态量值的程度与发话者进行磋商。情态和意态是交际参与者实现交流信息或物品与服务的重要语法资源。交际双方需要在互动中就情态和意态达成一致，当然也可以对情态或意态提出疑问，并以此向对方提出质疑或挑战。例如：

(14) Henry James definitely wrote "The Bostonians".

— Are you sure?

(15) Couldn't Henry James have written "The Bostonians"?

— How could he?

(16) Will you have a coffee?

— Why would/wouldn't I?

(17) You should read Henry James.

— Why should I?

(Eggins 1994：190)

情态和意态跟言语功能的关系十分密切：情态与命题（即提问和陈述）相联系；意态与提议（即提供和命令）相联系。Martin（1992a：38，

1992b：363）指出，从语篇的角度看，提问的目的是引发情态，陈述则提供了表达情态的机会。例如：

（18） Is she coming?

— Yes/Certainly/Probably/Possibly/No.

（19） Does she attend?

— Yes/Always/Usually/Sometimes/No.

就意态而言，提供表达的是意愿，并引发义务；命令表达的是义务，并引发意愿。例如：

（20） Shall I mark them then?

— You're required/supposed/allowed to.

（21） Get me a drink, would you?

— I'm willing/keen/determined to.

作为人际意义的重要实现手段，情态系统用来表达发话者对命题的有效性所持的态度，以及在提议中发话者的个人意愿或要求对方承担的义务。在语言交际过程中，发话者通过一定程度的情态承诺和情态责任影响受话者的态度或行为，或者引发受话者的态度或评价，从而实现以信息或物品与服务为交流物的意义交换，达到语言交流的目的。

14.5 人际语法隐喻与语篇的建构

人际语法隐喻涉及语气与情态的隐喻表达。在语气系统中，提问的一致式（congruent form）是疑问语气，当运用祈使语气或陈述语气实施提问的言语功能时，就会出现隐喻式（metaphorical form），即语气隐喻。同样，命令通常是由祈使语气表达的，但疑问语气和陈述语气也可以用来隐喻性地表达命令的言语功能。如表 14－5 所示：

表 14-5：言语功能的一致式和隐喻式(Martin, Matthiessen & Painter 1997：68)

言语功能	一 致 式	隐 喻 式
提问	What is your name?［疑问语气］	Tell me your name.［祈使语气］ And your name is ...?［陈述语气］
命令	Get me a drink.［祈使语气］	Could you get me a drink?［疑问语气］ I need a drink.［陈述语气］

情态意义通常是由限定成分和语气附加状语表达的，情态的隐喻式，即情态隐喻，扩展了情态表达的范围，使名词化(nominalization)和小句等语法资源具有表达情态意义的功能。例如：

(22) But *the possibility* always existed of giving it a second runaway. [=people could always have given it a second runaway.]

I think Mrs Taylor would like a drink. [=probably Mrs Taylor would like a drink.]

It's *usual* for Fred to sit quite quiet. [=Fred usually sits quite quiet.]

在例(22)中，斜体部分为隐喻式，括号内是一致式。

在情态的隐喻式中，I think、I reckon、I suspect 等表达心理过程的小句以及 I'm sure、I'm convinced、I'm uncertain 等表达关系过程的小句可以使情态意义具有明确的主观取向，使发话者对所作的判断或评价负有明确的责任。发话者也可以运用名词化将情态意义隐喻性地表达为品质或事物，使情态意义具有明确的客观取向。例如 possible、probable、certain、likely、usual、typical、common 等形容词可以将情态表达为品质；possibility、probability、certainty、likelihood、unusualness、regularity、typicality 等名词可以将情态表达为事物。当小句被名词化之后，随着原有的语气的消失，小句中的人际意义被剥去了主语和限定成分的外衣，从而使人际意义失去可磋商的余地。当发话者把自己的判断或评价表达为小句或命题时，明确的客观取向可以使发话者将自己的观点掩饰为客观的现象，使其看起来不是个人的观点，而明确主观取向可以使发话者突出个人的意见或看法。

在表达意态时，发话者也可以通过 I want、I need、I'd like、I'd hate 等小句使意态具有明确的主观取向。名词化也是使意态具有明确的客观取向的手段。willing、keen、ardent、permissible、requisite、compulsory 等形容词可以将意态表达为品质；intention、desire、determination、need、obligation、regulation、compulsion 等名词可以将意态表达为事物。

总之，明确的主观取向和明确的客观取向都是隐喻性的情态表达。明确的客观取向可以使发话者或及物性过程的参与者远离情态责任，而明确的主观取向则强调了发话者的情态责任。

人际语法隐喻可以将信息按一定的情态责任进行编排，使语气和情态意义合理配置，从而有效地实现语言交流的目的。在语篇的层面上，人际语法隐喻的语篇建构功能最明显地体现在名词化上。在语篇的展开过程中，交际参与者在磋商过程中对语篇中的人际意义达成一致后，就可以将这一情态意义名词化，使其不再具有磋商的余地，并使语篇前后衔接。例如：

(23) *We don't really know* what causes this inefficient nursing or the prompt waking. *One possibility* is that the babies' nervous system and digestive system are not yet working well enough ...

(Thompson 1996：173)

在例(23)中，"one possibility"就是将上文"we don't really know"中的情态意义名词化的结果。

人际语法隐喻最重要的语篇组织功能在于合理地配置语气和情态意义，使语篇按照一定的情态责任编排信息。例如：

(24) *I have* been advised that you have recently become one of the constituents in the Electorate of Mitchell. Whether you have recently moved, or whether you have reached the age that gives you full voting rights, *may I* as your Federal Member of Parliament welcome you as a new constituent. *We are* privileged to live in such a pleasant part of Australia. *My responsibility is* to make sure that the life style we enjoy is maintained and improved. Should you wish to contact me on any matter which is concerning you, either day-to-day or national importance, please *do* not hesitate to do so. If you are uncertain whether your problem is one affected by Commonwealth, State or Local Government, *we should* be able to advise you promptly.

(Martin 1992a：413－414)

例(24)中的语篇是一位竞选连任的国会议员写给一位新选民的信。语篇表达了"我负有情态责任"(I am modally responsible)的人际意义。语篇中共有六个独立的级阶小句,这六个小句的主语和限定成分如斜体所示。在语气的选择上,该语篇突出了"国会议员"的情态责任,语篇在结构上也体现了这一组织模式。在这六个独立的级阶小句中,"选民"只有一次被用作独立的主语(please do not hesitate to do so),还有一次是与"国会议员"一起作主语(we are privileged ...),一是让"选民"在机遇面前采取行动,二是用于对"选民"的恭维。语篇中的人际语法隐喻进一步加强了语篇的人际意义,使语篇中的语气和情态意义得到了合理的配置。把人际语法隐喻改写为一致式之后,例(24)中的语篇呈现为如下的形式:

(25) *Apparently* you have recently become one of the constituents in the Electorate of Mitchell. You *may* have recently moved, or you *may* have reached the age that gives you full voting rights — whichever the case, *my new constituent*, *welcome*. We are *fortunate* that we *can* live in such a pleasant part of Australia. I *must* work so that the life style we enjoy *can* (*only*) be maintained and improved. You *may* want to contact me on any matter which is concerning you, either day-to-day or national importance — you *can certainly* do so. Your problem *may* be one affected by Commonwealth, State or Local Government. We should be able to advise you promptly which it is affected by.

(Martin 1992a: 414)

例(25)中的斜体部分为人际语法隐喻的一致式。隐喻式和一致式如表 14-6 所示:

表 14-6: 人际意义的隐喻式和一致式(Martin 1992a: 415)

	隐喻式[例(24)]	**一致式[例(25)]**
条件情态	whether you have ... should you ... if you are ...	you may you may you may
属性情态	uncertain	may

（续表）

	隐喻式[例(24)]	一致式[例(25)]
价值意态	my responsibility is	I must
事件组合式意态与情态	hesitate to do so	can certainly
投射式语气附加状语(推测)	I have been advised	apparently
提供式问候	may I welcome you …	welcome

从以上的分析中可以看出，当人际语法隐喻被拆解为一致式后，语篇中的情态意义似乎没有多大改变，但从语气的角度看，例(24)和(25)中的独立级阶小句的主语与限定成分却出现了明显的差异。如表14-7所示：

表14-7：独立级阶小句的主语与限定成分(Martin 1992a：415)

独立级阶小句的主语与限定成分	
[例(24)] I have may I we are my responsibility is (you) do not we should	[例(25)] you have you may you may we are I must you may you can your problem may we should

从语气功能的对比中可以看出，例(25)中的语篇在主语的选择上是以“选民”为取向的，因而表达了“你负有情态责任”(You are modally responsible)的人际意义。与例(24)中的语篇相比，人际意义发生了显著的变化。就人际意义而言，例(24)中的语篇传达了“我可以为你做什么”(what I can do for you)的信息，而例(25)中的语篇则传达了“你可以做什么”(what you can do)的信息。虽然两个语篇没有优劣之分，但二者在人际意义上具有明显的差别。造成这种差别的原因在于人际语法隐喻在语篇的建构中对语气功能的调节作用，从而使语篇的组织服务于人际意义的表达。

14.6 结束语

从语篇生成的角度看,语篇是交际参与者之间进行社会意义交换的互动过程。语篇产生于意义潜势网络之中。交际参与者在意义交换的互动过程中通过在意义潜势中的选择来建构语篇。人际意义体现了语言交流的互动性,因而人际意义潜势中的语气系统和情态系统为语篇的建构提供了重要的语法资源,人际语法隐喻通过合理的语法资源调配,使交际参与者在人际意义潜势中作出适宜的选择,从而使语篇准确地传达交际参与者的交际意图。

第十五章

评价意义的语篇建构功能[①]

15.1 引言

在系统功能语法框架下,语言具有三种元功能：概念功能表达人们在现实生活中的经历,人际功能表达人与人之间的关系,而语篇功能把概念功能和人际功能现实化。这三种功能的界限并不十分清晰,因为概念功能和人际功能同时具有语篇构建功能(苗兴伟 2004)。作为人际功能一个重要组成部分,评价意义(Halliday 1994;Martin 2000a;White 2001)是指语言使用者对有关事件、实体(entities)以及命题(propositions)所持有的态度、立场、观点和情感(Hunston & Thompson 2000)。评价意义有助于我们揭示语言使用者所代表的团体、机构、组织、社团的价值观念和道德标准(王振华 2001;魏兴顺、姚小英 2009)。评价意义还可用来帮助语言使用者操纵读者或在学术语篇中婉转地体现自己的权威性(Thompson & Zhou 2000)。在强调客观性的法庭辩论中,律师会利用评价资源体现自己作为法律阐释者与辩护人的双重主观立场,在庭审辩论中表现自己的主体意识与情态(张丽萍 2007)。本章将探讨语言的评价意义在建构语

① 本章原载于《西安外国语大学学报》,2010 年第 3 期,第 23—26 页,原文与张蕾合作完成。

篇过程中发挥的作用。

15.2 评价意义与语篇构建

评价是语篇中普遍存在的一种语言现象。系统功能语法首次将评价手段系统化,把语言体系和其社会三大功能(概念、人际与语篇元功能)结合起来(Halliday 1994)。及物性、语气结构和情态系统分别实现了概念功能和人际功能。及物性描述出现实世界里的所作所为和所见所闻;语气结构赋予语言使用者不同的角色;情态系统中情态动词、情态副词和情态形容词表现出语言使用者对自身命题和他人的态度。语篇功能注重篇章的衔接和命题表达的转换,使前两种功能得以实现。这些概念为研究语篇中的评价意义提供了理论依据。20 世纪 90 年代,澳大利亚的 Martin(2000a)和 White(2001)在系统功能语法的人际关系元功能的基础上提出了评价系统(appraisal system),用来分析语言使用者如何通过语言表达特定的主体间立场(inter-subjective stance)。此系统包括了态度、介入和级差三大语义子系统(Martin & White 2005;王振华 2001)。态度系统涉及情感、对事物的鉴赏和对人类行为的判断。介入系统显示语言使用者的立场与语篇中其他观点的关系。级差系统加强或削弱话语的语势并模糊或强化话语的焦点。系统内严格的范畴化使它的分析局限于词汇层面和小句内的评价意义。Martin & White(2005)指出评价资源会形成一种特定的模式,随着语篇的展开,评价资源之间的共鸣会像音乐一样在语篇中流动,加强或削弱作者的态度,但是它们也只是展示了句子层面的韵律结构,没有体现评价意义如何建构整个语篇结构。另外语篇的评价意义是动态实现的,评价性手段的分析应该实现语境化,不能忽略社会、认知和上下文语言环境对评价意义形成所起的作用(Macken-Horarik & Martin 2003)。

在社会认知模式(socio-cognitive approach)(van Dijk 1988, 1995, 1998b)的框架下,认知模式(cognitive model)制约着作者和读者大脑中对

特定事件的描述和理解。这种“模式”不仅包含作者在生成语篇中明确表达的信息，还包括他们未表达而能被读者根据普遍的社会文化知识推断出的信息。另外，作者思维中的语境模式帮助他们根据交际目的、接受者特点，从事件模式中选择相关信息构成语篇。除了信息，模式还包含了作者对事件的判断和态度。这种主观评价受到个人所处的社会风俗和文化的影响，不仅体现在句与句之间的语义、功能衔接方面，还隐含在对话题的选择和篇章整体安排上。评价意义的动态性和多层次性使它成为构建语篇的一个重要资源。

语篇的构建是交际双方共同参与的过程和结果（Hoey 1983），这种互动体现在语篇的各个层次。作者为便于引导读者对语篇进行解读，一方面利用语言资源指明各个命题之间的逻辑语义关系，另一方面也会表明自己对各个命题的态度。这种互动不仅体现在信息方面，也表现在语篇结构上。Thompson & Zhou（2000）的研究指出外加词（disjunct）既能显性地表达语言使用者的态度、立场和情感，同时还能有助于语篇的衔接和连贯。Hoey（1983）探讨了“问题—解决”这种语篇模式中评价如何实现作者与读者的互动。下面我们将通过翔实的语料阐释评价意义如何在词汇层面、微观结构和宏观结构上建构语篇。

15.3 评价意义与词汇衔接

评价系统主要通过“评价词汇”（evaluative lexis）评价语言使用者的意识形态。有些词汇主要表达人的情感和态度，包括态度性形容词，如sad、happy、fantastic 以及由它修饰的名词词组、评价性副词，像 happily 和 bravely，另外还包括描述心理过程和行为过程的动词，如 dislike、hate、love 等。有些词汇虽然着重表达概念意义，是对客观世界的一种描述，不过在特定的社会背景下由于事物与价值之间的固定联系，也就等于作出了相应的标记性判断（token judgment）和含蓄判断（implicit judgment）。另外，非核心词（non-core lexis）的使用以及话语表达中隐含的因果关系都间接表达了语言使用者对人、事的判断。例如在下面这则报道中：

（1）A shivering baby boy less than 30 minutes old was dumped on the steps of a church today with a note asking he be cared for.

报道者没有使用核心词“left”，而换用含有“随意”“冷漠”“粗暴”等言外之意的非核心词“dump”，暗示了对施事者行为的不满、愤慨。

评价词汇如果在语篇中具有相同或相反的评价意义，在命题之间就能形成语义上的前后呼应或对比。下面我们就以具体语篇为例，说明评价词汇如何在语篇构建中形成语义纽带(tie)。

（2）But one hundred years later the Negro still is *not free*. One hundred years later, the life of the Negro is still *badly crippled by the manacles of segregation and the chains of discrimination*. One hundred years later, the Negro lives on a *lonely island of poverty* in the midst of *a vast ocean of material prosperity*. One hundred years later, the Negro is still *languishing* in the *corner* of American society and finds himself *an exile* in his own land. So we have come here today to dramatize *a shameful condition*.

（Martin Luther King. Jr., *I Have a Dream*）

这是美国黑人运动领袖 Martin Luther King 1968 年 8 月在二十五万黑人集会上演讲的一段话。“One hundred years later”这一情景成分会让熟悉美国历史的听众想到《解放宣言》(*The Emancipation Proclamation*)这一旨在使黑人奴隶成为自由民的法令，但是一百年后，黑人的处境仍然很悲惨。Martin Luther King 在演讲中使用了一系列带有负面态度意义的词汇。“not free”这一负面评判说明黑人没有享受到自由权利。接下来的两个比喻“the manacles of segregation”和“the chains of discrimination”进一步让人联想到黑人的生活深受桎梏。“badly”带有强烈的情感色彩，抒发了 Martin Luther King 对黑人现状的极大不满。下面一句中使用了两个对比鲜明的词汇比喻“a lonely island of poverty”和“a vast ocean of material prosperity”。“poverty”和“prosperity”这一对反义词分别作出了反面和正面的社会评判，说明黑人不同于白人，仍然过着贫穷的生活。表负面情感的形容词“lonely”与接下来的概念名词“corner”和“exile”相互呼应，暗示出黑人还只是美国社会中的边缘人群，享受不到正常美国公民应享有的权利。动词“languish”比具有相同意义的核心动词“suffer”的感情色彩要强烈，蕴含着 Martin Luther King 对现状的猛烈抨击。最后他用“a shameful condition”作出了负面的社会判断，点明了黑人缺少《解放宣言》所提倡的自由和平等，是美国社会的一种羞耻。一系列评价词汇的运用，使整个演讲语气一致，具有感染力和号召力。

15.4 评价意义与微观结构

每个语篇作为一个整体都是按一定的层次关系构成的，呈现为全文、部分、段落、句子及句子以下许多层次，可分为宏观结构和微观结构。微观结构(microstructure)这一术语是由德国语言学家 Wotjak 于 1977 年首创，当时被用来研究词的构成方法，探讨词的聚合与组合。随后法国语言学家 Greimas 借用此概念来研究相邻句子间的同位关系。Van Dijk 把它引用到新闻语篇的研究中，探讨篇素的构成，即命题的构成，集中分析命题之间的语义关系，如句与句的衔接等关系以及句法、词汇和修辞等语言层面。在本章中，微观结构着重研究句与句之间的语法衔接关系。语法衔接手段包括指称、替代、省略和连接。我们以指称和连接词 but 为例，说明评价意义在句际衔接上所起的作用。

指称可以通过人称代词、指示词、冠词和描述性短语来实现。不同的指称形式通过对语篇中的实体进行交互指称(Leech & Thompson 1990: 117)，对实体进行不同方面的描述，同时蕴涵了语言使用者对实体的评价，如英国前国际事务发展大臣 Clare Short 接受 BBC 广播电台采访时，英国政府被爆出曾监听 Annan，《泰晤士报》(*The Times*)对这一政治丑闻的报道有下面一段文字：

(3) Mr Blair avoided saying whether *her* allegations were true or false, but expressed dismay at how *the Cabinet's most troublesome old girl* had

betrayed her alma mater by being so "utterly irresponsible".

(*The Times*, 2004 - 2 - 27)

斜体的名词词组带有明显的贬抑色彩。根据上下文判断,它是指称政治丑闻的当事人 Clare Short。用"old girl"一词形容已过中年、曾经担任政府要职的女士,难免有失尊重。同时限定成分——贬义形容词"troublesome"最高级的使用,加强了对当事人戏谑的口吻,反映了该媒体对 Clare Short 的行为持不赞成的态度。这一有定描述与前一个命题中的物主代词具有相同的所指,形成交互指称,在对当事人作出负面评价的同时,达到语篇的连贯。

另外,语言使用者会使用转折连词或副词在小句间构成让步关系:首先承认或描述一种现实,转而在语篇的核心部分强调与之相反的一种事实。核心部分的语义一般是语言使用者着重要强调的信息,由于与让步部分的信息相反,和读者的先前期待形成差异,从而加强了信息呈现的力度,突出了语言使用者的态度。例如在下面《独立报》(*The Independent*)对同一个政治丑闻的报道中,连词"but"连接了两个转述 Blare 言语的间接引语,突出了其言辞中的自相矛盾:报道强调 Blare 对英国情报工作的非法职责进行了反驳,这与他表示拒绝对此作出评论的话语形成了反期待。

(4) Mr. Blair refused to comment on any intelligence operation, but insisted that they were conducted in line with domestic and international law.

(*The Independent*, 2004 - 2 - 26)

如果语言使用者对同一事件持有不同的观点和立场,他们在语篇的构建过程中,会在让步结构的核心部分突出不同的信息,引导读者对事件的解读。这在下面两段语篇的对比分析中变得非常显著:

(5) She also spies admitted she was not certain that the alleged bugging was carried out by British spies and could not remember if the transcripts of Mr. Annan's conversation related to the Iraq war or to issues. But she added: "The nature of my charge is absolutely clear. It was a regular process of spying on his office's phone calls and

papers."

(*The Independent*, 2004-2-27)

(6) She referred to transcripts, and her office declined to give any further information yesterday. But it appears highly unlikely she would have been shown transcripts of conversations secretly gathered by the intelligence services.

(*The Times*, 2004-2-28)

两段语篇都是关于 Clare Short 提到的对 Annan 窃听内容的文字稿,但由于"but"一词后面引导的内容不同,两家媒体对其言语的可信度表现出不同的立场。《泰晤士报》的报道中虽然首先提到了文字稿,但在"but"之后的核心部分却明确地提出 Clare Short 不可能看到由情报部门秘密收集到的情报文字稿,因此也就间接地对 Clare Short 所揭露的政治丑闻提出了质疑,而相似的内容在《独立报》的报道中却被放置在让步部分,使此信息得到了弱化。

15.5 评价意义与宏观结构

宏观结构这一术语是由 Constanz 首先提出,法国语言学家 Bierwisch 在 1965 年曾用这一术语来表达叙事文体的整体结构,但所涉及的仅仅是语篇的宏观形式结构。Van Dijk 另用超结构(super-structure)来表示语篇的宏观形式结构,用语义映射(semantic mapping)说明话题、宏观命题与命题之间的上下等级关系,展现新闻故事概括描述与具体细节间的关系。Swales(2001)和 Bhatia(1993)的体裁分析理论把语篇看成由一系列将作者的目的和他所想要传达的内容相联系起来的语步构成的整体。

本章主要考察评价意义如何帮助语言使用者在与接受者的互动过程中启动语篇,即如何点明语篇的话题,引出预期,进而展开语篇,围绕话题提供新的信息,巩固预期,最后提出建议,结束语篇。以一篇简短的报纸社论为例:

(7) **Sore point**

[1] This is not the moment to be polite to Great Britain over Gibraltar. [2] Basically there are two problems to be dealt with at the meeting of the two foreign ministers. [3] One concerns the handling of the present situation of the colony, which is seriously harming the Spanish economy and threatening national security, mainly because of smuggling — nowadays principally drug trafficking — and the laundering of the illicit proceeds. [4] The other problem can be inferred from the deterioration in Anglo-Hispanic relations dating from the moment that London broke the European consensus over Canada during the so-called "freight war". [5] That is a sore point which minister Javier Solano really must bring up. [6] If Britain can look after its own interests in supporting Canada despite the other countries, Spain should follow the same principle of consistency. [7] This is not the right time for politeness.

(Boliver 2000: 139)

社论题目中负面鉴赏形容词"sore"奠定了整个语篇的情感基调。并且它与中性名词"point"组成简短的名词词组,省略了被鉴赏的对象,造成悬念,吸引读者继续阅读。正文第一句,引出本语篇的话题,即两国的关系,但作者没有详细说明本社论涉及的具体事件。读者只能从字面文字推断出可能与直布罗陀有关。这是社论作者在建构语篇时对读者已知信息猜测所作出的选择,因为社论往往是对报纸报道过的新闻事件进行的评论。除了引入话题,作者还对所陈述的内容进行了直接判断:"This is not the moment to be polite ...",读者不禁会问"为什么此刻不需要礼貌",因此作者需要在下文对此作出具体的解释。第二句延续了同样的话题,把开篇提及的形势具体化。负面评价名词"problem"点明了上文负面判断的原因,满足了读者的期待,同时数词"two"的使用让读者预期作者紧接着会把具体问题列举出来。第三句和第四句通过对两国面临的问题进行阐释,继续了同样的话题,而且动词"harm"和"threaten"以及名词"deterioration"所包含的负面评价意义体现了所涉及问题给西班牙的经济和社会治安带来的危害,也暗示了作者在语篇之初作出负面判断的原因。

在语篇结束阶段，作者通过重复先前所作的判断（第五句中的"That is a sore point."和最后一句"This is not the right time for politeness."），不仅浓缩了全文的信息，而且强化了作者对两国关系的态度和立场。

通过对上面这则社论的分析，我们可以看出作者引入话题时作出的评价，不仅奠定了整个语篇的情感基调，还引起了读者对下文的期待。在对话题展开陈述的过程中，评价意义能够进一步提供与话题有关的信息，满足读者的期待，同时强化作者先前作出的评价，使整个语篇在态度意义上保持一致。

15.6 小结

通过对真实语篇的分析，我们可以看出，作为人际意义一个重要组成部分，评价意义在语篇构建过程中也起到了非常重要的作用。在宏观结构上，评价意义帮助语言使用者启动、展开和结束语篇，使语篇成为态度意义统一的整体。在微观结构上，评价意义可以在句与句之间形成语法衔接关系。另外，评价词汇在命题之间形成语义纽带。所以，作为实现语篇人际功能的资源之一的评价意义同时也具有语篇功能，能够帮助语言使用者更好地引导语篇接收者对语篇进行解读。

第十六章

概念隐喻的语篇功能研究[①]

16.1 引言

人们在运用语言中的概念系统表达思想时，其语言形式在很大程度上是隐喻式的，这是因为人们赖以思维和行动的一般概念系统，从根本上讲是隐喻式的（Lakoff & Johnson 1980：3）。隐喻产生于人类的体验和经历，并逐渐潜移默化为概念系统的重要组成部分，使人们能够自如地、无意识地运用隐喻概念来表达思想。因此，隐喻在语言交际过程中发挥着重要的作用。在传统修辞学和诗学中，隐喻通常被看作语篇的组织原则（Ponterotto 2000：283）。在近年来的隐喻研究热潮中，许多研究者从认知的角度对隐喻的认知动因和认知过程进行了深入的研究，并开始关注隐喻在语篇层面上的运作及其功能。从语篇的角度看，隐喻不仅是一种修辞现象或认知现象，而且是语篇组织和建构的重要手段。

① 本章原载于《外语学刊》，2007 年第 6 期，第 51—56 页，原文与廖美珍教授合作完成。

16.2 隐喻的语篇视角

就隐喻的本质而言,传统修辞学的“替代论”和“比较论”都把隐喻研究局限在词语的层面,而“互动论”则把隐喻看作两个概念域(conceptual domain)之间的相互作用,从而突破了传统隐喻研究的局限,把隐喻当作一种句子以上的话语现象,在更为广阔的言语环境中寻找隐喻意义的支点(束定芳 2000)。作为语言中的普遍现象,隐喻式的语言表达频繁而且系统地出现在各种语篇之中(Chilton 2004;El Refeie 2001;Musolff 2004;Santa Ana 1999;Semino 2002),而且隐喻被看作一种具有语篇组织功能的语篇策略(Cabaliero 2003;Liao 1999;Ponterotto 2000;Steen 2004;Wee 2005)。

隐喻不仅仅出现在词语和句子的层面,而且可以在语篇层面进行延伸。McQuade & Atwan(1998)将隐喻分为文体隐喻(stylistic metaphor)和延伸隐喻(extended metaphor)。文体隐喻指的是具有单纯的文体意义的隐喻表达,如 Tranquility is a woodland river winding through hills in solitude(Shelley)。延伸隐喻则是被展开的贯穿于语篇中的隐喻表达,也就是通常所说的博喻。延伸隐喻通过隐喻概念的延伸在语篇中形成一个语篇组织的脉络,使隐喻具有建构语篇的功能。例如:

(1) Every man has in himself a continent of undiscovered character. Happy is he who acts the Columbus to his own soul.

(Sir J. Stevens)

(2) Life is not a 100-yard dash, but more a cross-country run. If we sprint all the time, we not only fail to win the race, but never last long enough to reach the finish line.

(John F. Kennedy)

例(1)中出现了两个隐喻式的表达:“a continent of undiscovered character”和“the Columbus to his own soul”,并且跨越了句子的层面,清楚而又形象地表达了一条人生哲理。作者运用了 Columbus 发现美洲新大陆的历史知识,将这两个隐喻式的表达紧密地联系在一起,通过隐喻的延伸构成了一个连贯的语篇。例(2)提出了"Life is not a 100-yard dash, but more a cross-country run."的隐喻命题,并通过隐喻的延伸使语篇紧紧围绕这一命题展开。

隐喻能够在语篇的层面上进行延伸是由隐喻本身的性质决定的,即概念域之间的互动和隐喻概念的系统性。隐喻是从一个概念域向另一个概念域的映射。这种映射涉及源点域(source domain)和目标域(target domain)之间的相互作用。人类认知的特点决定了在隐喻映射过程中一般是从具体概念映射到抽象概念。例如,在许多语言中,人们可以把"金钱"这一直观的概念作为源点域映射到"时间"这一目标域上,从而使TIME IS MONEY 的隐喻概念生成。在传统的隐喻理论中,"时间"被称作喻旨(tenor),"金钱"被称作喻体(vehicle)。概念域之间的互动创造了概念之间的相似性,使两个本来毫无联系的事物联系在一起,从而使人们能够创造性地表达思想,也为隐喻的延伸创造了条件。

隐喻延伸的另一个重要的理论基础就是隐喻的系统性特征。一方面,在同一隐喻概念下可以构成以一个概念谈论另一个概念的系统的方式。如用 attack a position、indefensible、strategy、new line of attack、win、gain ground 等表示"战争"的词语来谈论"变论"的不同方面构成了ARGUMENT IS WAR 的隐喻概念(Lakoff & Johnson 1980: 7)。另一方面,不同隐喻概念具有统一性。同一事物的不同方面可以通过不同的隐喻概念来表达,但它们之间不是矛盾的,而是统一的。例如,ARGUMENTS ARE BUILDINGS、ARGUMENT IS WAR、ARGUMENT IS JOURNEY、ARGUMENT IS CONTAINER 等隐喻概念强调和说明了"辩论"的不同方面,可以使人们以不同的方式理解和认识事物的全貌。它们之间并不是相悖的,而是统一的(赵艳芳 1995: 69)。

Cameron(1999: 16)对系统性进行了进一步的发挥,并指出,在语篇或跨语篇的层面,喻体选择的系统性体现为三个层次:(一)局部系统性,相互联系的喻体可以出现在某一特定的语篇内部,跨越喻旨的几个方面来发展一个延伸隐喻;(二)语篇系统性,在特定话语社团的语言使用中,相互联系的喻体可以作为概念系统被使用,例如在课堂上谈论读写活动时的语言: What is the writer *telling* us? The story *talks about* raccoons, The next question *says* ...;(三)整体系统性,跨越不同的语篇类型和内容,语义上相互联系的喻体可以构成隐喻的各种系统和层面。有些系统似乎反映了深层的基本思维方式,因而被称作"基本隐喻"和"根隐喻"。因为隐喻概念具有系统性,我们在谈论概念时所使用的语言也具有系统性。这样,隐喻的延伸使隐喻性的表达与隐喻概念之间构成系统的联系,从而使语篇能够以连贯的方式展开。

16.3 隐喻延伸与语篇衔接

在语篇的层面上,隐喻概念可以诱发类比转移(analogical transfer),使人们能够提取隐喻的蕴涵,并运用到对普通情景的理解(Lakoff 1987; Ortony 1993; Vosniadou & Ortony 1989)。也就是说,人们在语篇的生成和理解过程中往往会把隐喻的某些方面(即源点域)以类比的方式映射到所描述的事物或情景(即目标域)。例如:

(3) The Renaissance, as it spread, like some marvelous infectious disease of the spirit, across the face of Europe, manifested itself in different countries by different symptoms. In Italy, the country of origin, the Renaissance was, more than anything, an outburst of painting, architecture, and sculpture. Scholarship and religious reformation were, in Germany, the typical manifestations of the disease. But when this gorgeous spiritual measles crossed the English Channel, its symptoms were almost exclusively literary. The first premonitory touch of the infection from Italy brought out Chaucer. With the next bout of the disease England produced the Elizabethans.

(Aldous Huxley, "Sir Christopher Wren", in *On Art and Artists*, 1960. 转引自束定芳 2000: 88)

在例(3)中,作者把文艺复兴比作"传染疾病",而且文艺复兴在欧洲各国的传播表现出不同的"症状"。因而作者在描述文艺复兴运动在欧洲的发展时，作者提取了“传染疾病”的隐喻蕴涵，并以此描述了文艺复兴在欧洲的传播。如图 16－1 所示：

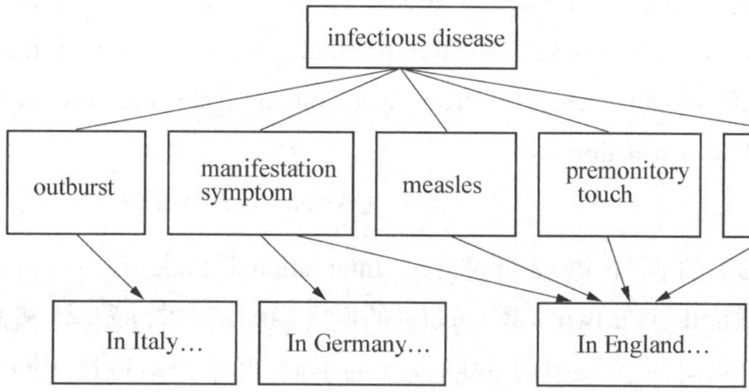

图 16－1：隐喻蕴涵与类比转移

由于“传染疾病”的隐喻蕴涵包括“爆发”（outburst）、“症状”（manifestation，symptom）、“疾病类型”（measles）、“预兆”（premonitory touch）、“发作”（bout）等概念，因此语篇通过类比转移，将“传染疾病”的部分隐喻蕴涵映射到“文艺复兴在欧洲各国的传播”这一目标域，使语篇按照“传染疾病”的隐喻框架展开，因而在语篇中形成了一个以“传染疾病”为中心的词汇衔接链。

当隐喻概念在语篇中作为宏观命题来组织语篇时，就会制约语篇中的命题内容和语言选择，Robins & Mayer（2000）将这一功能称作隐喻的框定功能（framing function）。作为一种语篇策略，隐喻不但使语篇按照一定的隐喻框架展开，而且通过隐喻概念的延伸在语篇中形成系统的词汇衔接关系或网络。例如：

（4）*International trade is a war.* Tariffs, or trade rules, are barricades that shield the vital interests of countries from harm. Victory is achieved when a country maintains its own safeguards but is able to penetrate the markets of its adversary. The trade deficit means that we are losing ground on the battlefield of the trade war. Tariffs would shield us from such loss and help us reclaim our trade territory.

（Robins & Mayer 2000：58）

（5）*International trade is a two-way street.* Tariffs, or trade rules, are obstacles in the road that impede the flow of trade traffic. Success in trade is achieved by removing all obstacles on both sides of the street allowing the free passage of goods. The trade deficit means that these obstacles are causing stop and go traffic on the roads of trading. Tariffs would prevent us from speeding up again and reaching our trading destination.

(Robins & Mayer 2000：58)

例(4)和(5)的两个语篇分别以“International trade is a war.”和“International trade is a two-way street.”的概念隐喻将“国际贸易”概念化为“战争”和“双向街道”。由于隐喻框架的不同,两个语篇在描述同一个事物时所使用的概念也截然不同。例(4)把国际贸易比喻为战争,因而语篇运用了“战争”的隐喻蕴涵把国际贸易描述为战胜对手、保护自己的争斗或冲突,形成了与“战争”相关的词汇衔接链。例(5)把国际贸易比喻为双向街道,因而语篇运用了“双向交通”的隐喻蕴涵将国际贸易中的关税描述为贸易往来的障碍,形成了与“双向交通”相关的词汇衔接链。

在语篇的推进过程中,隐喻延伸可以以源点域为出发点,使语篇紧紧围绕隐喻蕴涵展开,从而在语篇中形成以源点域为中心的词汇衔接关系。例如:

(6) History consists of a corpus of ascertained facts. The facts are available to the historian in documents, inscriptions, and so on, like *fish on the fishmonger's slab*. The historian *collects* them, *takes them home*, and *cooks* and *serves* them in whatever *style* appeals to him. Acton, whose *culinary tastes* were *austere*, wanted them *served plain*.

(E. M. Carr, *What Is History?*)

在例(6)中,作者运用了“The facts are like fish on the fishmonger's slab.”的概念隐喻,并围绕源点域对这一概念隐喻进行了延伸,在语篇中形成了“collects — takes ... home — cooks — serves — style — culinary tastes — austere — served plain”的词汇衔接链。

隐喻延伸也可以同时以源点域和目标域为出发点,从而在语篇中形成平行的词汇衔接链。例如:

(7) The model was like *a man lying on his back*. The nave was *his legs*

placed together; the transepts on either side were *his arms outspread*. The choir was *his body*; and the lady chapel, where now the services would be held, was *his head*.

(Goatly 1997: 265)

例(7)将教堂的设计模型比喻为一个仰卧的人形,语篇同时以源点域和目标域为出发点进行了隐喻延伸,形成了两个平行的词汇衔接链。

16.4 映射与语篇组织

隐喻是从源点域向目标域的结构映射。这种映射不但发生在某一个隐喻的源点域和目标域之间,而且发生在语篇层面上。语篇层面上的结构映射体现为概念域构成的语块(chunks)之间的系统映射关系,从而使概念隐喻成为语篇组织的一种策略。Liao(1999)提出了三种映射模式:对称后续映射(balanced follow-up mapping)、平行推进映射(parallel progressive)和非对称映射(lopsided mapping)。本章认为,除了这三种主要的模式之外,概念域在语篇层面上的映射还有一些更为复杂的模式:循环映射(recursive mapping)和复合映射(complex mapping)。

16.4.1 对称后续映射

对称后续映射体现为源点域和目标域构成的语块不但是对称的,而且两个语块前后相接。例如:

(8) Some books are to be tasted, others to be swallowed, and some few to be chewed and digested; that is, some books are to be read only in parts; others to be read, but not curiously; and some few to be read wholly, and with diligence and attention.

(Francis Bacon, "Of Studies")

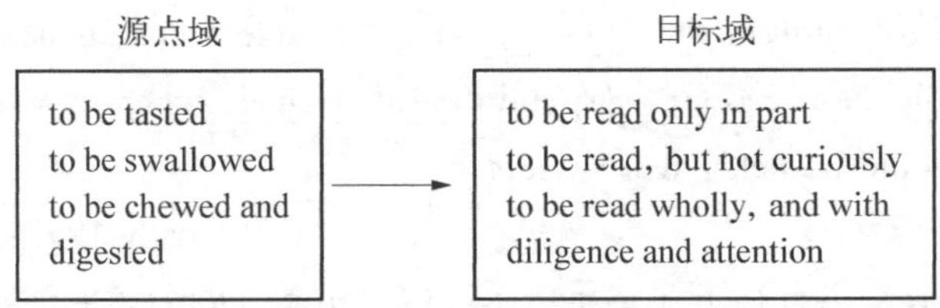

图 16-2：对称后续映射

例(8)首先对源点域进行了描写，然后以对应的方式将源点域映射到了目标域上，形成了语块之间的整体互动。

16.4.2 平行推进映射

平行推进映射体现为若干个相互关联的隐喻概念平行发展，并通过概念域之间的互动将语篇向前推进。上文中的例(7)就是通过概念域之间的平行推进映射来组织语篇的。如图 16-3 所示：

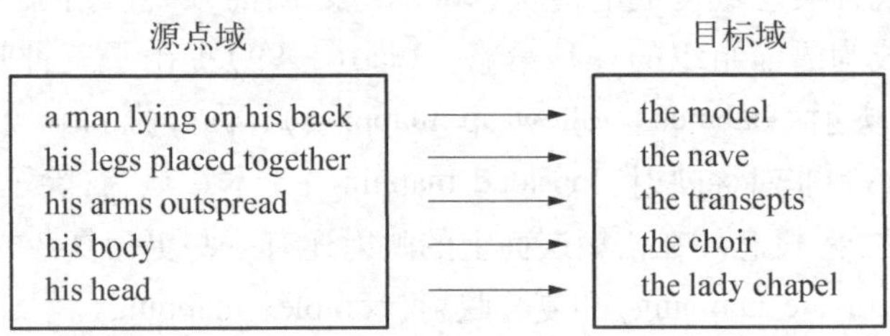

图 16-3：平行推进映射

从图 16-3 可以看出，语块之间的整体互动体现为个体映射关系的平行推进，在这些个体的映射关系中，有一个映射关系(即源点域"a man lying on his back"和目标域"the model"之间的映射关系)统领其他的映射关系。有时，由于两个目标域之间存在着对比关系，语篇在结构上往往运用平行推进映射的组织策略。例如：

(9) 老年人如夕照，少年人如朝阳；老年人如瘠牛，少年人如乳虎；老年人如僧，少年人如侠；老年人如字典，少年人如戏文；老年人如鸦片烟，少年人如白兰地酒……

(梁启超,《少年中国》)

语篇(9)包含着两个相互对照的目标域(即“老年人”和“少年人”),通过不同的源点域向这两个目标域的平行映射,推进了语篇的发展,并使这两个目标域形成了鲜明的对比。

16.4.3 非对称映射

非对称映射体现为两种形式。一种是由于映射向源点域的倾斜,使语篇围绕源点域展开,造成了语块之间在分量上的不平衡。例如:

(10) *For a thousand years man has been pushing his civilization, like a great snowball, uphill.* All the time he has pushed it uphill, while it got huger and huger in the belief that he would come at last to the happy top. Now he no longer believes there is any top. And as a matter of fact, there isn't. So he has fallen into a funk, the go has gone out of him. And the snowball of his own accumulation begins slowly to roll back on him, slowly first, but with gathering momentum, forcing him downhill. This is what is happening today.

(D. H. Lawrence, *On Being A Man*)

从例(10)中可以看出,作者在引入隐喻概念后把语篇的重心转移到了源点域上,这种语篇发展模式可以把一些抽象的道理用直白的语言阐释出来。如图 16-4 所示:

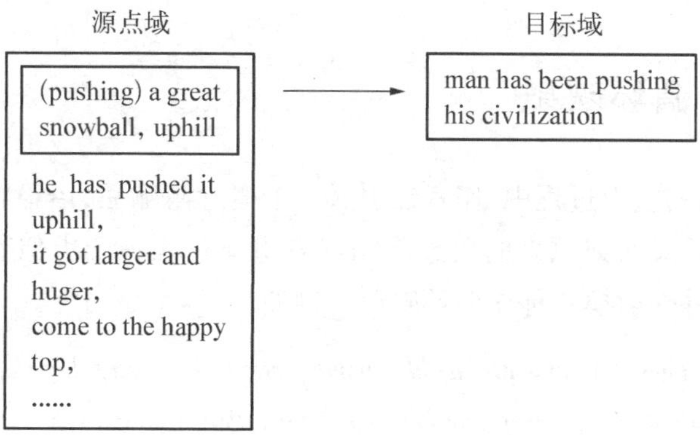

图 16-4: 非对称映射(一)

另一种非对称映射形式是语篇以目标域为中心就事论事，而隐喻概念只是对语篇内容进行概括或总结，起到画龙点睛的效果。例如：

（11） The people of Nazi Germany were swayed by Hitler's rhetoric. Although he had committed his people to a course of war, he found it easy to persuade them of the virtue of his actions. Everyone in Europe at the time was aware of the consequences of war, but the Germans had a blind belief in Hitler. *The sheep followed the leader over the cliff.*

（Whitney, Budd & Mio 1996：206）

例（11）讲述的是德国人民是如何受 Hitler 蛊惑和摆布的，在段落的结尾，作者运用了隐喻概念，进一步形象地阐明了这一事态的性质及其危险的后果。如图 16－5 所示：

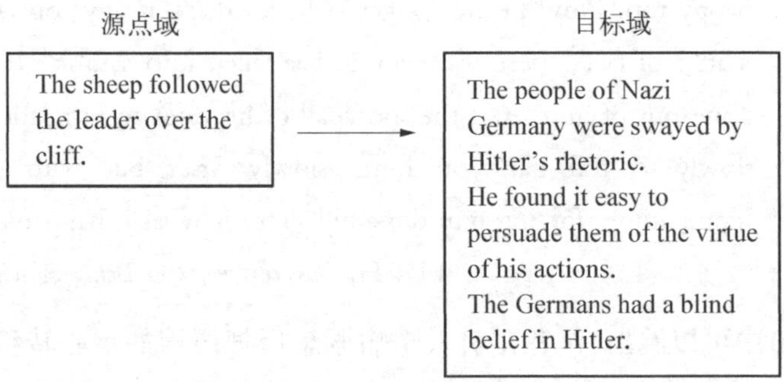

图 16－5：非对称映射（二）

16.4.4 循环映射

在语篇的组织过程中，作者在引入一个概念隐喻后，语篇将围绕源点域展开，然后又回到原来的概念隐喻或者重新引入一个类似或相近的概念隐喻，这种映射模式称作循环映射。例如：

（12） *Having a language is like having access to a very large canvas and to hundreds or even thousands of colors*. But the canvas and the colors come from the past. They are hand-me-downs. As we learn to use them, we find out that those around us have strong ideas about what can be drawn, in what proportions, in what combinations, and for what purposes ... *Just like art-works, our linguistic products are constantly evaluated, recycled or discarded.*

(Duranti, *Linguistic Anthropology*)

从例(12)中可以看出,在隐喻概念的延伸过程中,语篇以源点域为中心向前发展,然后重新引入隐喻概念,形成语块之间的层叠式的映射关系。如图 16-6 所示:

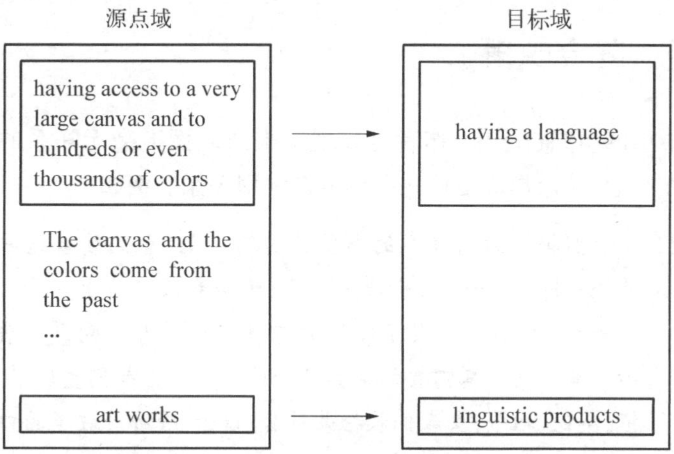

图 16-6:循环映射

有时,隐喻概念在语篇组织的过程中反复出现,从而使隐喻概念贯穿于语篇之中。例如:

(13) 跳蚤是北方农村夏季常见的"四害"之一,乡亲们曾告诉过我,要按住跳蚤只能五指并拢,一次一个,十个指头是按不住跳蚤的。

十个指头按不住跳蚤,可是眼下,人们都想十个指头按跳蚤。当上小官又想当大官,一边读学位,一边又考着职称,舍不得名声,又放不下金钱……

欲望太多,必心急浮躁,埋头做学问的人少了,都恨不得一夜暴富,一蹴而就,一伸手,就按住十个跳蚤。踢球不踢中场,一脚就传到禁区,再一脚就射门……

十个指头都用上,跳蚤反而跑了。

(阮直,《武汉晨报》,2003 年 10 月 3 日)

例(13)把人们急于求成的浮躁心理形象地比喻为“十个指头按跳蚤”。作者首先引入源点域,起领全篇的开头,然后引出语篇的主题,即目标域。源点域不但提挈全篇,而且将目标域层层深入,最后作者以目标域收尾,使全文意蕴深远。循环映射使概念隐喻在语篇的组织中贯穿始终,从而使语篇首尾相接,结构紧凑,至言不繁而韵味隽永。

16.4.5 复合映射

在语篇的组织过程中,作者可以把本来或表面上毫无联系的隐喻概念编排在一起,从而形成语块之间的复合映射关系。例如:

(14) 大自然把一封封漂亮的书信传递给人们,人们读着这些熟悉的笔迹:柳絮飞舞了,榆钱飘落了,蝴蝶和落在地上的油菜花瓣依依惜别,豌豆花变成了肥嫩的绿荚。这是春天向夏天告别的最后一幕。这一幕需要的道具是如此之多:男人们整理着套绳、磙框、桑杈、扫帚;女人们收拾着簸箕、篮子,缝补着破了的口袋。

(李准,《黄河东流去》)

在例(14)中,作者将“书信”和“演出”的源点域映射到“季节交替”的目标域,而且大的概念域由更小的概念域构成,不同概念隐喻之间的转换也很自然。如图 16－7 所示:

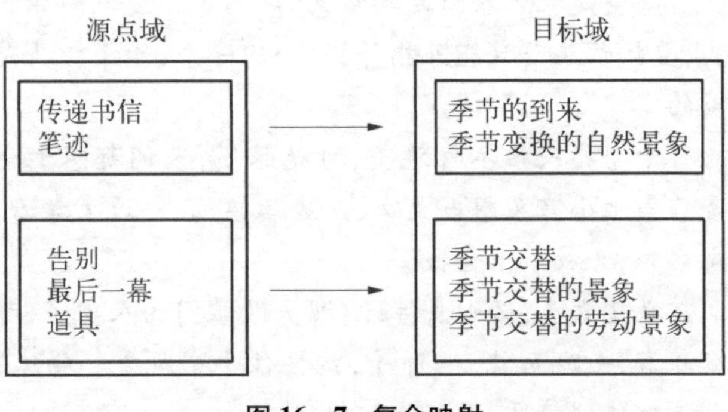

图 16－7: 复合映射

Shen & Balaban (1999)通过研究发现,在普通语篇中,隐喻转换(metaphorical shift)是一种常见的现象。也就是说,语篇在发展过程中会从一个概念隐喻转换到一个不相关的概念隐喻,从而导致了复合映射的产生。再如:

(15) Before *landing* (POLITICS IS A JOURNEY) in the Labor party he had *flirted* (POLITICS IS ROMANTIC RELATIONS) with the Likud party; nevertheless, his *roots* (POLITICIANS ARE PLANTS) have always been in the Labor party ideology.

(Shen & Balaban 1999: 148)

在例(15)中,正文的斜体部分为隐喻式的表达,括号内为相应的隐喻概念。语篇在组织过程中从一个隐喻概念转换到另一个隐喻概念。这种复合映射形式不但没有影响语篇的连贯性,反而丰富了语篇的语言表达。

16.5 结束语

隐喻概念作为人类概念系统的重要组成部分,在思维和语言表达中发挥着重要的作用。隐喻概念的系统性和概念域之间的互动赋予了隐喻的语篇功能,使隐喻成为一种重要的语篇策略。从语篇衔接的角度看,概念隐喻在语篇层面上的延伸可以在语篇中形成系统的词汇衔接网络,并以此增强语篇的连贯性。概念域之间的互动在语篇中形成语块之间的映射关系,使语篇在结构上按一定的映射模式展开。

第十七章

否定结构的语篇功能①

17.1 引言

否定是语言中的常见现象,与肯定构成对立关系。Jordan(1998)认为,公元前5世纪的古希腊哲学家 Parmenides 是最早对否定问题进行考察的主要研究者。Plato 在其《智者》(*Sophist*)中对否定现象进行了深入的研究。早期的否定研究主要考察否定与肯定在意义上的差别,并认为否定陈述没有肯定陈述那样"有价值"或"有用处"。在现代语言哲学领域,以 Russell(1940)为代表的逻辑语义学派主要从真值条件和本体论的角度对否定的意义进行了研究。现代语言学对否定的研究主要集中在两个方面:一是在词汇句法层面上研究否定的结构和意义,特别是否定的句法结构和否定的辖域等问题(Huddleston 1984;Quirk et al. 1985),二是在语用的层面上研究否定的预设和含意以及元语言否定现象(Kempson 1975;Horn 1989;Givón 1993; Carston 1996)。本章试图在语篇层面上对否定结构的语篇语用特征及其语篇功能进行探讨。

① 本章原载于《外语教学与研究》,2011年第2期,第220—229页。

17.2 否定结构的语篇语用特征

否定和肯定构成小句的归一性(polarity)系统,也就是说,一个限定小句要么是肯定的,要么是否定的(Halliday 1994)。否定结构通常指的是通过显性的否定词 no、not 和 never 等构成的句法否定。在汉语中,句法否定主要是通过否定副词“不”和“没(有)”构成的。否定结构是对事物作出否定陈述或判断的句子。从语义的角度看,否定结构表达的是肯定意义的反面,是对命题真实性的否定。相对于肯定结构而言,否定结构是有标记的语法范畴,其标记性体现为否定结构在形式、语义和分布上的特殊性。① 就分布特征而言,肯定和否定在语篇中的出现频率有很大的差别。根据语料库的统计结果,肯定和否定在语篇中出现的比率大约为 9 : 1 (Halliday & James 1993;Halliday & Matthiessen 2004;Matthiessen 2006)。

Giora(2006)认为否定和肯定在功能和语用上并没有差别,否定结构可以做到的事情肯定结构也同样能够做到。的确,作为有标记范畴,否定结构在使用上没有肯定结构那样频繁,但否定结构和肯定结构在功能和语用上的差别是不容置疑的。否定结构在分布上具有标记性,这是因为否定结构在语用上不如肯定结构受青睐。Leech(1983)认为,在同等条件下,否定句的信息性要低于对应的肯定句。例如:

(1) Abraham Lincoln was not shot by Ivan Mazeppa.

(2) Abraham Lincoln was shot by John Wilkes Booth.

否定句的信息性一般是比较低的,这是因为世界上的否定事实在数量上要远远多于肯定事实。枪击 Abraham Lincoln 的凶手可能只有一个人,但没有参与枪击事件的人数几乎是无法穷尽的。从这一点上讲,虽然例(1)和例(2)都传达了真实的信息,但例(1)在信息性上远远低于例(2)。

正因为否定结构的信息性较低,说话者在使用否定结构时常常会违

① Lyons(1977)指出,语言的标记性特征体现为三个方面:形式标记、语义标记和分布标记。

反合作原则的量准则。在肯定结构可以取代否定结构的情况下,人们一般避免使用否定结构。也就是说,否定结构在语用上是受到一定的限制和制约的。[①] 即使肯定句和否定句表达了相同的意义,否定结构在语用上仍然是有标记的。例如:

(3) Our cat is female.

(4) Our cat is not male.

在语义上例(3)和(4)可以说是同义的,但例(4)在使用上一般很少单独出现,否则就会使人感到莫名其妙。在这种情况下,否定结构往往会使话语的意义变得晦涩和隐含,因而说话者在使用否定结构时也往往会违反合作原则的方式准则。心理语言学的实验也表明,否定结构会造成听话者的理解困难,使听话者在理解否定结构比理解相应的肯定结构所花的时间要长(Clark & Clark 1977)。

否定结构的语篇语用特征在一定程度上制约了该结构的交际功能。只有在特定的语境中,否定结构才会具有很高的信息性,特别是当否定结构被用来反驳或否认某一预先假定的命题时。例如:

(5) A: 最近有什么新鲜事?
B: 小王和女朋友分手了。

(6) A: 最近有什么新鲜事?
B: 小王和女朋友没分手。

例(5)中B的回答非常自然,而例(6)中B的回答是否合适则取决于具体的语境。在一般情况下,B的回答会让A作出如下的反应:

(7) A: 我没有认为他们应该分手呀。

在例(6)中,如果"小王和女朋友应该分手"是交际双方的共识或共同期待,B的回答就很自然了,否则B的回答就会显得非常唐突而且令人费解。

虽然语言中的肯定和否定构成对立关系,但二者是不对称的(Givón 1984b, 1989, 1993; Horn 1989; Werth 1999)。Halliday & Matthiessen(2004:

---

① 当然也有例外的情况,当发话者表达情感或态度时经常直接使用否定结构,如I don't like Kenneth; He doesn't believe in marriage; We don't agree。作为含蓄的表达,此类否定结构比同义的肯定结构(如I dislike Kenneth.)更为合适,因为否定结构在语气上更为缓和和委婉(Leech 1983: 101)。

143)指出,不能说肯定只是否定的缺失。因此,不能单纯把否定看作对肯定命题的否认,否定也不仅仅是一种句法和语义现象。这是因为说话者在使用否定结构 not-*P* 时传达了如下的信息:说话者认为 *P* 为假,并认为听话者可能相信 *P* 为真。这就不难理解人们为什么会使用双重否定来表达肯定的意义,因为双重否定并非多此一举,而是往往含有直接肯定所无法传达的信息(Horn 1991)。

否定结构的这种语篇语用特征一方面体现了语言交际的互动性,即说话者在否定一个命题时不仅相信该命题为假,而且认为听话者可能相信该命题为真。另一方面,否定结构的这种语篇语用特征也制约着否定结构的适切性,即否定结构用来否定交际语境中的某个人(如听话者)已经提出的或者信以为真的某一命题,也就是说,否定结构否定的是"语境中在场的"命题(Leech 1983: 101)。一般情形下,否定结构总是"预先假设"相应的肯定结构所表达的命题内容,否定就是对这个预先假设的命题加以否认或反驳(沈家煊 1999a: 44)。也就是说,对命题的否定预设了相应的肯定命题的存在。用 Givón(1993: 188)的话说就是否定具有"预设性"。

总之,否定结构不仅是一种句法语义现象,而且也是一种语篇语用现象。Watt(1960)甚至指出,否定在本质上是不存在的,它只存在于人的意识之中。这就不难理解名单前的"排名不分先后"和食品包装上的"本品不含防腐剂"之类的说明并非为了否定而否定。排名总有先后之分,标明"不分先后"就是对人们意识中的先后之分加以否认,以免引起误解。同样,在人们的意识中,有些食品中含有防腐剂,给产品贴上"不含防腐剂"的标签就是在意识上把"本产品"与其他含有防腐剂的产品区别开来,以打消人们的顾虑。一个有趣的实例是 2010 年农夫山泉瓶装水更换了外包装设计,并增加了三个否定句:

(8) 基于我们的理念,农夫山泉
　　从不在水中添加人工矿物质
　　从不添加任何添加剂
　　从不使用城市自来水

农夫山泉通过"饮用天然水"的理念在瓶装水市场的竞争中取得了成功,而某些竞争对手在生产过程中有的在水中添加了人工矿物质或添加剂,有的则使用城市自来水。当然,农夫山泉也会面对来自竞争对手和消费者的质疑。这样,我们就很容易理解新包装上的三个否定句的用意。

在语言的归一性系统中,否定是有标记的范畴,否定与肯定是不对称的。就其概念意义而言,否定表达的是肯定意义的反面。就其人际意义而言,否定体现了语言交际的互动性,即说话者在否定一个命题时不仅相信该命题为假,而且认为听话者可能相信该命题为真。就其语篇意义而言,否定在语篇的层面上为语篇信息流的推进提供预期,发挥着重要的语篇功能。因此,"Our cat is not male."和"Our cat is female."虽然表达了相同的概念意义,但两个结构在人际意义和语篇意义上是有差别的。

17.3 否定结构与语篇的信息组织

否定结构虽然在语篇中的出现频率远远低于肯定结构,但在语篇的信息组织中发挥着重要的作用。一方面,否定的预设性使否定结构具有将背景信息前景化的功能;另一方面,否定结构可以对语篇的信息流进行调整,以保证信息流的畅通。

否定一般是对背景信息加以否认和反驳,并以此使其前景化。这里所说的背景信息指的是否定结构所预设的相应的肯定命题,包括已经被断言、假设、期望、声称以及语境所隐含的信息。前景化的目的是凸显背景信息,使其成为注意的焦点和质疑的对象(Hidalgo-Downing 2000b: 223;Werth 1999: 250)。正因如此,发话者有时在辩论性语篇的开始使用否定结构,以此引出论辩的命题。例如:

(9) *It is not easy to write a familiar style.* Many people mistake a familiar style for a vulgar style, and suppose that to write without affectation is to write at random. On the contrary, there is nothing that requires more precision, and, if I may so say, purity of expression, than the style I am speaking of.

(William Hazlitt, *On Familiar Style*)

在例(9)中,作者在文章的开头运用了否定结构"It is not easy to write a familiar style.",这一否定结构预设了相应的肯定命题"It is easy to write a familiar style."的存在。的确,在一般人看来,写作中的平易文体是很容易做到的。否定结构的运用凸显了这一背景信息,使其成为反驳的焦点。语篇以这种方式组织信息,不但有"开门见山"的功效,而且对人们习以为常的错误观念进行了抨击,可谓一举两得。

在语篇信息流的推进过程中,否定的预设性及其前景化功能在一定程度上制约着否定结构在语篇中的适宜性。一般说来,否定结构用来否定交际语境中已经引发的命题或者符合期待的信息。如果违背了这一点,就会影响信息流的连贯性。实验语用学的研究结果也证明了这一点(Kaup 2009)。例如:

(10) Danielle was glad that summer break finally started. Today she was meeting her friend Karen at the local swimming pool. On her way to the pool, Danielle wondered *what the water would be like*. She sat down at the edge of the pool and carefully lowered her foot into the water.

a. The water was warm.

b. The water was not warm.

(Kaup 2009)

如果把 a 或 b 看作例(10)的结尾,a 比 b 更加符合语篇信息连贯的要求。这是因为,语篇并没有提供关于水的温度的预期,否定结构"The water was not warm."的出现就会显得唐突,令人费解。因此受试者在理解"The water was not warm."时比理解"The water was warm."要花费更长的时间,而且这种差别具有显著性。如果把例(10)中的斜体部分改为"whether the water would be warm",受试者在理解否定结构"The water was not warm."和肯定结构"The water was warm."时所花费的时间没有显著差别。这是因为"whether the water would be warm."提供了关于水的温度的预期,否定结构的出现也就显得很自然。

为了保证信息流的畅通,否定结构可以对语篇的信息流作出调整。由于否定具有预设性,否定结构可以通过否定背景信息或受话者所期待的信息,对语篇信息流中的信息进行疏导,避免可能出现的误解。例如:

(11) The universities are schools of education, and schools of research. *But the primary reason for their existence is not to be found either in the mere knowledge conveyed to the students or in the mere opportunities for research afforded to the members of the faculty.*

(Alfred North Whitehead, *Universities and Their Function*)

(12) Anyone with a passion for hanging labels on people or things should have little difficulty in recognizing that an apt tag for our time is the Unkempt Generation. *I am not referring solely to college kids.* The sloppiness virus has spread to all sectors of American society. People go to all sorts of trouble and expense to look uncombed, unshaved, unpressed.

(Pagano 1994)

例(11)首先对大学进行了定义：大学是从事教育和研究的机构。不言而喻，大学存在的首要原因就是向学生传授知识并为教员提供研究的机会。其实不然，否定结构的使用不但对这一预期信息和传统观念提出了异议，而且为下文的信息组织提供了铺垫和方向。在例(12)中，一提到"邋遢的一代"，人们通常会联想到在校的大学生。否定结构"I am not referring solely to college kids."对此进行了澄清，并进一步陈述了"邋遢"在美国社会中的普遍性，发挥了疏导信息的功能。

否定结构也可以通过否认语篇中正在处理的信息，对信息进行修正，从而阻止错误的信息。这一点跟 Givón(1978)的看法是一致的：否定是一种修正手段。信息的阻断并不意味着信息流的中断，因为发话者否定的是错误的信息，以便纠正谬误，使信息流更加畅通。例如：

(13) For a thousand years man has been pushing his civilization, like a great snowball, uphill. All the time he has pushed it uphill, while it got huger and huger in the belief that he would come at last to the happy top. *Now he no longer believes there is any top. And as a matter of fact, there isn't.* So he has fallen into a funk. The go has gone out of him. And the snowball of his own accumulation begins slowly to roll back on him, slowly first, but with gathering momentum, forcing him downhill. This is what is happening today.

(D. H. Lawrence, *On Being a Man*)

(14)《读书》二〇〇八年十一期145页，王敦在《“粪肥”与“英谚”》一文中说：“伊藤博文和严复在英国是同学，严复在伊藤博文眼里还是高材生。而伊藤博文在明治天皇的内阁当了总理，严复却始终‘失其所’，只能去充当翻译家。”此说不确，二人并非留英同学。

（“严复与伊藤博文并非同学”，《读书》，2009年第2期）

例(13)把人类的文明进程比作推着一个巨大的雪球往山顶上爬，雪球变得越来越大，而且人类相信总有一天会到达幸福的顶点。然后，作者运用两个否定结构指出，这种信念已不复存在，而且事实上也没有所谓的顶点。否定结构阻断了上文的某些信息，这就为揭示人类文明进程的真实面目消除了障碍。例(14)在陈述了他人的观点之后，通过否定结构驳斥了“严复与伊藤博文是留英同学”的观点。否定结构不但与语篇的主题相呼应，而且为下文的展开铺平了道路。

17.4 否定结构与语篇组织模式

语篇模式(textual pattern)是通过语言社团长期的积累并在以往经验的基础上形成的一些程式化或定型的语篇组织形式或策略。Hoey(1983, 2001)提出了“问题—解决”“假设—真实”“概括—具体”等一系列语篇模式，这些模式是在人们长期的语言使用过程中形成的结构模式，并在语篇的理解和生成过程中发挥着重要的作用。不仅如此，语篇模式也涉及语言使用者的认知因素，特别是语言使用者的心理期待。例如，在一般情况下，每当问题出现时，人们就会考虑如何解决这一问题，并对问题解决的效果进行评价。久而久之，有些惯常的语言使用方式就会以相对固定的结构模式积淀下来，成为语言社团或文化语境中反复使用的语篇组织框架和策略。

否定结构的语篇语用特征赋予了该结构特定的语篇功能，并使其在语篇组织的过程中形成程式化的语篇模式(Jordan 1998)。否定结构的预设性和标记性特征都为该结构的使用提供了一定的心理期待,从而使该结构在语篇组织策略中发挥作用,并成为相对固定的语篇模式的一部分。

第一,否定结构预设了相应的肯定命题的存在,这就使发话者在使用否定结构的同时向受话者传达了一种期待:既然否定结构否定的是交际语境中存在的命题或者发话者认为受话者可能信以为真的命题,否定结构的出现通常使受话者产生对肯定命题进行修正的期待。这样就形成了"否认—修正"的语篇模式。例如:

(15) Youth is not a time of life; it is a state of mind; it is not a matter of rosy cheeks, red lips and supple knees; it is a matter of the will, a quality of the imagination, a vigor of the emotions; it is the freshness of the deep springs of life.

(Samuel Ullman, *Youth*)

在例(15)中,作者对传统意义上的"青春"的含义进行了否定,随后给出了与传统意义不同的解释,即"青春"不是根据年龄阶段或身体特征来定义的,而是根据一个人的"心态"以及"意志"等特征来定义的。否定和修正前后呼应,使语篇结构紧凑,顺理成章。

"否认—修正"模式也可以是更为复杂的语篇模式的一部分,特别是当发话者通过否定结构表达对比时。例如:

(16) His father demanded performance. His mother did not demand performance. She demanded love.

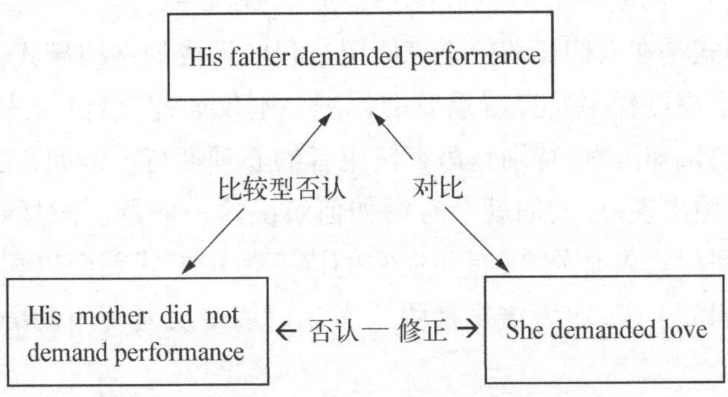

图 17-1:"否认—修正"模式(Hoey 1991: 19)

在例(16)中,第一个小句与第二个小句构成"比较型否认"(comparative denial)的对比关系;第二个小句与第三个小句构成"否认—修正"的意义关系;第三个小句又与第一个小句构成对比关系。像例(16)这样由三个结构成分构成的语篇模式中,否定结构是语篇模式的中心成分,并为对比关系的确立起到承上启下的连接作用。

第二,否定的"标记性"制约着否定结构的使用,因此否定结构的使用经常受到某种动机或理由的驱使。也就是说,对命题的否定一般要有一定的根据或者是建立在一定的基础之上的。在这种意义上,否定结构的出现经常使受话者产生对否定的根据的期待。这样就形成了"否认—根据"的语篇模式。例如:

(17) *The Information* was not the success that either Amis or HarperCollins had hoped. According to Stephe Butler of Bookwatch, which compiles the bestseller lists, it sold fewer than 40,000 copies in paperback; its highest placing on the bestseller list was eleventh.

(*Prospect*, August/September, 1997)

例(17)谈论的是著名作家 Amis,无论是 Amis 本人还是出版商 HarperCollins 都期待着作品 *The Information* 会成为最受欢迎的畅销书。但事实上,该作品并没有像期望的那样取得巨大的成功,因此例(17)通过否定结构陈述了这一事实,随后通过具体的数据为这一否定提供了充足的依据。

第三,否定结构还经常出现在"假设—真实"的语篇模式中。这一模式涉及不同观点和主张之间的对比和碰撞。发话者在陈述某一观点时,常常首先提出一种普遍的或个别的主张或假设,然后进行论证和澄清,以便提出自己的观点或看法。Winter(1994)认为"假设—真实"模式有两种典型结构:"假设—否定—修正"(即否定模式)和"假设—肯定"(即肯定模式)。例如:①

(18) People say Joe's stupid [主张]. He certainly seems to be [肯定]. He's always muddling things up [肯定的理由].

(19) People say Joe's stupid [主张]. That's because he's always

① 引用例子有改动。

forgetting things [主张的理由]. He's not stupid, though [否定]. He's actually very bright [修正]. For a start, he's got a degree in Psychology [修正的理由].

(Hoey 2001: 180)

例(18)体现的是肯定的"假设—真实"模式,发话者对"Joe's stupid"这一主张给予了肯定,并给出了肯定的理由。例(19)体现的是否定的"假设—真实"模式,发话者不但给出了"Joe's stupid"这一主张的理由,而且通过否定结构否认了这一主张,然后对这一主张进行了修正,并提供了修正的理由。

17.5 结束语

否定结构作为归一性系统中的有标记范畴,在语言交际中体现出独特的语篇语用特征。正如 Beaugrande & Dressler(1981: 150)所言,否定是对"期待"的提示。发话者在使用否定结构时,通常预设了对应的肯定命题的存在,这就为语篇信息流的推进提供了一定的预期。因此,否定结构体现了语言交际的互动性。从信息组织的角度看,否定结构不但可以使背景信息前景化,而且在语篇信息流的推进过程中对信息进行疏导和修正,从而对信息流做出调整,保证信息流的畅通。在语篇的宏观结构层面上,否定结构的语篇语用特征使其在语言交际的过程中形成了程式化的语篇模式,因而在语篇的宏观组织和结构中发挥着重要的作用。

第四部分

话 语 建 构 论

第十八章

批评话语分析的系统功能语言学路径[①]

18.1 引言

批评话语分析把话语看作社会实践，注重通过语言分析，揭示语篇中含而不露的意识形态、操控和权力关系。批评话语分析发端于20世纪70年代的批评语言学(critical linguistics, CL)。Fowler et al.(1979：185)首次提出了批评语言学的概念。批评语言学主要以公共语篇(public discourse)为分析对象，主张通过对语篇的批评性分析，揭示显性命题背后的意识形态，增强人们的批评语言意识，提高人们对语言在社会生活中的运用并进行评判的能力。因此，Fowler(1996)把批评语言学看作工具语言学(instrumental linguistics)。在此后十年的发展中，批评语言学虽然在学界产生了巨大影响，但是也暴露出其自身的局限性，如对语篇的生成和理解过程重视不够，对于语言、权力和意识形态关系的认识过于狭隘，等等。为了进一步完善批评语言学理论，突显批评语言分析在批评社会科学中的重要作用，Fairclough(1989)提出了批评话语分析的理论和方法。与传

① 本章原载于《山东外语教学》，2016年第6期，第10—17页。

统的话语分析相比，批评话语分析的显著特点是把话语与社会权力紧密联系起来，通过话语分析来揭示社会问题并在此基础上提出改进问题的相应策略。

批评话语分析从批评语言学开始就与作为工具语言学的系统功能语言学(Halliday 1978：36)有着密切的联系。正如 Young & Harrison(2004：4)所言，系统功能语言学与批评话语分析之间的联系有着牢固的传统。一方面，系统功能语言学一直是批评话语分析的重要理论基础和语言工具(Fowler et al. 1979；Fairclough & Wodak 1997；Martin & Rose 2007；田海龙 2014)。另一方面，系统功能语言学在批评话语分析的实践中不断发展，完善了批评话语分析的系统功能语言学路径。

18.2 批评话语分析与系统功能语言学的契合

批评话语分析与系统功能语言学有着根深蒂固的联系。Fowler et al. (1979：3)指出，批评语言学需要的语言模式是"功能的"，即语言结构是为满足交际的需要而产生的，而不是把结构看作人类大脑的自然和普遍特征并且不受社会功能影响的语言模式。系统功能语言学认为，语言结构的功能是建立在社会结构的基础之上的，这与批评语言学的目标是契合的。Young & Harrison(2004：1)认为，批评话语分析与系统功能语言学有几个共同之处：首先，二者都把语言看作社会构体(social construct)，研究语言在社会中的作用以及社会是如何塑造语言的；其次，二者有相同的语言辩证观，即特定的话语事件与其语境之间存在着辩证关系；最后，二者都强调意义的文化和历史方面。这些共同之处可以归结为语言的社会符号观(Halliday 1978)。系统功能语言学把语言看作社会符号，即语言是社会系统的组成部分，语言使用是说话者根据社会文化语境在语言系统中通过意义潜势的选择来实现各种功能的过程。任何一个语篇都是通过实施语言的三个元功能将意义现实化的：概念功能指的是语言对人们在现实世界中的各种经历的表达；人际功能指的是语言表达讲话者的身份、地位、动机并建立和维持一定的社会关系的功能;语篇功能指的是语言成分组织成为语篇的功能。语言的社会符号观弥补了语篇分析与社会分析之间的鸿沟(Martin 1998: 10)。根据语言的社会符号观,语言创造意义,从而使我们能够识解现实并实施社会过程。语言的表意能力是通过我们的选择激活的(Halliday 2013: 35 - 36)。语言系统体现为选择关系,"意义就是选择",任何选择都是由语言所要实施的功能来决定的。每一次选择都预设了未选项的存在,说话者为什么这样说而不那样说,相同的意义为什么体现为不同的形式,不同的选择又意味着什么,所有这些对批评话语分析都具有重要的理论意义。总之,系统功能语言学的社会符号观符合批评话语分析关于意义服务于权力和语言服务于意识形态的思想。

Halliday(1978)的社会符号观在一定程度上为"奥威尔语言学"(Orwellian linguistics)提供了灵感(Alexander & Stibbe 2014: 106)。奥威尔语言学可被看作批评语言学的代名词,这一术语来自英国左翼作家George Orwell的名字。Orwell在其反乌托邦作品中揭示了语言、思想和社会结构之间的关系,特别是在1949年出版的小说《一九八四》(*1984*)中,Orwell审视了语言结构如何用来控制或限制思维的问题,尤其是权力的不平等分配在公共语言交际中的体现。Hodge & Fowler(1979)认为,奥威尔语言学关注语言结构与社会结构之间的关系,揭示意识形态过程和复杂的思想状态,有助于人们更好地理解语言在政治和社会进程中的作用。Beaugrande(2006: 41)把奥威尔语言学看作批评话语分析的直接源头,由Fowler et al.(1979)所阐发的这一批评语言学思想作为一种"对社会有用的语言学"(socially useful linguistics),已经成长为广为运用的批评话语分析方法(Alexander & Stibbe 2014: 106)。

早期的批评语言学家通过系统功能语言学的元功能分析研究了语言与社会结构之间的联系以及词汇语法选择与模式所表达的意义。Fowler & Kress(1979: 185)把语言看作意识形态的媒介,将系统功能语言学的元功能特征作为批评性分析的框架,分别运用及物性语法进行概念功能分析,运用情态语法进行人际功能分析,运用名词化、被动化、范畴化等转换手段进行语篇功能分析(Young & Harrison 2004: 4)。系统功能语言学的不断发展使这一语言学理论与批评话语分析的结合更加紧密,并在一定程度上推动了批评话语分析的发展。批评话语分析的领军人物Fairclough(1995: 6)提到,他在批评话语分析实践中一直遵循着系统功能语言学的思想,因为系统功能语言学主张多功能的语篇观并关注语言与社会语境之间的关系,这与批评话语分析是相吻合的。

系统功能语言学理论对批评话语分析的重要意义就在于系统功能语言学的语言功能观和社会符号观为批评话语分析提供了具有可操作性的理论框架和可靠的分析方法。Martin(2000b: 275)认为,对批评话语分析而言,系统功能语言学的优势之一就是将权力和意识形态研究建立在对实际语境中的语篇进行的详细分析基础之上,因而使分析具有显性、透明和准确的特点。这一优势是由系统功能语言学的性质决定的。一方面,系统功能语言学本来就是用来分析语篇的理论,Halliday(1994: xvii, xxii)明确地将自己的语法理论称作语篇语法(discourse grammar, a grammar of the text)。另一方面,系统功能语言学一直强调语言学理论和语言分析方法在语篇分析中的重要性。Halliday(2002: 187)强调,语篇分析需要运用现代语言学的理论和方法。否则,如果我们在分析每一个语篇时仅仅凭借一些临时的和随意的主观解说,就不可能解释语篇之间的异同。

18.3 系统功能语言学的话语建构论

20 世纪初诞生的结构主义语言学在能指与所指的关系问题上,坚持能指与所指的对立,并表现出重能指轻所指的倾向,因而否定了能指与所指之间动态的转换关系。Saussure 认为,能指再现所指,能指和所指之间存在着一对一的关系。后结构主义则认为,意义具有不确定性,能指和所指之间不存在一一对应的关系。受后结构主义思潮的影响,批评话语分析坚持将语言和社会视为一个密不可分的统一体,认为语言运用不仅仅是社会结构和过程的结果或反映,而是这些过程的一部分,它构成社会意义和社会实践(辛斌 2016: 1)。在后现代的语境下,话语的意义不是固定不变的,语言不是被动地反映现实,而是主动地建构现实。批评话语分析的任务之一就是通过分析语言使用者在词汇语法系统中的选择,解释话语是如何建构社会现实的。Machin & Mayr(2012: 4)指出,批评话语分析坚持建构主义(constructivist)的语言观,把语言看作社会建构的手段：语言塑造社会,同时又被社会塑造。建构论认为,我们总是不可避免地通过语言来理解现实和我们的世界,因为现实总是通过语言来建构或再建构的。正如 Jørgensen & Philips(2002：8－9)所言,人们总是通过语言来获得现实,语言在表征现实时绝不是仅仅反映了预先存在的现实,而是建构了现实。

系统功能语言学坚持建构论的思想,认为语法是关于人类经验的理论,词汇语法塑造了我们的经验,并将我们的感知转换为意义。经验指的是我们通过语言所识解的现实,而现实并不是现成的东西,等待着我们去表达。也就是说,语言并不是被动地反映现实,而是主动地创造现实(Halliday 1990/2003：145)。Halliday & Matthiessen(1999：xi, 17)进一步指出,语言具有表征经验的功能,但经验中的各种范畴和关系并不是自然“赋予”的结果,我们的语言并不是被动地反映经验,而是以词汇语法为动力主动地建构各种范畴和关系。系统功能语言学建构论的核心思想是：语法识解经验,并建构由事件和事物构成的世界(Halliday & Matthiessen 1999：17)。Halliday(2004：9)把“识解”(construe)解释为“用符号建构”(construct semiotically),即通过语言转换为意义。经验的识解就是用符号建构经验的过程,也就是通过语言将经验转换为意义的过程。建构主义与“本质主义”(essentialist)或者“符合论”(correspodence)的观点截然不同(Halliday & Matthiessen 1999：17)。本质主义认为意义先于形式,形式是对预先存在的意义的编码。建构主义则认为,语法识解经验并建构现实世界。系统功能语言学的建构观受到了 Firth 和 Hjelmslev 功能语言学思想的影响。Hjelmslev(1943)指出,现实是不可知的,我们所知道的只有我们对世界的识解,即意义。意义并非先于体现意义的词语而存在,而是形成于我们的意识与其环境之间的碰撞。Halliday & Matthiessen(1999：18)从种系发生(phylogenetic)、个体发生(ontogenetic)和语篇发生(logogenetic)的维度阐释了意义发生(semogenesis)的机制和语言的建构性。从种系的角度看,意义发生于人类的进化过程;从个体的角度看,意义发生于人类个体的发育过程;从语篇的角度看,意义发生于语篇的展开过程。

语言作为一个创造意义的系统,其意义潜势围绕概念功能、人际功能和语篇功能发展而来(Halliday & Matthiessen 1999：511)。就概念功能而言，语法是关于人类经验的理论，用来阐释在我们的周围世界和内心世界所发生的一切。语言通过概念功能识解我们的经验世界。就人际功能而言，语法不是理论，而是行为方式，用来建构社会关系。语言通过人际功能建构了我们的社会集体和个体存在。就语篇功能而言，语法是信息的创造，用来形成语篇，即构成有意义的符号语境的表达形式（patterned form）。语篇功能使概念功能和人际功能的实施成为可能。语言通过语篇功能不仅识解现实并构建社会关系，而且构建由符号构成的语言世界。在语言的层级系统中，建构过程最终是通过语言使用者在词汇语法系统中的选择实现的。

系统功能语言学的建构论与批评话语分析的话语建构研究基本上是一致的。Foucault 认为，话语是对现实的具体方面的语义建构，这些具体的方面是为特定的历史和/或社会语境的利益服务的（转引自 van Leeuwen 2008：vii）。Fowler（1991：4）指出，语言不是中立的，而是具有高度建构性的媒介，不存在中立的现实表征。话语不是被动地反映或仅仅描写世界。话语作为语言的使用，是一种行为，不同的话语建构的是不同的世界。话语建构是通过语言使用者在语言系统中的选择实现的，不同的语言选择所产生的建构效应（constructive effect）是不同的。Fairclough（1992a：64）认为，话语的建构效应体现在三个方面：第一，话语有助于建构社会身份和社会主体与自我的社会定位；第二，话语有助于建构人们之间的社会关系；第三，话语服务于知识和信念体系的建构。这三种建构效应分别与语言的三个功能和意义维度相对应：身份功能、关系功能和概念功能。身份功能和关系功能就是系统功能语言学的人际功能，身份功能涉及话语中社会身份的建构方式，关系功能是话语参与者实施和协商社会关系的功能。概念功能涉及语篇表征世界及其过程、实体和关系的方式，是建构知识和信念体系的手段。也就是说，语篇通过概念功能构成了知识和信念体系，通过人际功能构成了社会主体及其社会关系（Fairclough 1995：6）。除此之外，Fairclough（1992a：65）认为应该把系统功能语言学的语篇功能也纳入话语建构的框架，因为语篇功能涉及信息的组织方式以及语篇与社会情境之间的联系。

话语的建构效应还表现在话语建构的方式对人们的思维和行为的影响。例如，反恐战争语篇通过对“恐怖主义”和“威胁”的话语建构来实现将反恐战争合法化的最终目的。Jackson（2005：181）在研究中发现，反恐战争语篇的建构效应主要是通过以下的建构策略实现的：创造极度的委屈感和受害者形象，妖魔化和非人性化敌对“他者”，制造急需有力行动的灾难性威胁和危险，将先发制人的（或防御性的）反暴力行动合理化和合法化。话语的建构效应与话语建构的策略和方式有着直接的关系。Halliday（1990/2003：168）在研究中发现，性别角色的识解方式在性别偏见的建构中发挥着至关重要的作用。这些方式包括：母亲在回答男孩子和女孩子提出的问题时作出的不同语法选择；在称谓形式和指称形式上做出的不同人际选择；叙事中分派给男性和女性的不同及物性角色。Halliday 因此指出，造成性别差异、种族的他者特征以及各种社会不平等现象，并将其持久化的手段就是改变人们在日常语言的语法系统中的选择潜势。

18.4 系统功能语言学的意识形态观

“意识形态”（ideology）一词源自法语词 ideologie，最初的含义是“观念的学说”，由法国哲学家 Destutt de Tracy 在 1796 年首次提出。批评话语分析的意识形态观继承了经典马克思主义和西方马克思主义的意识形态观（苗兴伟、穆军芳 2016：535），把意识形态看作构成社会认知的世界观和对现实世界的表征，是建立和维持权力关系、支配和剥削的手段（van Dijk 1998a；Fairclough 2003）。Volosinov（1973）首次提出了意识形态的语言学理论，把语言符号看作意识形态的物质表现，并强调语言符号与意识形态的重合和依存关系。话语从事意识形态工作（Fairclough & Wodak 1997：275），但意识形态通常借助语言手段隐含在语篇中，成为自然化的常识，意识形态的运作因而令人难以觉察。批评话语分析的任务之一就是通过具体的语言分析揭示话语中含而不露的意识形态意义。

话语具有社会影响，因而导致权力问题。话语实践具有意识形态效应（ideological effect）：话语实践通过表征事物和定位人物的方式，有助于生产和再生产社会阶级、男性和女性、种族与文化派别在权力上的不平等关系(Fairclough & Wodak 1997：258)。例如,说话者可以通过特定的语言使用方式使话语负载种族歧视或性别歧视的意识形态,并试图把关于社会生活各方面的虚假思想冒充为常识。总之,话语通常潜移默化地灌输、维持或改变特定的意识形态,从而建立和维持不平等的权力关系,达到蒙蔽、支配和操控的目的。意识形态效应产生于语篇表征现实的方式,正如 Fowler(1991：4)所言,“不存在中立的现实表征”,任何语言选择都是策略性的(Johnstone 2002：45)。

系统功能语言学把意识形态看作语言和其他符号系统中普遍存在的现象(Martin & Rose 2007：314)。话语具有意识形态功能,语言表达具有意识形态的力量(Halliday & Martin 1993;Halliday 2001/2003)。这就意味着一切为意义所作的选择都具有意识形态的动因。因此可以说,系统功能语言学关于“意义就是选择”的社会符号观为揭示话语的意识形态效应提供了理论基础。Halliday(2001/2003)指出,语法不是中立的。Halliday(1990/2003：145)：语法既是人类经验的理论,也是社会行为的原则。语法具有使能性和限制性：语法使意义成为可能,但同时也限制了意义的表达。语法识解现实的方式可以影响人们的世界观,并对人类的健康和自然生态带来不利的影响。例如,英语语法在表征事物时有“可数”和“不可数”的范畴划分,并将“空气”“水”“土壤”“煤炭”“钢铁”“石油”等自然现象和资源识解为不可数的无限存在,意味着这些事物是取之不尽用之不竭的。Halliday(1990/2003：170)指出,增长主义和等级主义是我们所面临的两大意识形态威胁。增长主义宣扬社会发展的无限增长,导致了人类对自然资源的贪婪攫取和对生态环境肆无忌惮的破坏,而等级主义助长了社会的不平等。语法在识解我们的经验过程中建构了增长主义和等级主义的意识形态。例如,语法在表征经济现象时,通过 inflationary pressures、prospects sliding、optimistic outlook、unmatched growth rate、business climate、improving、early stages of recession 等词汇语法手段将“增长”识解为理想的状态和过程,将“萎缩”识解为不可取的现象。

语法可以通过意义潜势的选择建构并助长增长主义、等级主义、种族主义和性别歧视的意识形态。这一点应该引起我们的注意。为此,Halliday(1990/2003：167;1993/2003：223)从语言规划的角度提出了对语法进行干预的设想。这种干预不是改变语言本身,而是通过改变语言的意义潜势和语法资源的运用方式,扩展语言在特定领域和社会活动中的表意能力，使其发挥新的功能，并以此促进语言的进化。对语法进行干预的思想体现了语言学和语言学家的社会责任(social accountabilty)。

系统功能语言学的意识形态观还体现在 Hasan(1996)和 Whittaker et al.(2006)等借助 Bernstein(1996)的社会理论等对意义在文化中的分配进行的研究。哪些意义是社团共享的？哪些意义不是共享的？获取意义的方式是如何分配的？分配的原则是什么？年代、性别、种族、缺陷和阶级等语境因素是制约意义分配和社会主体定位的主要参数。这些参数预示着一般的意义取向或"编码取向"(coding orientation)，编码取向又将不同的社会主体性区分开来。Hasan(1996)从语义变异和意识形态的角度对学前儿童与母亲的对话模式作了分析，证实了性别和阶层对语义模式的影响以及家庭与学校中语言连续性和非连续性对教育成败的影响。系统功能语言学对教育话语和识读能力(literacy)的研究，旨在突破社会阶级和种族的界限，使所有社会主体具备识读书面语类的能力，从而消除意义分配的不平等，促进教育公平，实现社会平等。Martin(2004)强调通过积极话语分析(positive discourse analysis)来干预社会进程，从而促进社会的积极变革，推动和谐社会的建设。总的说来，系统功能语言学通过语言和意识形态研究干预社会进程、促进社会变革的社会实践与批评话语分析的目标是一致的。

18.5 结束语

在谈到批评话语分析与系统功能语言学的关系时，人们往往把前者看作消费者，把后者看作消费品，即系统功能语言学为批评话语分析提供了理论基础和分析方法。正如 Wodak(2001：8)所言，运用批评方法的分析者无论倾向于聚焦微观语言特征、宏观语言特征、语篇特征、话语特征，还是语境特征，他们的主要视角无论是哲学的、社会学的，还是历史的……大多数研究都借鉴了 Halliday 的系统功能语法。因此，了解 Halliday 的语法思想及其语言分析的路径对正确地理解批评话语分析是必不可少的。这一点充分体现了系统功能语言学在批评话语分析中的重要地位,但二者之间同时表现为相互促进和相互补充的关系。Martin & Wodak(2003)认为,系统功能语言学与批评话语分析是语篇分析中互补的视角和分析范式。一方面,系统功能语言学促进了批评话语分析的发展。另一方面,批评话语分析则为系统功能语言学提供了广阔的实践领域并为其理论发展提供了补充和借鉴(刘立华 2007;王晋军 2002)。系统功能语言学和批评话语分析在理论、方法和研究目标上的契合为二者之间的对话创造了条件。同是具有马克思主义取向的工具语言学,批评话语分析是“带着态度的分析”(van Dijk 2001:96),其目的是通过具体的语言分析,揭示语篇中含而不露的意识形态,引起社会变革;系统功能语言学是“有社会责任的”语言理论(Halliday 1990/2003:223),倡导语言学和语言学家的社会责任,强调不仅把语言置于社会语境中,而且把语言学作为批评社会实践的手段置于社会语境中。

系统功能语言学积极从事批评话语分析的实践,发展了建构理论和意识形态理论,完善了批评话语分析的系统功能语言学路径。Martin(2006)在总结系统功能语言学的特点时指出,由 Halliday 设计的系统功能语言学是具有坚定意识形态立场的社会行为方式,是将语言物质化为基础,将语境体现为社会符号的上层建筑,并以此干预世界语言发展的新马克思主义语言学。这一特点与 Halliday(2008)的适用语言学(appliable linguistics)思想是一致的:作为一种语言研究的路径,适用语言学是一个全面的,理论上强大的语言模型,可以用来解决许多理论问题和实际问题,而这些问题是我们这个现代社会中以各种方式使用语言的人一直碰到的。随着系统功能语言学的不断发展,批评话语分析的系统功能语言学路径一定会形成更具适用语言学特色的理论和方法,为批评话语分析的发展作出更大贡献。

第十九章

未来话语：中国梦的话语建构①

19.1 引言

自 2012 年 11 月 29 日，习近平总书记在参观《复兴之路》展览时首次阐述中国梦的内涵以来，中国梦已经成为当下中国人对自己未来的期许和追求，成为凝聚中华民族团结奋进的精神元素。“实现中华民族伟大复兴”的中国梦不是普通的“梦”，而是一种伟大的理想和目标。中国梦就是实现国家富强、民族振兴、人民幸福，它凝聚了几代中国人的夙愿，体现着中国人民对美好未来的追求和憧憬。2013 年 3 月 17 日，刚刚当选国家主席的习近平在十二届全国人大一次会议闭幕会的讲话中再次对中国梦进行了具体、深入、全面的阐释。本章将以本次讲话为语料，以话语建构论为指导，在系统功能语言学的理论框架内对中国梦的未来话语特征进行分析，对中国梦的话语建构进行研究。

---

① 本章原载于《天津外国语大学学报》，2016 年第 1 期，第 24—28 页。

19.2 理论基础：话语建构论

话语建构论(discursive constructionism)是在社会建构论、批评话语分析和系统功能语言学基础上发展起来的话语分析理论。其核心思想是：作为一种社会实践，话语不是被动地反映现实，而是通过在词汇语法系统中的选择积极地建构现实。

话语建构论与社会建构论(social constructionism)是一脉相承的关系，因为社会建构论强调社会现实的社会建构特性以及话语在社会现实的建构中的重要性(Fairclough 2006：18)。社会建构论认为，表意和理解是人类活动的核心特征，意义的生产方式在本质上是社会—文化过程的组成部分，现实是社会建构的结果(Lock & Strong 2010)。话语建构论认为，我们总是不可避免地通过语言来理解现实和我们的世界，因为现实总是通过语言来建构或再建构的。正如 Jørgensen & Philips(2002：8－9)所言，人们总是通过语言来获得现实，语言在表征现实时绝不是仅仅反映了预先存在的现实，而是建构了现实。

随着批评话语分析的发展，越来越多的研究从话语建构论的视角研究各种社会现象和社会问题。Foucault 认为，话语是对现实的具体方面的语义建构，这些具体的方面是为特定的历史和/或社会语境的利益服务的(转引自 van Leeuwen 2008：vii)。Fowler(1991：4)指出，语言不是中立的，而是具有高度建构性的媒介，不存在中立的现实表征。话语不是被动地反映或仅仅描写世界。话语作为语言的使用，是一种行为，不同的话语建构的是不同的世界。世界中的事件并不是孤立于人们用于理解这些事件的表征方式而存在的(Mehan 1996/2001：360)。语言使用者通过在语言系统中的选择进行话语建构，不同的语言选择所产生的建构效应(constructive effects)是不同的(Fairclough 2006：12)，因为话语建构的方式最终将影响人们的思维和行为。例如，人们可以把一个学生说成是“正常的学生”“教育上有缺陷的学生”“天才学生”“无学习能力的学生”等，所有这些表征方式并非单纯的描述，而是话语建构，不同的建构方式将影响学校和教师对学生的看法和教育方式的选择(Mehan 1996/2001)。再如,反恐战争语篇通过对“恐怖主义”和“威胁”的话语建构来实现将反恐战争合法化的最终目的。反恐战争语篇的建构效应主要是通过以下的建构策略实现的:“创造极度的委屈感和受害者形象,妖魔化和非人性化敌对‘他者’,制造急需有力行动的灾难性威胁和危险,将先发制人的(或防御性的)反暴力行动合理化和合法化”(Jackson 2005: 181; Qian 2010: 27)。

系统功能语言学把语言使用看作根据社会文化语境在语言系统中通过意义潜势的选择来实现各种功能的过程。系统功能语言学继承了建构论的思想,认为语法识解经验,并建构由事件和事物构成的世界(Halliday & Matthiessen 1999: 3,17)。语言具有表征经验的功能,但经验中的各种范畴和关系并不是自然“赋予”的结果,我们的语言并不是被动地反映经验,而是以词汇语法为动力主动地建构各种范畴和关系(Halliday & Matthiessen 1999: xi)。关于语言的建构功能,Halliday(1990/2003: 145)指出,语法是关于人类经验的理论,词汇语法塑造了我们的经验,并将我们的感知转换为意义。经验指的是我们通过语言所识解的现实,而现实并不是现成的东西,等待着我们去表达。也就是说,语言并不是被动地反映现实,而是主动地创造现实。Halliday(1990/2003: 168)用性别角色的识解方式说明了性别偏见是如何通过语言建构的:母亲在回答男孩子和女孩子提出的问题时作出的不同语法选择;在称谓形式和指称形式上作出的不同人际选择;叙事中分派给男性和女性的不同及物性角色。造成性别差异、种族的他者特征以及各种社会不平等现象并将其持久化的手段就是改变人们在日常语言的语法系统中的选择潜势。总之,语言具有建构现实的功能,话语建构是通过语言使用者在词汇语法系统中的选择实现的。

19.3 中国梦的话语建构

中国梦的提出顺应了时代发展的潮流,阐明了中国社会发展的方向,这使得中国梦的理念深入人心并在全球迅速传播。无论是作为国家发展战略和施政理念,还是普通民众共同奋斗的目标,中国梦的传播和接受与话语建构的过程紧密相连。如果没有话语的建构,中国梦就只能停留在词语的层面,不能成为一个具有时代气息的话语符号,也就更谈不上建构效应。对此,我们将在系统功能语言学的框架内通过概念功能、人际功能和语篇功能的分析,揭示中国梦是如何通过语言系统中的词汇语法资源建构的。依据系统功能语言学,语言本质上是一个语义系统网络,并通过概念功能、人际功能和语篇功能提供意义潜势。正如 Halliday & Hasan(1989: 10)认为的那样,语篇是一个由意义组成的语义单位,它产生于意义潜势网络之中;语篇既是语义选择的结果,同时又是语义功能实现的重要手段。任何一个语篇都是通过表达语言的这三个语义功能将语义系统现实化的:概念功能指的是语言对人们在现实世界中的各种经历的表达;人际功能指的是语言表达讲话者的身份、地位、动机并建立和维持一定社会关系的功能;语篇功能指的是语言成分组织成为语篇的功能。

本章选取习近平主席在第十二届全国人大一次会议闭幕会的讲话中涉及中国梦的部分,[①]由 17 个段落组成(不包括称呼语"各位代表!"的独句段),共计 2 600 余字,来说明中国梦话语建构的过程。

19.3.1 概念功能与中国梦的话语建构

作为语言对人们在现实世界中的各种经历的表达,概念功能在语法层面上是通过及物性系统体现的。及物性通过动作者—过程—目标等语义功能来表达说话人对客观世界的反映和认识。在习近平主席的讲话中,过程的分布特征如表 19-1 所示:

---

① "在第十二届全国人民代表大会第一次会议上的讲话",发表于《习近平谈治国理政》(外文出版社,2014),第 38—43 页。本章所作的分析根据的是从第 39 页第 3 段开始至讲话结束的内容。

表 19－1：及物性过程分析

过程类型	物质过程	关系过程	心理过程	行为过程	言语过程
出现频率	111	39	7	1	1
百分比	69.81%	24.53%	4.40%	0.63%	0.63%

从表 19－1 可以看出，出现频率最高的是物质过程（69.81%），其次是关系过程（24.53%），心理过程、行为过程和言语过程出现的频率较低。大量的物质过程表明，中国梦是以行动目标为取向的，涉及实现中国梦的行动路线和需要我们付出的各种努力。关系过程一方面用来说明中国梦的性质和内涵，另一方面用来说明现在和未来的社会状况。心理过程主要说明人们在实现中国梦的过程中应该保持的心态。在及物性系统中，中国梦作为参与者角色出现了 9 次，主要充当物质过程的目标和关系过程的载体，与其搭配的动词出现频率最高的是"实现"。"人民"和"中国人"共出现了 35 次，作为参与者角色出现 10 次，2 次出现在环境成分中，其余大部分用作修饰语，充当所有者角色。这说明，中国梦是"人民"的梦，人民既是实现中国梦的主体，也是中国梦的受益者。

19.3.2 人际功能与中国梦的话语建构

人际功能指的是语言所具有的表达人与人之间的关系的功能，即说话者通过语言维持一定的社会关系，并影响他人的态度或行为。人际功能在语法的层面上主要体现为人称系统、语气系统和情态系统。就人称系统而言，"我们"在习近平主席的讲话中出现了 18 次，其中 15 次充当参与者角色，3 次为修饰语。泛称的"我们"指的是包括中国共产党在内的全国各族人民，体现了中华民族的团结，使听众倍感亲切，容易产生共鸣。就语气系统而言，习近平主席在讲话中全部使用了陈述语气，目的是在解释中国梦的同时阐明中国人民在实现中国梦进程中需要做的事情。情态系统在中国梦的话语建构中发挥了重要的作用。习近平主席在讲话中频繁地使用了情态助动词"要"和情态副词"必须"等，并经常通过"不断"、

"始终"、"坚决"和"一定"等强化修饰语加强了情态意义。情态词的分布情况如表19－2所示：

表19－2：情态词分析

情态词	要	必须	能/不能	将
出现频率	19	7	5	2
百分比	57.58%	21.21%	15.15%	6.06%

从表19－2可以看出，尽管表示将来意义的情态助动词"将"出现频率较低，其他出现频率较高的情态助动词"要"和"能/不能"以及情态副词"必须"都是具有未来取向的情态表达。表达必要性和责任性的"要"和"必须"分别出现了19次和7次，表达可能性的"能/不能"出现了5次。特别是高值情态词"要"和"必须"和强化修饰语的使用，表达了中国人民实现中国梦的坚定决心和意志，也体现出中国共产党始终把实现中华民族伟大复兴和中国人民幸福的伟大使命作为自觉的追求。就人际意义而言，陈述语气和情态词的使用一方面彰显了中国梦这一宏伟愿景和奋斗目标的确定性和中国人民实现中国梦的坚强意志，另一方面又使习近平主席的讲话成为向全国各族人民发出的召唤，这一召唤必将激励着中国人民为实现中华民族伟大复兴的中国梦而努力奋斗。

19.3.3　语篇功能与中国梦的话语建构

语篇功能是为实现概念功能和人际功能服务的，因为概念意义和人际意义只有通过语篇才能成为现实的意义。语篇功能是语言成分组织成为语篇的功能，说话者需要根据语篇功能把语言成分组织成为连贯的语篇才能成功地实现语言交际。本节，我们将从修辞结构的角度分析中国梦的话语建构。修辞结构指的是语篇组成部分之间的修辞功能关系，是语篇组织的重要手段(Mann & Thompson 1988)。习近平主席讲话的修辞结构如图19－1所示：

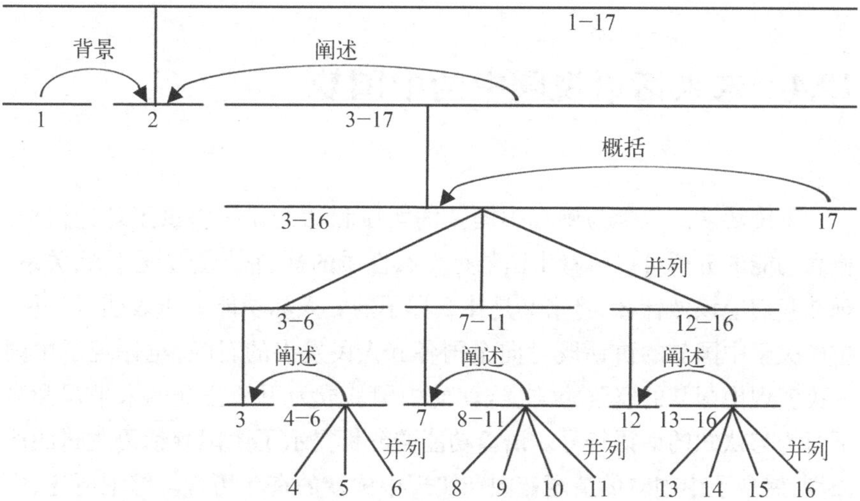

图 19－1：修辞结构分析

从图 19－1 可以看出，习近平主席的讲话呈现出工整的修辞结构。图中的箭头代表的是段落之间的修辞关系，分叉结构表示的是段落之间的并列关系。在 17 个段落中，段落 2 提出了“实现中华民族伟大复兴的中国梦，就是要实现国家富强、民族振兴、人民幸福”的核心命题，段落 1 与段落 2 之间是背景关系，阐明了中国梦的历史背景和文化背景。段落 3—17 与段落 2 之间是阐述关系，是对实现中国梦的奋斗目标进行的详细说明和系统阐述。段落 3—16 由三个并列的部分组成（3—6、7—11、12—16），阐述了国家、人民和各个阶层在实现中国梦的历程中应有的作为。段落 17 对段落 3—16 进行了总结和概括。段落 3—16 的三个并列组成部分（3—6、7—11、12—16）呈现为整齐划一的修辞结构，即每一部分都以主题段（分别为段落 3、7 和 12）为核心，通过并列关系的段落群（分别为 4—6、8—11 和 13—16）对主题段进行了阐述。这种工整的修辞结构一方面阐明了国家、人民和各个阶层的责任担当，另一方面为我们呈现了实现中国梦的奋斗历程和宏伟蓝图。修辞结构分析表明，中国梦的话语建构蕴含着严谨的话语逻辑，中国梦不仅具有源远流长的历史根基和博大精深的文化基础，还具有明晰的奋斗目标和行动路径。

19.4 未来话语视阈中的中国梦

系统功能语言学为阐释中国梦的实质和话语建构提供了理论框架。概念功能的分析可以解释中国梦是什么性质的梦，它与过去是什么关系，现在我们应该做什么，将来又是什么样子的。人际功能分析表明，习近平主席关于中国梦的讲话既是向全国各族人民发出的召唤，也体现了中国人民实现中国梦的坚强意志，这就使中国梦成为引领公众的未来观和当下行为与认知的话语符号。语篇功能的分析揭示了中国梦话语逻辑的严谨性，展现了中国梦的清晰蓝图和实现中国梦的奋斗历程。综上所述，中国梦话语的建构效应体现为中国梦构筑了一个激励全国各族人民为实现共同的美好愿景不断奋斗的未来话语（discourse of the future）。

无论是个人还是国家，都有自己的梦想。作为一种期待和目标，梦想反映的是一种理想和追求，体现的是一种信念和抱负。德国马克思主义思想家 Ernst Bloch 通过对人类永存的未来性的思考，创立了一种关于梦的哲学——希望哲学。他指出，“期待、希望、向往，走向尚未实现的可能性的意向，这不仅是人的意识的根本标志，而且当它们被正确地理解和把握的话，也是整个客观实在内部的一个决定性因素”（转引自金元浦 2013：49）。中国梦确立并彰显了民族复兴和人民福祉的伟大目标。既然是一个梦想，那么它必然是关乎人们尚未实现但又在努力争取实现的事情，并由此催生强烈的奋斗动机和动力（伟达 2013）。从这个意义上讲，中国梦是一种未来话语，但同时又具有历史性和时代性。习近平主席在讲话中提道：

> 中华民族具有 5 000 多年连绵不断的文明历史，创造了博大精深的中华文化，为人类文明进步作出了不可磨灭的贡献。经过几千年的沧桑岁月，把我国 56 个民族、13 亿多人紧紧凝聚在一起的，是我们共同经历的非凡奋斗，是我们共同创造的美好家园，是我们共同培育的民族精神，而贯穿其中的、更重要的是我们共同坚守的理想信念。
>
> 实现全面建成小康社会、建成富强民主文明和谐的社会主义现

> 代化国家的奋斗目标，实现中华民族伟大复兴的中国梦，就是要实现国家富强、民族振兴、人民幸福，既深深体现了今天中国人的理想，也深深反映了我们先人们不懈追求进步的光荣传统。

中国梦话语体系的历史性体现在中国梦深远的历史渊源和深厚的文化根基。从互文性的角度看，中国梦的话语体系与中华民族追求文明进步的历史话语和我们共同坚守的理想信念是一脉相承的。中国梦并不是无源之水，它深深地扎根于中华民族5 000多年连绵不断的文明历史，扎根于我们共同培育的民族精神和我们先人们不懈追求进步的光荣传统。可以说，中国梦是百年民族理想的延续、提炼与完善（黄敏 2014：41）。中国梦话语体系的时代性在于中国梦与当下“全面建成小康社会、建成富强民主文明和谐的社会主义现代化国家”和“实现国家富强、民族振兴、人民幸福”的奋斗目标相契合。习近平主席在讲话中指出，“中国梦是民族的梦，也是每个中国人的梦”，中国梦要让“生活在我们伟大祖国和伟大时代的中国人民，共同享有人生出彩的机会，共同享有梦想成真的机会，共同享有同祖国和时代一起成长与进步的机会”。因此，作为一个充满时代气息的话语符号，中国梦既是国家富强、民族复兴的美好愿景，同时也是全民行动、共同奋斗的行为目标（周忠元、赵光怀 2014：237）。中国梦的提出顺应了“浩浩荡荡的时代潮流”，是时代的必然要求，同时也体现了“人民群众过上更好生活的殷切期待”。

作为全国各族人民共同愿望和宏伟愿景的集中体现，中国梦为开创未来指明了前进的方向，具有鲜明的未来取向。中国梦着眼未来，从未来话语的视角解读中国梦可以揭示中国梦的实质内涵。早在古希腊时期，Aristotle（1954）就已经指出了“未来”在政治修辞中的重要性：政治演讲要求我们做或者不做什么，这关乎未来，关乎今后要做的事情。政治修辞聚焦我们力所能及的未来行为、过程和事件，并致力于确定未来拟采取的行动的利弊。无论把未来看作期待还是奋斗目标，都会影响着一个国家和民族的行为和认知。毫无疑问，中国梦的提出有助于形成一种新的意识形态和新的价值认同，并极大地激发中国人民实现民族复兴的渴望和热情。正如Dunmire（2005：482－483）所言，政治修辞中的未来话语制约着人们想象、表达和实现未来的方式；引领公众的未来观是影响当下行为的强有力手段，唤起民众对未来的期待是为了影响社会的观念、认知和行为。中国梦的未来取向不仅体现在中国梦话语体系所展现的未来愿景，而且体现为全国人民的行动目标。习近平主席的讲话中有大量表达行动目标的未来话语，例如：

> 必须再接再厉、一往无前，继续把中国特色社会主义事业推向前进，继续为实现中华民族伟大复兴的中国梦而努力奋斗。
>
> 不断增强团结一心的精神纽带、自强不息的精神动力，永远朝气蓬勃迈向未来。
>
> 有梦想，有机会，有奋斗，一切美好的东西都能够创造出来。
>
> 在经济社会不断发展的基础上，朝着共同富裕方向稳步前进。
>
> 共同开创中华民族新的前程。

除了这些显性的未来话语之外，讲话中还出现了表达行为延续的动词短语和副词短语，如"继续"出现 5 次，"坚持"7 次，"不断"8 次，"始终"7 次，"坚决"5 次。同时，习近平主席在讲话中大量使用了具有未来取向的情态助动词和情态副词，如"要"出现 19 次，"必须"出现 7 次。这些情态手段不仅表达必要性和责任性的情态意义，而且在语义上具有较强的未来取向。所有这些语言资源的运用从不同的侧面表达了中国人民实现中国梦的行动目标和矢志不渝的奋斗决心。

19.5 结语

中国梦扎根于中国 5 000 年的文明历史和 170 多年中华民族发展历程中对民族复兴的追求和探索。在某种程度上，中国梦是自强不息的文化精神和勇往直前的民族精神在现实话语中的再语境化（recontextualization）。在这一点上，中国梦与源于拓荒精神并强调个人奋斗的美国梦有着本质的区别。作为中国发展目标、民族共识和中国道路的新规划蓝图（金元浦 2013：48），中国梦这一高度凝练的象征性理念已经成为一个具有时代气息的话语符号。"实现中华民族伟大复兴"的中国梦构筑了一个激励和引领中国人民为实现“国家富强、民族振兴、人民幸福”不断奋斗的未来话语。这一点也体现了中国梦的建构效应。作为一个话语符号,中国梦本身是一个蕴含丰富的话语体系,对中国梦的话语建构也不仅仅限于语言本身。本章对习近平主席在十二届全国人大一次会议闭幕会的讲话进行的语言分析只是揭示了中国梦的冰山一角。对中国梦话语体系的全面分析还需要涉及对中国政治、中国哲学、中国文化和中国社会的研究。对中国梦话语建构的研究对中国话语体系的建设和中国话语权的提升具有理论意义和现实意义。

第二十章

后现代语境下性别身份的话语建构[①]

20.1 引言

通常认为，身份是个体所独有的区别性标识或群体所拥有的同一性特征。一方面，身份强调独特性，因而体现为个体有别于其他个体的可识别特征；另一方面，如果不同的个体具有同一性特征，身份就会体现为个体与特定社会群体的认同(Strauss & Feiz 2014：285)。就性别身份而言，一般认为，性别是由基因决定的，一个人的性别身份是先天遗传的结果，是固定不变的。既然如此，性别身份问题似乎没有研究的必要。然而，20世纪60年代以来，随着西方女权主义运动的兴起，性别和性别身份问题成为社会学、心理学、文学和语言学等研究领域的重要议题。特别是在后现代语境下，社会研究领域的传统性别观遭到了社会建构主义的质疑。社会建构主义认为，人的性别不完全是由生理决定的，而是通过人类的互动和社会生活被不断地建构和再建构的(刘保、肖峰 2011：184)。在语言学领域，人们不仅关注语言与性别之间的关系问题，而且越来越多的研究

① 本章原载于《南京师范大学学报》，2017年第5期，第154—160页。

开始探讨语言在性别身份的建构中所发挥的作用。本章拟运用批评话语分析的理论和方法探讨后现代语境下性别身份的话语建构问题,以揭示中国当代话语在性别身份的建构中所发挥的作用以及话语建构背后的性别主义意识形态及其导致的性别歧视问题。

20.2 性别身份的建构主义视角

语言与性别之间存在着密切的关系。许多语言中存在性别范畴自不必多说,对性别的语法研究可以追溯到 Aristotle 对希腊语中性别范畴的研究。现代语言学注重从语言使用的角度研究语言和性别之间的关系。早期的语言与性别研究主要有三个观点:缺陷论、支配论和差异论(Baker 2011;Simpson & Mayr 2010)。缺陷论所关注的问题是女性语言是否是柔弱的、不足的、有缺陷的。丹麦语言学家 Otto Jespersen 早在 1922 年就曾指出,与男性语言相比,女性语言是有缺陷的(Jespersen 1922)。Robin Lakoff 认为,女性的"柔弱"语言反映并保持了女性在社会中的附属地位(Lakoff 1975)。支配论关注的是男性和女性在言语风格上的差异是否由性别不平等和男性对女性的支配引起的。支配论致力于揭露语言中的性别偏见并把性别偏见的根源归咎于男性在社会秩序中的支配地位(Spender 1980)。差异论则认为,男性与女性在语言使用上存在差别,这是因为男性和女性在社会化的过程中被赋予了不同的性别角色(Tannen 1990b)。这些研究基本上是建立在二分的、本质主义的性别划分基础之上的。本质主义的性别观渗透于整个西方传统父权制文化中,其核心思想是:男性与女性有显著的性别差异,而且这种性别差异是生物决定的而不是文化决定的现象;性别差异是本质的、普遍的、二元对立的及持久的(郭爱妹 2003)。

20 世纪 60 年代以来,受西方女权主义运动和后现代思潮的影响,社会建构主义把性别看作社会建构的结果,并试图对性别进行重新界定。早在 1949 年,Simone de Beauvoir 在女性主义经典之作《第二性》(西蒙娜·德·波伏娃 1980）中指出，“女性非为天生，而是后天变成的”。Beauvoir 探讨了“男支女配”的文化现象并阐发了女性身份的建构思想（王楠 2015：304），同时对父权制社会将女人定位为“第二性”的传统提出了挑战：定义和区分女人的参照物是男人，而定义和区分男人的参照物却不是女人，女人是男人的附属品，是没有自主性的、与男人相对立的次要者、被定义者（刘传霞 2007：6）。受女权主义运动的影响，英语中本来表示语法性别的 gender 一词自 20 世纪 70 年代开始被广泛使用，与原来表示自然性别的 sex 一词有了不同的分工。gender 来自法语，其拉丁语词源 genus 的本义是“类属”。一般情况下，sex 用来表示生理性别或自然性别，gender 则用来表示社会性别或文化性别。男性和女性拥有的不同的生殖系统和生殖角色是由自然性别决定的，而女性花更多的时间抚养孩子则是社会性别差异的结果，因为女性与抚养孩子之间没有必然的联系，将二者联系在一起并将这种联系自然化的是意识形态运作的结果（Mills 2012：7）。

社会建构主义导致了性别研究的后现代转向。后现代主义性别研究的代表人物 Butler（1990：33）提出了性别身份的展演论（performativity），把性别看作身体的重复程式化，认为性别是根据一定的文化规训通过重复性地实施特定的行为而不断被确认和展现的过程。用来界定男性气质和女性气质的文化规训也是由历史和社会建构的。在后现代语境下，性别身份不是自然性别差异的固定产物，而是一个流动的、被不断建构的过程（Butler 1990，1993；Mills 2012）。在语言学领域，建构主义遵循了后结构主义的语言学思想，反对结构主义所坚持的能指与所指的对立以及重能指轻所指的倾向。后结构主义认为，意义具有不确定性，能指和所指之间不存在一一对应的关系，语言不是被动地反映现实，而是主动地建构现实。在后结构主义的影响下，伴随着后现代思潮中出现的话语转向，女性主义语言学（feminist linguistics）运用批评话语分析和后结构主义语言学的理论和方法探讨性别和性别身份的建构，揭示了话语中的性别歧视现象及其背后的性别主义意识形态（Harrington et al. 2008）。女性批评话语分析（feminist critical discourse analysis）以解放和变革为目的，对维持父权制社会秩序和不平等性别关系的话语进行了批判（Lazar 2005）。女性后结构主义话语分析（feminist poststructuralist discourse analysis）则通过话语的定性分析，研究女性的主体定位，倡导女性发出自己的声音（Baxter 2003，2006，2010）。

话语在性别身份的建构过程中发挥着重要的作用。人们在语言交流和语言使用的过程中,不断地建构着自己或者他人的性别身份。Jones(2012)运用教堂婚礼仪式中牧师的语言选择说明了话语是如何建构现实和身份的。人们在使用语言表征现实时,其实是在建构现实,因为不同的语言选择所建构的现实也是不一样的。在传统的婚礼仪式上,牧师可以用"I now pronounce you man and wife."或者"I now pronounce you husband and wife."来宣布新郎和新娘的结合。两种不同的表达所建构的性别身份是不同的。前者运用"man and wife"建构了不平等的性别身份,因为"man"是一个社会角色,而"wife"是一个由婚姻关系界定的性别身份。为什么女人结婚后就变成了"wife"而男人结婚后仍然是"man"?为了避免这种具有性别主义色彩的性别身份建构,牧师如今会选择"I now pronounce you husband and wife.",因为"husband and wife"所建构的性别身份是平等的,即"husband"和"wife"都是由婚姻关系界定的性别角色。牧师宣布了新人的结合之后,会紧接着对新郎说"You may now kiss the bride."。从及物性的角度看,这句话将新郎和新娘表征为"kiss"这一物质过程的不同参与者:新郎是过程的"行为者",新娘是过程的"目标"。也就是说,新郎是动作的发出者,是过程的主动参与者,新娘是过程的影响对象,是被动的接受者。这一表达一方面体现了传统观念中人们对性别角色的期待,另一方面也同时建构了不平等的参与者角色。如今,牧师一般用"You may now kiss each other."来替代"You may now kiss the bride."。前者通过相互代词"each other"建构了平等的参与者角色和性别身份。

话语中广受诟病的性别歧视和不平等现象随着女权主义运动的兴起已经逐渐消失,但很多性别主义的意识形态仍然根深蒂固,时常以不易觉察的方式出现在各种形式的话语中,建构和再建构着不平等的性别身份。Wharton(2005)对英国学校的大型分级读物"牛津阅读树"(Oxford Reading Tree)进行分析后发现,虽然读物中没有明显的性别角色的刻板印象,故事中的男性和女性人物角色的数量也是相同的,但男性人物角色无论在出场频率还是施事者角色上都占主导地位。这说明,话语在建构性别身份时,往往以含而不露的方式达到建构效应,并以此潜移默化地生产和再生产着不平等的性别关系。

20.3 性别身份的话语建构

语言具有表征经验的功能,但经验中的各种范畴和关系并不是自然“赋予”的结果,语言并不是被动地反映经验,而是以词汇语法为动力主动地建构各种范畴和关系(Halliday & Matthiessen 1999)。在后现代的语境下,话语的意义不是固定不变的,语言不是被动地反映现实,而是主动地建构现实。话语有助于建构社会身份和社会主体与自我的社会定位,这是话语建构效应的体现(Fairclough 1992a: 64)。就性别身份而言,建构主义反对本质主义的生物决定论和性别身份划分的二元对立。性别身份是话语建构的过程,语言使用被看作决定个人和群体身份的参数(Omoniyi 2011: 260)。总之,人们在语言交流的过程中,通过语言使用,建构了自我和他人的性别身份。在语言的层级系统中,建构过程最终是通过语言使用者在词汇语法系统中的选择实现的。

性别身份的话语建构在大众语篇中最为常见。一个典型的例子就是女性化妆品广告。受商业利益的驱动,化妆品广告在宣扬女性美的同时,也潜移默化地建构了女性的性别身份。例如:

(1) 常用＊＊＊,令您秀发如云!

(2) ＊＊,可使您青春常在,容貌更艳!

(3) 柔美皮肤,从＊＊开始。

(4) 用不着羡慕别人,＊＊会使你容貌出众。

(5) 苗条天姿,来自＊＊!

在(1)—(5)这一组广告中,女性美被物化为广告中所宣传的美容效果:秀发如云、青春常在、容貌更艳、柔美肌肤、容貌出众、苗条天资。女性美被商品化的动因除了商业利益之外,社会对女性身份的期待也是一个重要因素。与社会对男性性别身份的期待相比,为什么社会对女性的外表和容貌的期待如此具体而又严苛?原因就在于男性和女性之间不平等的权利关系。在某种程度上,女性化妆品广告通过女性美的商品化,建构和再建构着不平等的性别身份。化妆品广告通过强调女性追求外表美的必要性对读者进行定位，再生产了男性和女性之间不平等的权利关系，因为不存在相对应的同样强调男性追求外表美的话语（O'Halloran 2003：13）。

从女性化妆品广告中我们还可以看出，汉语中存在大量描写女性美的词语，这些词语常常以碎片化的方式，从头到脚，从内到外，强调女性美的不同方面，从而形成了过度词汇化现象（over-lexicalization）。当今社会，人们习惯用“美女”称呼女性，“美女”的同义词和近义词俯拾皆是：美女、美眉、靓女、淑女、美人、佳人、佳丽、红颜，等等。而且“美女”常常与某一社会身份或职业相联系，产生了“美女作家”“美女教授”“排球美女”之类的表达方式。这种过度词汇化现象建构了什么样的性别身份呢？Fowler & Kress（1979：210）最早注意到了过度词汇化的范畴化意义和意识形态意义。当语言中出现大量用来指称同一个事物或经历的词语时，这种语言现象一方面体现了人们对所指对象的关注和重视，另一方面以范畴化的方式将语言秩序强加给了人们的外在经历。“美女”的过度词汇化体现了社会对女性外表美的高度关注和对女性美的期待，这种关注和期待又使女性美变成了对女性进行范畴化的标准。性别表达的过度词汇化反映了社会对性别身份的期待，同时也建构和再建构了性别身份，生产和再生产了不平等的性别关系。

与过度词汇化相似的一个语言现象是再词汇化（relexicalization），如“巾帼”和“须眉”就是对女性和男性的再词汇化。再词汇化也是范畴化的重要手段，可以使语言使用者从不同的侧面或角度对事物进行分类。典型的再词汇化包括委婉语和隐喻表达。隐喻在性别身份的建构中发挥着重要的作用。例如，当女性被再词汇化为“尤物”“国色天香”“出水芙蓉”“小家碧玉”时，都经历了隐喻化的过程。隐喻基于不同事物之间的相似性通过概念域之间的映射关系，产生隐喻的表达方式，从而限定了人们对事物的理解和定位。在这个意义上，以隐喻的方式对女性的再词汇化将女性识解为可以把玩和欣赏的物品，在一定程度上加剧了女性身份的物化，固化了人们对女性身份的刻板印象。

与过度词汇化和再词汇化相反的一个现象是欠词汇化（under-lexicalization）。欠词汇化指的是语言中由于缺乏表达某种经历或事物的词语所形成的词汇空缺。例如，“女色”指的是女性的美色，《现代汉语词典》收录了“女色”一词而没有收录相对应的“男色”。百度搜索结果显示，“男色”指的是对同性或异性具有吸引力的男性美色。即便有“男色”

一词,其意义与“女色”也并不完全对应。社会对男性和女性的期待是不一样的,如果男性在长相或气质上像女性,就会被称作“女气”。汉语中却没有“男气”一词来指女性在气质和长相上与男性相像。“小三”是对插入他人家庭或恋情的第三者的蔑称,一般指女性,而男性的第三者则缺乏相应的词语。丈夫“惧内”又称为“怕老婆”,这种现象在很多方言中也有专门的词汇,如四川方言中的“耙耳朵”。在我们的社会中难道没有妻子怕丈夫的现象吗?为什么没有与“惧内”或“怕老婆”相对应的词语呢?被命名或词汇化的事物和概念更易被人们熟悉、分类、记忆和分享(Kress & Hodge 1979/1993: 5)。如果一个事物或经历没有被词汇化,那么就难以表达和把握,因此欠词汇化往往会遮蔽现实。性别身份表征的欠词汇化体现了男性和女性在权利上的不平等关系,建构和再建构了不平等的性别身份。总之,话语实践通过表征事物和定位人物的方式,有助于生产和再生产男性和女性在权力上的不平等关系(Fairclough & Wodak 1997: 258)。

20.4 性别身份建构与性别主义意识形态

自20世纪60年代的女权主义运动以来,语言中许多带有“男性自我主义”(male egotism)或“男性沙文主义”(male chauvinism)倾向的语言现象受到了激进的女权运动者的抨击,同时,一些旨在消除性别歧视的折中方案也应运而生。这些方案为消除语言中的性别歧视发挥了重要的作用,但不可否认,性别歧视现象仍然存在于语言之中,而且变得越来越隐性,不易被觉察。性别歧视现象难以绝迹的一个根本原因就是语言背后的性别主义意识形态。性别身份的建构与性别主义意识形态息息相关。在批评话语分析领域,身份被看作由主流话语实践和意识形态生产并强加给个体或群体的结果(De Fina et al. 2006: 5)。

意识形态是构成社会认知的世界观和对现实世界的表征,是建立和维持权力关系、支配和剥削的手段(Fairclough 2003)。处于主导地位的“意识形态—话语结构”具备“自然化”意识形态的能力,并使其变成一种貌似意识形态之外的"常识"而为人们所接受。然而,这种意识形态由于内化于话语之中,并通过各种隐蔽策略表现出"自然化"和"常识性"的特征,所以往往无处不在却又难以令人察觉(Fairclough 1992a)。话语中的性别标记现象就是一个极好的例子。例如:

(6) 清朝末年,一批官僚为了壮大国家实力,发起了向西方人学习的洋务运动,但最终失败。洋务运动失败后,清朝统治阶级实际上已经丧失了自救能力。推翻清朝的反动统治,挽救中国命运的任务摆在了每一个中国人面前。许多仁人志士挺身而出,为发动革命而奔走呼号,直至献出自己的生命。在他们之间,<u>女革命党人秋瑾</u>是最有传奇色彩的一位。

("新课标小学生注音阅读系列"《中国历史故事》,安徽省少年儿童出版社)

(7) 李清照(1084—1155):号易安居士,<u>南宋杰出女文学家</u>。以词著名,在中国文学史上享有崇高声誉。

(《济南时报》,2007 年 8 月 29 日)

在例(6)和(7)中,分别出现了带有性别标记的表述"女革命党人秋瑾"和"南宋杰出女文学家"。可以看出,这样的表述出自小学生注音阅读材料和主流报刊,而且读起来也没有什么问题。但是,如果我们把孙中山称为"男革命党人",把李白和杜甫称为"唐朝杰出男文学家",听起来则不是很自然。为什么呢?因为我们在指称女性时已经习惯了加上性别标记的做法。笔者发现,话语中的性别标记主要有三种形式:

(8) 职业或特征+女性:知识女性、经济女性、职场女性、商业女性、华裔女性。

(9) 职业或特征+女:农家女、打工妹、烈女、侠女、卖菜女、才女。

(10) 女+职业或身份:女村医、女强人、女工、女诗人、女王、女硕士、女博士、女宇航员、女主持、女民警、女记者、女工、女富豪、女首富、女户主、女教师、女医生、女教授、女杰、女政治明星、女立委、女候选人、女飞人、女队员、女乐手、女科学家、女演员、女青年、女设计师、女作家、女高官、女村官、女村长、女革命家、女房东、女徒弟(女弟子)、女革命党人、女文学家、女汉子。

女性性别标记在语言中频繁出现，其背后必有一只看不见的手在起作用，这就是性别主义的意识形态。例如，在人们的观念和期待中，医生一般是男性，因而很少会出现“男医生”这样的表达，女性成为医生就是超出了人们的期待，所以就需要有性别标记。同样，在人们的观念和期待中，护士一般为女性，因而很少出现“女护士”这样的表达，男性成为护士就超出了人们的期待，所以也需要有性别标记。这就是为什么“男医生”和“女护士”听起来有点冗赘，而“女医生”和“男护士”听起来比较自然。需要指出的是，在某些场合和语境中为了突出性别差异，的确需要性别标记，这应另当别论。当我们称呼某位女士为“女医生”或“女文学家”时，可能并没有性别歧视的意图和目的，但我们需要注意的是，女性性别标记在语言中频繁出现，其背后必然存在着被常识化和自然化的性别主义意识形态。

话语是意识形态得以传播和再生产的主要活动(Foucault 1972)。说话的方式生产和再生产思维方式，思维方式则通过语法、文体、措辞及语言的其他任何方面的选择被操纵(Johnstone 2002)。话语作为一种社会实践，通过在词汇语法系统中的选择，生产和再生产了性别主义的意识形态，从而使其在社会认知中根深蒂固，无处不在但又不易觉察。从下面这些例子中可以看出，性别主义的意识形态是如何隐含在话语中的。

(11) 叠起尿布来，须眉不让巾帼。

(《齐鲁晚报》,2006 年 3 月 5 日)

(12) 母亲像男人一样豪爽，为帮助别人把自己衣服卖了都在所不惜。在山打根也是数得着的老板，<u>虽然她是个女人</u>，其他老板拼命剥削手下的女人，向华人、土人死气白赖要钱，母亲即使是在金钱上有损失也不干那种事，对谁都十分友善。过去出版的一本南洋旅行的书——叫什么名字来着，已经记不起来了，说她是有侠义心肠的女老板。

(山崎朋子，《望乡》)

(13) 七仙女倒追董永，白蛇娘娘倒追许仙，祝英台倒追梁山伯，田螺姑娘倒追谢端。

(鼓角临风，《语录中国》)

(14) 两人这样一唱，围观群众更是如疯如狂，情绪沸腾，七嘴八舌喊道：“看啊！她们还唱歌呢！她们一点都不怕，好勇敢！好伟大！比男人都强！”

（琼瑶,《还珠格格续集》）

以上话语都从不同的角度和方面建构了性别身份。例(11)是一个新闻标题,新闻内容是福利院的叠尿布比赛。这场比赛之所以成为新闻,主要是因为在比赛中“须眉不让巾帼”。男性在叠尿布比赛中胜出成为新闻,这是因为在人们的传统观念中,女性更擅长叠尿布,或者说叠尿布本应该是女性所擅长的事情。例(12)中“虽然她是个女人,……”彰显了“母亲”的高尚但也同时暗含了社会对女性的价值评判和期待,性别主义的意识形态不言而喻。例(13)中的“倒追”也暗含了社会对男性和女性性别角色的定位。女性追求男性是“倒追”,这意味着男性追求女性才是符合人们的性别角色期待的追求方式。例(14)中“比男人都强!”的感叹也暗含了“男人比女人强”的性别主义意识形态,否则这样的感叹就没有意义了。

需要再次强调的是,话语中所隐含的性别主义意识形态属于社会认知的层面,是一种被自然化的社会观念。与话语中的性别标记一样,不能因为话语中隐含了性别主义的意识形态而认定语言使用者具有性别歧视的意图或者实施了性别歧视的言语行为。但毫无疑问,在性别身份的话语建构过程中,话语中的性别标记和性别主义意识形态生产和再生产了不平等的性别关系。要彻底地消除性别歧视现象,必须彻底消灭性别主义的意识形态。

20.5　结语

性别身份不是与生俱来的自然属性,而是社会建构的动态过程。话语在性别身份的建构过程中发挥着重要的作用。人们运用语言资源来呈现并建构自己和他人的性别身份。性别身份的话语建构具有意识形态效应,话语在建构性别身份的同时,通过语言资源的选择,生产和再生产了不平等的性别关系和性别主义的意识形态。性别身份的话语建构方式在一定程度上助长了性别偏见的形成和性别歧视的产生。语言本身并不会歧视任何人,话语所体现的性别歧视在本质上产生于被自然化的性别主义意识形态。在男性为主导的社会中,性别主义的意识形态体现为社会对女性的歧视、排斥、边缘化和隐形化。性别身份建构研究的目的就是运用批评话语分析的方法揭示话语中含而不露的性别主义意识形态,从而在根本上消除不平等的性别关系和性别歧视现象。

参考文献

Aijmer, K. 2002. *English Discourse Particles: Evidence from a Corpus*. Amsterdam: John Benjamins.

Aijmer, K. & Stenstrom, A.-B. 2004. *Discourse Patterns in Spoken and Written Corpora*. Amsterdam: John Benjamins.

Aitchison, J. & Lewis, D. M. (eds.). 2003. *New Media Language*. London: Routledge.

Alexander, R. & Stibbe, A. 2014. From the analysis of ecological discourse to the ecological analysis of discourse. *Language Sciences* 41: 104 – 110.

Allerton, D. J. 1979. *Essentials of Grammatical Theory*. London: Routledge and Kegan Paul.

Ariel, M. 1990. *Accessing Noun-Phrase Antecedents*. London: Routledge.

Ariel, M. 2001. Accessibility theory: An overview. In Sanders, T., Schiperoord, J. & Spooren, W. (eds.). *Text Representation: Linguistic and Psycholinguistic Aspects*. Amsterdam: John Benjamins. 29 – 87.

Ariel, M. 2004. Accessibility marking: Discourse functions, discourse profiles, and processing cues. *Discourse Processes* 37 (2): 91 – 116.

Aristotle 1954. *The Rhetoric and Poetics of Aristotle*. Trans. Rhys Roberts, W. New York: Modern Library.

Austin, J. L. 1962. *How to Do Things with Words*. Oxford: Oxford University Press.

Baker, M., Francis, G. & Tognini-Bonelli, E. (eds.). 1993. *Text and Technology: In Honour of John Sinclair*. Amsterdam: John Benjamins.

Baker, P. 2011. Discourse and gender. In Hyland, K. & Paltridge, B. (eds.). *Continuum Companion to Discourse Analysis*. London: Continuum.

Banks, D. (ed.). 2004. *Text and Texture: Systemic Functional Viewpoints on the Nature and Structure of Text*. Paris: L'Harmattan.

Barcelona, A. (ed.). 2000. *Metaphor and Metonymy at the Crossroads: A Cognitive Perspective*. Berlin: Mouton de Gruyter.

Bargiela-Chiappini, F. (ed.). 2004. Organizational discourse. *International Journal of the Sociology of Language* 166.

Baxter, J. 2003. *Positioning Gender in Discourse: A Feminist Methodology*. Basingstoke: Palgrave MacMillan.

Baxter, J. 2006. *Speaking Out: Focusing on the Female Voice in Public Contexts*. Basingstoke: Palgrave MacMillan.

Baxter, J. 2010. *The Language of Female Leadership*. Basingstoke: Palgrave MacMillan.

Beaugrande, R. de 1980. *Text, Discourse and Process: Towards a Multidisciplinary Science of Texts*. London: Longman.

Beaugrande, R. de 1997. The story of discourse analysis. In van Dijk, T. A. (ed.). *Discourse as Structure and Process: Discourse Studies: A Multidisciplinary Introduction*. London: Sage. 35 – 62.

Beaugrande, R. de (ed.) 2000. *Text Linguistics at the Millennium: Corpus Data and Missing Links*. Special issue of *Text* 20 (2).

Beaugrande, R. de. 2006. Critical discourse analysis: history, ideology, methodology. *Studies in Language & Capitalism*, 1: 29 – 56.

Beaugrande, R. de & Dressler, W. 1981. *Introduction to Text Linguistics*. London: Routledge.

Beaver, D. 2004. The optimization of discourse anaphora. *Linguistics and Philosophy* 27 (1): 3 – 56.

Bell, A. & Garrett, P. (eds.). 1998. *Approaches to Media Discourse*. Oxford: Blackwell.

Bellert, I. 1970. On a condition of the coherence of the texts. *Semiotica* 2: 335 – 363.

Berg, J. 1991. The relevant relevance. *Journal of Pragmatics* 16: 411 – 425.

Bernstein, B. 1996. *Pedagogy, Symbolic Control and Identity: Theory, Research,*

Critique. London: Taylor & Francis.

Bhatia, V. K. 1993. *Analyzing Genre: Language Use in Professional Settings*. London: Longman.

Biber, D. & Conrad, S. 2001. Register variation: A corpus approach. In Schiffrin, D., Tannen, D. & Hamilton, H. E. (eds.). *The Handbook of Discourse Analysis*. Blackwell Publishers Ltd. 175 - 196.

Biber, D., Johansson, S., Leech, G., Conrad, S. & Finegan, E. 1999. *Longman Grammar of Spoken and Written English*. London: Longman.

Biber, D., S. Johansson, G. Leech, S. Conrad & E. Finegan. 1999. *Longman Grammar of Spoken and Written English*. Harlow: Pearson.

Bickerton, D. 1979. Where presuppositions come from. In Oh, C.-K. & Dinneen, D. A. (eds.). *Presupposition*. New York: Academic Press. *Syntax and Pragmatics* 11: 235 - 248.

Birner, B. J. 1995. Pragmatic constraints on the verb in English inversion. *Lingua* 97: 233 - 256.

Birner, B. J. 1998. Recency effects in English inversion. In Walker, M. A., Joshi, A. K. & Prince, E. F. (eds.). *Centering Theory in Discourse*. Oxford: Clarendon Press. 309 - 323.

Birner, B. J. & Ward, G. 1998. *Information Status and Noncanonical Word Order in English*. Amsterdam: John Benjamins.

Blakemore, D. 1987. *Semantic Constraints on Relevance*. Oxford: Blackwell.

Blakemore, D. 1988. The organization of discourse. In Newmeyer, F. R. (ed.). *Linguistics: The Cambridge Survey*, Vol. 4. Cambridge: Cambridge University Press. 229 - 249.

Blakemore, D. 1992. *Understanding Utterance*. Oxford: Blackwell.

Blakemore, D. 2001. Discourse and relevance theory. In Schiffrin, D., Tannen, D. & Hamilton, H. E. (eds.). *The Handbook of Discourse Analysis*. Blackwell Publishers Ltd. 100 - 118.

Blakemore, D. 2002. *Relevance and Linguistic Meaning: The Semantics and Pragmatics of Discourse Connectives*. Cambridge: Cambridge University Press.

Blakemore, D. 2004. Discourse markers. In Horn, L. R. & Ward, G. (eds.). *The Handbook of Pragmatics*. Oxford: Blackwell. 221 - 240.

Bolinger, D. 1977. *Meaning and Form*. London: Longman.

Bolivar, A. 2000. The negotiation of evaluation in written text. In Scott, M. &

Thompson, G. (eds.). *Patterns of Text*. Amsterdam: John Benjamins. 129 - 158.

Brinton, L. J. 2001. Historical discourse analysis. In Schiffrin, D., Tannen, D. & Hamilton, H. E. (eds.). *The Handbook of Discourse Analysis*. Oxford: Blackwell. 138 - 160.

Brown, G. 1997. The nature of comprehension.《外语教学与研究》(4): 36 - 43.

Brown, G. & Yule, G. 1983. *Discourse Analysis*. Cambridge: Cambridge University Press.

Butler, J. 1990. *Gender Trouble: Feminism and Subversion of Identity*. London: Routledge.

Butler, J. 1993. *Bodies that Matter: On the Discursive Limits of Sex*. London: Routledge.

Cabaliero, R. 2003. Metaphor and genre: The presence and role of metaphor in the building review. *Applied Linguistics* 24 (2): 145 - 167.

Caffi, C.1994. Pragmatic presupposition. In Asher, R. E.& Simpson, J. M. Y. (eds.) *The Encyclopedia of Language and Linguistics*, vol. 6. Oxford: Pergamon. 3320 - 3327.

Cameron, L. 1999. Operationalising 'metaphor' for applied linguistic research. In Cameron, L. & Low, G. (eds.). *Researching and Applying Metaphor*. Cambridge: Cambridge University Press. 3 - 28.

Carroll, J. S. & Freedle, R. O. (eds.). 1972. *Language Comprehension and the Acquisition of Knowledge*. Washington, D. C.: Winston.

Carston, R. 1996. Metalinguistic negation and echoic use. *Journal of Pragmatics* 25: 309 - 330.

Carston, R. & Uchida, S. (eds.). 1998. *Relevance Theory: Applications and Implications*. Amsterdam: John Benjamins.

Carter, R., Hughes, R. & McCarthy, M. 2000. *Exploring Grammar in Context*. Cambridge: Cambridge University Press.

Chilton, P. 2004. *Analysing Political Discourse: Theory and Practice*. London: Routledge.

Chilton, P. & Schäffner, C. (eds.). 2002. *Politics as Text and Talk: Analytic Approaches to Political Discourse*. Amsterdam: John Benjamins.

Chomsky, N. 1957. *Syntactic Structure*. The Hague: Mouton.

Chouliaraki, L. 2000. Political discourse in the news: democratizing responsibility or aestheticizing politics? *Discourse and Society* 11 (3): 293 - 314.

Chouliaraki, L. & Fairclough, N. 1999. *Discourse in Late Modernity: Rethinking Critical Discourse Analysis*. Edinburgh: Edinburgh University Press.

Christie, F. 2002. *Classroom Discourse Analysis: A Functional Perspective*. London: Continuum.

Cicourel, A. V. 1973. *Cognitive Sociology*. Harmondsworth: Penguin Books.

Clark, H. H. & Haviland, S. E. 1977. Comprehension and the given-new contract. In Freddle, R. (ed.). *Discourse Production and Comprehension*. Norwood, N. J.: Ablex. 1 – 40.

Clark, Herbert H. & Clark, Eve V. 1977. *Psychology and Language: An introduction to psycholinguistics*. San Diego: Harcourt Brace Jovanovich.

Coates, J. 2003. *Men Talk: Stories in the Making of Masculinities*. Oxford: Blackwell.

Conrad, S. 2002. Corpus linguistic approaches for discourse analysis. *Annual Review of Applied Linguistics* 22: 75 – 95.

Cook, G. 1989. *Discourse*. Oxford: Oxford University Press.

Cotter, C. 2001. Discourse and media. In Schiffrin, D., Tannen, D. & Hamilton, H. E. (eds.). *The Handbook of Discourse Analysis*. Blackwell Publishers Ltd. 416 – 436.

Coulthard, M. 1977/1985. *An Introduction to Discourse Analysis*. London: Longman.

Coulthard, M. (ed.). 1992. *Advances in Spoken Discourse Analysis*. Lodon: Routledge.

Coulthard, M. (ed.). 1994. *Advances in Written Text Analysis*. London: Routledge.

Cowan, R. 1995. What are discourse principles made of? In Downing, P. & Noonan, M. (eds.). *Word Order in Discourse*. Amsterdam: John Benjamins. 29 – 49.

Crombie, W. 1985. *Process and Relations in Discourse and Language Learning*. Oxford: Oxford University Press.

Crystal, D. 1985. A Dictionary of Linguistics and Phonetics. Oxford: Blackwell.

Crystal, D. 1992. *An Encyclopedic Dictionary of Language and Linguistics*. Oxford: Blackwell.

Crystal, D. 2003. *The Cambridge Encyclopedia of the English Language*. 2nd edition. Cambridge: Cambridge University Press.

Cummings, S. & Ono, T. 1997. Discourse and grammar. In van Dijk, T. A. (ed.). *Discourse as Structure and Process*. London: Sage. 112 – 137.

De Fina, A. et al. (eds.). 2006. *Discourse and Identity*. Cambridge: Cambridge university Press.

Dedaić, M. N. & Nelson, D. N. (eds.). 2003. *At War with Words*. Berlin: Mouton de Gruyter.

Dillon, G. L. 1981. *Constructing Texts: Elements of a theory of composition and style*. Bloomington, IN: Indiana University Press.

Dirven, R., Frank, R. & Ilie, C. (eds.). 2001. *Language and Ideology*, Vol. 2. *Descriptive Cognitive Approaches*. Amsterdam: John Benjamins.

Dirven, R., Hawkins, B. & Sandikcioglu, E. (eds.) 2001. *Language and Ideology*, Vol.1. *Theoretical Cognitive Approaches*. Amsterdam: John Benjamins.

Dressler, W. U. (ed.). 1978. *Current Trends in Textlinguistics*. Berlin: Walter de Gruyter.

Dryer, M. S. 1996. Focus, pragmatic presupposition, and activated propositions. *Journal of Pragmatics* 26: 475 – 523.

Du Bois, J. 1987. The discourse basis of ergativity. *Language* 63: 805 – 855.

Du Bois, J. 2003. Argument structure: Grammar in use. In Du Bois, J., Kumpf, L. E. & Ashby, W. J. (eds.). *Preferred Argument Structure: Grammar as architecture for function*. Amsterdam: John Benjamins. 11 – 60.

Ducrot, O.1972. *Dire et Ne Pas Dire*. Paris: Hermann.

Dunmire, P. L. 2005. Preempting the future: rhetoric and ideology of the future in political discourse. *Discourse and Society* 19 (4): 481 – 513.

Edley, N. 2001. Analysing masculinity: Interpretative resources, ideological dilemmas and subject positions. In Wetherell, M., Taylor, S. & Yates, S. (eds.). *Discourse as Data: A Guide for Analysis*. The Open University: Sage. 189 – 228.

Edmondson, W. 1981. *Spoken Discourse: A model for analysis*. London: Longman.

Edwards, D. & Potter, J. 1992. *Discursive Psychology*. London: Sage.

Edwards, J. & Martin, J. R. (eds.). 2004. *Interpreting Tragedy: The Language of 11 September 2001*. Special issue of *Discourse and Society* 15 (2 – 3).

Eggins, S. 1994. *An Introduction to Systemic Functional Linguistics*. London: Pinter Publishers.

Eggins, S. & Slade, D. 1997. *Analysing Casual Conversation*. London: Cassell.

Ehrlich, S. 1990. Point of View: A linguistic analysis of literary style. London: Routledge.

Ehrlich, S. 2002. Discourse, gender and sexual violence. *Discourse and Society* 13 (1): 5 – 7.

El Refeie, E. 2001. Metaphor we discriminate by: Naturalized themes in Australian newspaper articles about asylum seekers. *Journal of Sociolinguistics* 5 (3): 352 - 371.

Ellis, R. & Ravelli, L. 2004. *Analysing Academic Writing: Contextualised Frameworks*. London: Continuum.

Enkvist, N. E. 1978. Coherence, pseudo-coherence, and non-coherence. In Östman, J. O. (ed.). *Cohesion and Semantics*. Abo, Finland: Abo Akademi Foundation.

Fairclough, N. 1989. *Language and Power*. London: Longman.

Fairclough, N. 1992a. *Discourse and Social Change*. Cambridge: Polity Press.

Fairclough, N. 1992b. Introduction. In Fairclough, N. (ed.). *Critical Language Awareness*. London: Longman.

Fairclough, N. 1995. *Critical Discourse Analysis*. London: Longman.

Fairclough, N. 2000. *New Labour, New Language?* London: Routledge.

Fairclough, N. 2001. The discourse of New Labour: Critical discourse analysis. In Wetherell, M., Taylor, S. & Yates, S. (eds.). *Discourse as Data: A Guide for Analysis*. The Open University: Sage. 229 - 266.

Fairclough, N. 2003. *Analysing Discourse: Textual Analysis for Social Research*. London: Routledge.

Fairclough, N. 2006. *Language and Globalization*. London: Routledge.

Fairclough, N. & R. Wodak. 1997. Critical discourse analysis. In T. A. van Dijk (ed.). *Discourse as Social Interaction*. London: Sage. 258 - 284.

Fasold, R. 1990. *Sociolinguistics of Language*. Oxford: Blackwell.

Fawcett, R. (forthcoming). *The Many Types of Theme: Their Functions and Syntax*. London: Equinox.

Ferrara, A. 1980a. An extended theory of speech acts: appropriateness conditions for subordinate speech acts in sequences. *Journal of Pragmatics* 4: 233 - 252.

Ferrara, A. 1980b. Appropriateness conditions for entire sequences of speech acts. *Journal of Pragmatics* 4: 321 - 340.

Ferrara, A. 1985. Pragmatics. In van Dijk, T. A. (ed.) *Handbook of Discourse Analysis*, vol.2, *Dimensions of Discourse*. London: Academic Press.

Fillmore, C. J. 1985. Linguistics as a tool for discourse analysis. In van Dijk, T. A. (ed.). *Handbook of Discourse Analysis*, Vol. 1. New York: Academic Press. 11 - 39.

Firth, J. R. 1956. *Papers in General Linguistics*. Oxford: Blackwell.

Firth, J. R. 1957. *Papers in Linguistics 1934 - 1951*. Oxford: Oxford University Press.

Firth, J. R. 1968. A new approach to grammar. In Palmer, F. R. (ed.). *Selected Papers of J. R. Firth, 1992 - 1959*. Bloomington: Indiana University Press. 114 - 126.

Fischer, O. & Nänny, M. (eds.). 2001. *The Motivated Sign: Iconicity and Literature 2*. Amsterdam: John Benjamins.

Foucault, M. 1972. *The Archaeology of Knowledge and the Discourse on Language*. Trans. Smith, S. S. New York: Harper.

Fowler, R. 1991. *Language in the News: Discourse and ideology in the press*. London: Routledge.

Fowler, R. 1996. On critical linguistics. In C. R. Caldas-Coulthard & M. Coulthard (eds.). *Text and Practices: Readings in Critical Discourse Analysis*. London: Routledge. 3 - 14.

Fowler, R. & Kress, G. 1979. Critical linguistics. In Fowler, R., Hodge, B. Kress, G. & Trew, T. (eds.). *Language and Control*. London: Routledge & Kegan Paul. 185 - 213.

Fowler, R., Hodge, R. Kress, G. & Trew, T. (eds.). 1979. *Language and Control*. London: Routledge and Kegan Paul.

Freedle, R. (ed.). 1977. *Discourse Production and Comprehension*. Norwoor, NJ: Ablex.

Frege, G. 1892. On sense and reference. In Geach, P. and Black, M. (eds.). *Translations from the Philosophical Writings of Gottlob Frege*. Oxford: Blackwell. 56 - 78.

Fries, P. H. 2004. What makes a text coherent. In Banks, D. (ed.). 1 - 50.

Fries, P. H. & Gregory, M. (eds.) 1995. *Discourse in Society: Systemic functional perspectives. Meaning and Choice in Language: Studies for Michael Halliday*. Norwood, N. J.: Ablex.

Fries, P. H., Cummings, M., Lockwood, D. & Spruiell, W. (eds.) 2002. *Relations and Functions within and around Language*. London: Continuum.

Garfinkel, H. 1967. *Studies in Ethnomethodology*. New York: Printice-Hall.

Gee, J. P. 1999. *An Introduction to Discourse Analysis: Theory and method*. London: Routledge.

Georgakopoulou, A. & Goutsos, D. 1997. *Discourse Analysis: An introduction*. Edinburgh: Edinburgh University Press.

Gernsbacher, M. A. & Givón, T. (eds.). 1995. *Coherence in Spontaneous Text*.

Amsterdam: John Benjamins.

Ghadessy, M. (ed.). 1999. *Text and Context in Functional Linguistics*. Amsterdam: John Benjamins.

Giora, R. 1985. What's a coherent text. In Sozer, E. (ed.). *Text Connexity, Text Coherence*. Hamburg: Helmut Buske Verlag.

Giora, R. 1988. On the informativeness requirement. *Journal of Pragmatics* 12: 547–565.

Giora, R. 1997. Discourse coherence and theory of relevance: Stumbling blocks in search of a unified theory. *Journal of Pragmatics* 27: 17–34.

Giora, R. 1998. Discourse coherence is an independent notion: A reply to Deirdre Wilson. *Journal of Pragmatics* 29: 75–86.

Giora, R. 2006. Anything negatives can do affirmatives can do just as well, except for some metaphors. *Journal of Pragmatics* 38: 981–1014.

Givón, T. 1978. Negation in language: pragmatics, functions and ontology. In Cole, P. (ed.). *Syntax and Semantics*, Vol.9. New York: Academic Press. 66–112.

Givón, T. (ed.). 1979a. *Discourse and Syntax*. Syntax and Semantics 12. New York: Academic Press.

Givón, T. 1979b. *On Understanding Grammar*. New York: Academic Press.

Givón, T. 1982. Logic versas pragmatics, with human language as the referee: Toward an empirically viable epistemology. *Journal of Pragmatics* 6: 81–133.

Givón, T. (ed.). 1983. *Topic Continuity in Discourse: A quantitative cross-language study*. Amsterdam: John Benjamins.

Givón, T. 1984a. Prolegomena to discourse-pragmatics. *Journal of Pragmatics* 8: 489–516.

Givón, T. 1984b. *Syntax: A functional-typological introduction*, Vol.1. Amsterdam: John Benjamins.

Givón, T. 1989. *Mind, Code and Context: Essays in Pragmatics*. Hillsdale, NJ: Lawrence Erlbaum.

Givón, T. 1992. The grammar of referential coherence as mental processing instructions. *Linguistics* 30: 5–55.

Givón, T. 1993. *English Grammar: A function-based introduction*. Vols. 1 & 2. Amsterdam: John Benjamins.

Givón, T. 1995. *Functionalism and Grammar*. Amsterdam: John Benjamins.

Goatly, A. 1994. *The Language of Metaphors*. London: Routledge.

Goffman, E. 1981. *Forms of Talk*. Philadelphia: University of Pennsylvania Press.

Graesser, A. C., Gernsbacher, M. A. & Goldman, S. R. (eds). 2003. *Handbook of Discourse Processes*. Hillsdale, NJ: Lawrence Erlbaum.

Graham, P. 2003. Critical discourse analysis and evaluative meaning: Interdisciplinarity as a critical turn. In Weiss, G. & Wodak, R. (eds.). *Critical Discourse Analysis: Theory and Interdisciplinarity*. New York: Palgrave Macmillan. 110 – 129.

Graham, P., Keenan, T. & Dowd, A.-M. 2004. A call to arms at the end of history: a discourse-historical analysis of George W. Bush's declaration of war on terror. *Discourse and Society* 15 (2 – 3): 199 – 221.

Graig, R. T. & Tracy, K. T. (eds.). 1983. *Conversational Coherence: Form, structure, and strategy*. Beverly Hills: Sage.

Grant, D., Hardy, C., Oswick, C & Putnam, L. L. (eds). 2004. *Handbook of Organizational Discourse*. London: Sage.

Green, G. M. 1989. *Pragmatics and Natural Language Understanding*. Hillsdale, N. J.: Erlbaum.

Gregory, M. L. & Michaelis, L. A. 2001. Topicalization and left-dislocation: A functional opposition revisited. *Journal of Pragmatics* 33: 1665 – 1706.

Grice, H. P. 1975. Logic and conversation. In Cole, P. & Morgan, J. L. (eds.). *Syntax and Semantics* 3. New York: Academic Press. 41 – 58.

Grimes, J. E. 1975. *The Thread of Discourse*. The Hague: Mouton.

Grosz, B. J. 1977. *The Representation and Use of Focus in Dialogue Understanding*. Technical Report No. 151. Menlo Park, Calif.: SRI International.

Grosz, B. J., Joshi, A. K. & Weinstein, S. 1983. Providing a unified account of definite noun phrases in discourse. *Proceedings for the 21st Annual Meeting of the Association for Computational Linguistics*. Cambridge, Mass. 44 – 50.

Grosz, B. J., Joshi, A. K. & Weinstein, S. 1986. Towards a computational theory of discourse interpretation. Ms.

Grosz, B. J., Joshi, A. K. & Weinstein, S. 1995. Towards a computational theory of discourse interpretation. *Computational Linguistics* 21(2): 203 – 225.

Grosz, B. J. & Sidner, C. L. 1986. Attentions, intentions and the structure of discourse. *Computational Linguistics* 12: 175 – 204.

Gumperz, J. J. 1982. *Discourse Strategies*. Cambridge: Cambridge University Press.

Gumperz, J. D. & Hymes, D. (eds.). 1972. *Directions in Sociolinguistics: The ethnography of communication*. New York: Holt, Rinehart & Winston.

Gundel, J. K. & Fretheim, T. 2004. Topic and focus. In Horn, L. R. & Ward, G. (eds.). *The Handbook of Pragmatics*. Oxford: Blackwell. 175 – 196.

Gutt, E.-A. 1991. *Translation and Relevance: Cognition and Context*. Cambridge: Cambridge University Press.

Gutwinski, W. 1976. *Cohesion in Literary Texts*. The Hague: Mouton.

Halliday, M. A. K. 1961. Categories of the theory of grammar. *Word* 17: 241 – 292.

Halliday, M. A. K. 1962. Descriptive linguistics and literary studies. In Duthie, G. I. (ed.). *English Studies Today*. 3rd Series. Edinburgh: Edinburgh University Press.

Halliday, M. A. K. 1964. The linguistic study of literary texts. In Lunt, H. (ed.). *Proceedings of the Ninth International Congress of Linguistics*. The Hague: Mouton. 302 – 307.

Halliday, M. A. K. 1967/1968. Notes on transitivity and theme in English. *Journal of Linguistics* 3: 37 – 81; 191 – 214; 4: 179 – 215.

Halliday, M. A. K. 1978. *Language as Social Semiotic: The Social Interpretation of Language and Meaning*. London: Edward Arnold.

Halliday, M. A. K. 1981. Grammatical metaphor in English and Chinese. A paper presented at the Second Conference on Chinese Language Use. Australian National University in Canberra.

Halliday, M. A. K. 1985. *An Introduction to Functional Grammar*. London: Arnold.

Halliday, M. A. K. 1990/2003. New ways of meaning: The challenge to applied linguistics. *Journal of Applied Linguistics* 6: 7 – 36. Reprinted in Halliday, M. A. K. 2003. *On Language and Linguistics*. London: Continuum. 139 – 174.

Halliday, M. A. K. 1992. Some lexicaogrammatical features of the Zero Population Growth text. In Mann, W. C. & Thompson, S. A. (eds.). *Discourse Description: Diverse linguistic analyses of a fund-raising text*. Amsterdam: John Benjamins.

Halliday, M. A. K. 1993. Language in a changing world. *Occasional Papers* 13. Applied Linguistics Association of Australia. Reprinted in Halliday, M. A. K. 2003. *On Language and Linguistics*. London: Continuum. 213 – 231.

Halliday, M. A. K. 1994. *An Introduction to Functional Grammar*. 2nd edition. London: Edward Arnold.

Halliday, M. A. K. 2001/2003. Is the grammar neutral? Is the grammarian neutral? In Villiers, J. de & Stainton, R. J. (eds.). *Communication in Linguistics*, Vol. 1: *Papers in Honour of Michael Gregory*. Toronto: Editions duGref. Reprinted in

Halliday, M. A. K. 2003. *On Language and Linguistics*. London: Continuum. 271–294.

Halliday, M. A. K. 2002. The construction of knowledge and value in the grammar of scientific discourse: With reference to Charles Darwin's *The Origin of Species*. In Halliday, M. A. K. (ed.). *Linguistic Studies of Text and Discourse*. London: Continuum, 168–192.

Halliday, M. A. K. 2004. Language and the reshaping of the human experience. In Halliday, M. A. K. (ed.). *The Language of Science*. London: Continuum. 7–23.

Halliday, M. A. K. 2008. Working with meaning: Towards an applicable linguistics. In Webster, J. (ed.). *Meaning in Context: Implementing Intelligent Applications of Language Studies*. London: Continuum.

Halliday, M. A. K. 2013. Meaning as choice. In Fountaine, L., Bartlett, T. & O'Grady, G. (eds.). *Systemic Functional Linguistics: Exploring Choice*. Cambridge: Cambridge University Press. 15–36.

Halliday, M. A. K. & Hasan, R. 1976. *Cohesion in English*. London: Longman.

Halliday, M. A. K. & Hasan, R. 1985. *Language, Context, and Text: Aspects of Language in a Social-semiotic Perspective*. Victoria: Deakin University Press.

Halliday, M. A. K. & James, Z. 1993. A quantitative study of polarity and primary tense in the English finite clause. In Sinclair, J. M., Fox, G. & Hoey, M. (eds.). *Techniques of Description: Spoken and Written Discourse*. London: Routledge.

Halliday, M. A. K. & Martin, J. R. 1993. *Writing Science: Literacy and Discourse Power*. London: Falmer.

Halliday, M. A. K. & Matthiessen, C. M. I. M. 1999. *Construing Experiences through Meaning: A Language-based Approach to Cognition*. London: Continuum.

Halliday, M. A. K. & Matthiessen, C. M. I. M. 2004. *An Introduction to Functional Grammar*. 3rd edition. London: Edward Arnold.

Han, Zhaohong. 2000. Persistence of the implicit influence of NL: The case of the pseudo-passive. *Applied Linguistics* 21/1: 78–105.

Harré, R. 2001. The discursive turn in social psychology. In Schiffrin, D., Tannen, D. & Hamilton, H. E. (eds.). *The Handbook of Discourse Analysis*. Blackwell Publishers Ltd. 688–706.

Harrington, K., Litosseliti, L., Sauntson, H. & Dunderland, J. (eds.). 2008. *Gender and Language Research Methodologies*. Basingstoke: Palgrave MacMillan.

Harris, Z. 1952. Discourse analysis. *Language* 28: 1–30.

Harweg, R. 1968. *Pronomina und Textkonstitution*. Munich: Fink.

Hasan, R. 1968. *Grammatical Cohesion in Spoken and Written English*. London: Longman.

Hasan, R. 1978. Text in the systemic-functional model. In Dressler, W. U. (ed.). *Current Trends in Text Linguistics*. Berlin: Walter de Gruyter. 228 – 246.

Hasan, R. 1996. *Ways of Saying: Ways of Meaning*. London: Cassell.

Hatch, E. 1992. *Discourse and Language Education*. Cambridge: Cambridge University Press.

Hawkins, J. 1978. *Definiteness and Indefiniteness: A study in reference and grammaticality prediction*. London: Croom Helm.

Hawkins, J. 1991. On (in)definite articles. *Journal of Linguistics* 27: 405 – 442.

Henry, F. & Tator, C. 2002. *Discourses of Domination: Racial Bias in the Canadian English-language Press*. Toronto: University of Toronto Press.

Herring, S. C. 2001. Computer-mediated discourse. In Schiffrin, D., Tannen, D. & Hamilton, H. E. (eds.). *The Handbook of Discourse Analysis*. Blackwell Publishers Ltd. 612 – 634.

Hidalgo-Downing, L. 2000a. *Negation, Text Worlds and Discourse: The Pragmatics of Fiction*. Stamford, CT: Ablex.

Hidalgo-Downing, L. 2000b. Negation in discourse: a text world approach to Joseph Heller's *Catch – 22*. *Language and Literature* 9 (3): 215 – 239.

Hillier, H. 2004. *Analysing Real Texts: Research Studies in Modern English Language*. New York: Palgrave Macmillan.

Hjelmslev, L. 1943. *Omkring Sprogteoriens Grundlaeggelse*. København: Akademisk Forlag.

Hodge, R. & Kress. G. 1988. *Social Semiotics*. Ithaca, NY: Cornell University Press.

Hodge, B. & Fowler, R. 1979. Orwellian linguistics. In Fowler, R. Hodge, R. Kress, G. & Trew, T. (eds.). *Language and Control*. London: Routledge. 6 – 25.

Hoey, M. 1983. *On the Surface of Discourse*. London: George Allen and Unwin.

Hoey, M. 1991. *Patterns of Lexis in Text*. Oxford: Oxford University Press.

Hoey, M. 2001. *Textual Interaction: An Introduction to Written Discourse Analysis*. London: Routledge.

Holmes, J. & Meyerhoff, M. (eds.). 2003. *The Handbook of Language and Gender*. Oxford: Blackwell.

Holmes, J. & Stubbe, M. 2003. *Power and Politeness in the Workplace: A*

Sociolinguistic Analysis of Talk at Work. London: Longman.

Hopper, P. 1979. Aspect and foregrounding in discourse. In Givón, T. (ed.). *Discourse and Syntax*. Syntax and Semantics 12. New York: Academic Press. 213-241.

Hopper, P. & Thompson, S. A. 1980. Transitivity in grammar and discourse. *Language* 56: 251-299.

Hopper, P. & Thompson, S. A. 1984. The discourse basis for lexical categories in universal grammar. *Language* 60: 703-752.

Hopper, P. & Thompson, S. A. 1993. Language universals, discourse pragmatics, and semantics. *Language Sciences* 15: 357-376.

Horn, L. 1989. *A Natural History of Negation*. Chicago and London: The University of Chicago Press.

Horn, L. 1991. Given as new: When redundant affirmation isn't. *Journal of Pragmatics* 15: 313-336.

Horn, L. R. & Ward, G. (eds.). 2004. *The Handbook of Pragmatics*. Oxford: Blackwell.

Huddleston, R. 1984. *An Introduction to the Grammar of English*. Cambridge: Cambridge University Press.

Huddleston, R. & Pullum, G. K. 2002. *The Cambridge Grammar of the English Language*. Cambridge: Cambridge University Press.

Hudson, S. B., Tanenhaus, M. K. & Dell, G. S. 1986. The effect of the discourse center on the local coherence of a discourse. *Proceedings of the 8th Annual Conference of the Cognitive Science Society*. Hillsdale, N. J.: Earbaum. 96-101.

Hudson-D'Zmura, S. 1988. *The Structure of Discourse and Anaphor Resolution: The discourse center and the role of nouns and pronouns*. Ph.D. dissertation. University of Rochester.

Hudson-D'Zmura, S. & Tanenhaus, M. K. 1998. Assigning antecedents to ambiguous pronouns: The role of the center of attention as the default assignment. In Walker, M. A., Joshi, A. K. & Prince, E. F. (eds.). *Centering Theory in Discourse*. Oxford: Clarendon Press. 199-226.

Hunston, S. & Thompson, G. (eds.). 2000. *Evaluation in Text: Authorial Stance and the Construction of Discourse*. Oxford: Oxford University Press.

Hurewitz, F. 1998. A quantitative look at discourse coherence. In Walker, M. A., Joshi, A. K. & Prince, E. F. (eds.). *Centering Theory in Discourse*. Oxford:

Clarendon Press. 274 - 291.

Hyland, K. 2002. What do they mean? Questions in academic writing. *Text* 22 (4): 529 - 557.

Hymes, D. (ed.). 1964. *Language in Culture and Society*. New York: Harper & Row.

Hymes, D. 1974. *Foundations in Sociolinguistics*. Philadelphia: University of Pennsylvania Press.

Jackson, R. 2005. *Writing the War on Terrorism: Language, politics and counter-terrorism*. Manchester: Manchester University Press.

Jakobson, R. 1960. Closing Statement: Linguistics and Poetics. In Sebeok. T. A. (ed.). *Style in Language*. Mass.: MIT Press.

Jaworski, A. & Coupland, N. (eds.). 1999. *The Discourse Reader*. London: Routledge.

Jespersen, O. 1922. *Language, Its Nature, Development and Origin*. London: Allen and Unwin.

Johns, A. (ed.). 2002. *Genre in the Classroom: Multiple Perspectives*. Mahwah, NJ: Lawrence Erlbaum.

Johnstone, B. 2002. *Discourse Analysis*. Oxford: Blackwell.

Jones, R. H. 2012. *Discourse Analysis*. London: Routledge.

Jordan. M. P. 1998. The power of negation in English: Text, context and relevance. *Journal of Pragmatics* 29: 705 - 752.

Jørgensen, M. & Phillips, L. 2002. *Discourse Analysis as Theory and Method*. London: Sage.

Joshi, A. K. & Kuhn, S. 1979. Centered logic: The role of entity centered sentence representation in natural language inferencing. *Proceedings of the 6th International Joint conference on Artificial Intelligence*. Tokyo. 435 - 439.

Joshi, A. K. & Weinstein, S. 1981. Control of inference: Role of some aspects of discourse structuring — centering. *Proceedings of the 7th International Joint conference on Artificial Intelligence*. Vancouver. 385 - 387.

Kamio, A. (ed.). 1997. *Directions in Functional Linguistics*. Amsterdam: John Benjamins.

Karttunen, L. 1969. Pronouns and variables. In Binnick, R. et al. (eds.). *Papers from the Fifth Regional Meeting*. Chicago: Chicago Linguistic Society.

Karttunen, L. 1971. Implicative verbs. *Language* 47: 340 - 358.

Karttunen, L. 1976. Discourse referents. In McCawley, J. (ed.). *Notes from the*

Linguistic Underground. Syntax and Semantics 7. New York: Academic Press, 363 – 385.

Kaup, B. 2009. How are pragmatic differences between positive and negative sentences captured in the processes and representations in language comprehension? In Sauerland, U. & Yatsushiro, K. (eds.). *Semantics and Pragmatics: From experiment to theory*. Hampshire: Palgrave Macmillan. 162 – 185.

Kempson, R. M. 1975. *Presupposition and the Delimitation of Semantics*. Cambridge: Cambridge University Press.

Kempsom, R. M. 1986. Definite NPs and context-dependence: A unified theory of anaphora. In Myers, T., Brown, K. & McGonigle, B. (eds.). *Reasoning and Discourse Processes*. London: Academic Press. 209 – 221.

Kintsch, W. 1974. *The Representation of Meaning in Memory*. Hillsdale, N. J.: Lawrence Erlbaum.

Klein-Andreu, F. (ed.). 1983. *Discourse Perspectives on Syntax*. New York: Academic Press.

Knott, A., Sanders, T. & Oberlander, J. 2001. Levels of representation in discourse relations. *Cognitive Linguistics* 12(3): 197 – 209.

Kress, G. & Hodge, B. 1979/1993. *Language as Ideology*. London: Routledge.

Kress, G. & van Leeuwen, T. 2001. *Multi-Modal Discourse: The Modes and Media of Contemporary Communication*. London: Arnold.

Kress, G., Leite-Garcia, R. & van Leeuwen, T. 1997. Discourse semiotics. In van Dijk, T. A. (ed). *Discourse as Structure and Process*. London: Sage. 257 – 291.

Labov, W. 1972a. *Language in the Inner City*. Philadelphia: University of Pennsylvania Press.

Labov, W. 1972b. *Sociolinguistic Patterns*. Philadelphia: University of Pennsylvania Press.

Labov, W. & Fanshel, D. 1977. *Therapeutic Discourse: Psychotherapy as conversation*. New York: Academic Press.

Lakoff, G. 1987. *Women, Fire, and Dangerous Things: What categories reveal about the mind*. Chicago: University of Chicago Press.

Lakoff, G. & Johnson, M. 1980. *Metaphors We Live By*. Chicago: University of Chicago Press.

Lakoff, R. 1975. *Language and Women's Place*. New York: Harper and Row.

Lambrecht, K. 1994. *Information Structure and Sentence Form: Topic, focus, and the mental representations of discourse referents*. Cambridge: Cambridge University Press.

Langacker, R. W. 2001. Discourse in cognitive grammar. *Cognitive Linguistics* 12 (2): 143–188.

LaPolla, Randy, J. 1990. *Grammatical Relations in Chinese: Synchronic and diachronic considerations*. Berkeley: University of California Ph.D. dissertation.

Lazar, M. M. (ed.). 2005. *Feminist Critical Discourse Analysis*. Basingstoke: Palgrave MacMillan.

Lee, D. 2001. *Cognitive Linguistics: An Introduction*. Oxford: Oxford University Press.

Leech, G. N. 1983. *Principles of Pragmatics*. London: Longman.

Leech, G. N. & Short, M. 1981/2001. *Style in Fiction: A Linguistic Introduction to English Fictional Prose*. Beijing: Foreign Language Teaching and Research Press.

Leech, G. N. & Thomas, J. 1990. Languane, meaning, and context: Pragmatics. In Collinge, N. E. (ed.). *An Encyclopedia of Language*. London: Routledge.

Lemke, J. L. 1995. *Textual Politics: Discourse and Social Dynamics*. Bristol, PA: Taylor and Francis.

Ler, S. L. V. 2003. A relevance-theoretic approach to discourse particles. In Fischer, K. (ed.). *Approaches to Discourse Particles*. Amsterdam: John Benjamins.

LeVine, P. & Scollon, R. (eds). 2004. *Discourse and Technology: Multimodal Discourse Analysis*. Washington, D.C.: Georgetown University Press.

Levinson, S. C. 1983. *Pragmatics*. Cambridge: Cambridge University Press.

Levinson, S. C. 1989. A review of Relevance. *Journal of Linguistics* 25: 455–472.

Lewis, D. 1979. Scorekeeping in a language game. *Journal of Philosophical Language* 8: 339–359.

Li, Charles N. & Thompson, S. A. 1976. Subject and topic: A new typology of language. In Li, Charles N. (ed.). *Subject and Topic*. New York: Academic Press. 457–489.

Liao, Mei-Zhen. 1999. Metaphor as a textual strategy in English. *Text* 19 (2): 227–252.

Linde, C. 1997. Discourse analysis, structuralism, and the description of social practice. In Guy, G. R., Feagin, C., Schiffrin, D. & Baugh, J. (eds). *Towards a Social Science of Language: Papers in Honour of William Labov*, Vol. 2. *Social Interaction and Discourse Structures*. Amsterdam: John Benjamins. 3–30.

Litosseliti, L. & Sunderland, J. 2002. *Gender Identity and Discourse Analysis*. Amsterdam: John Benjamins.

Lock, G. 1996. *Functional English Grammar: An Introduction for Second Language Teachers*. Cambridge: Cambridge University Press.

Lock, A. & Strong, T. 2010. *Social Constructionism: Sources and stirrings in theory and practice*. Cambridge: Cambridge University Press.

Longacre, R. E. (ed.). 1977. *Discourse Grammar*, 3 vols. Dallas: Summer Institutes of Linguistics.

Louwerse, M. 2001. An analytic and cognitive parameterization of coherence relations. *Cognitive Linguistics* 12 (3): 291 – 315.

Lyons, J. 1977. *Semantics*. Vols. 1 & 2. Cambridge: Cambridge University Press.

MacDonald, M. 2003. *Exploring Media Discourse*. London: Arnold.

Machin, D. & Mayr, A. 2012. *How to Do Critical Discourse Analysis: A multimodal introduction*. London: Sage.

Macken-Horarik, M. & Martin, J. R. (eds.). 2003. *Negotiating Heteroglossia: Social perspectives on evaluation*. Special Issue of *Text* 23 (2).

Malinowski, B. 1923. The problem of meaning in primitive languages. Supplement to C. K. Ogden & I. A. Richards. *The Meaning of Meaning*. London: Routledge & Kengan Paul.

Malinowski, B. 1935. *Coral Gardens and Their Magic*, Vol. 2. London: Allen & Unwin.

Mann, W. C. & Thompson, S. A. 1988. Rhetorical structure theory: Towards a functional theory of text organization. *Text* 8 (3): 243 – 281.

Mann, W. C. & Thompson, S. A. (eds.). 1992. *Discourse Description: Diverse Linguistic Analysis of a Fund-raising Text*. Amsterdam: John Benjamins.

Marcu, D. 2000. *The Theory and Practice of Discourse Parsing and Summarization*. Cambridge, MA: MIT Press.

Martin, J. R. 1992a. *English Text*. Philadelphia: John Benjamins.

Martin, J. R. 1992b. Macro-proposals: meaning by degree. In Mann, W. C. & Thompson, S. A. (eds.). *Discourse Description: Diverse linguistic analyses of a fund-raising text*. Amsterdam: John Benjamins.

Martin, J. R. 1998. Discourse of science: Genesis, intertextuality and hegemony. In Martin, J. R. & Veel, R. (eds.). *Reading Science: Critical and Functional Perspective on Discourse of Science*. London: Routledge. 3 – 14.

Martin, J. R. 2000a. Beyond exchange: Appraisal systems in English. In Hunston, S. & Thompson, G. (eds.). *Evaluation in Text: Authorial Stance and the Construction of Discourse*. Oxford: Oxford University Press.142 – 175.

Martin, J. R. 2000b. Close reading: Functional linguistics as a tool for critical discourse analysis. In Unsworth, L. (ed.). *Researching Language in Schools and Communities: Functional Linguistic Perspective*. London: Cassell. 275 – 304.

Martin, J. R. 2004. Positive discourse analysis: Power, solidarity and change. *Revista Canaria de Estudios Ingleses* 49: 179 – 200.

Martin, J. R. 2006. Grammar meets genre: Reflections on the 'Sydney School'. 黄国文,常晨光,戴凡主编.《功能语言学与适用语言学》.广州:中山大学出版社, 40 – 94.

Martin, J. R., Matthiessen, C. M. I. M. & Painter, C. 1997. *Working with Functional Grammar*. London: Arnold.

Martin, J. R. & Rose, D. 2003. *Working with Discourse: Meaning beyond the Clause*. London: Continuum.

Martin, J. R. & Rose, D. 2007. *Working with Discourse: Meaning Beyond the Clause*. 2nd edition. London: Bloomsbury Academic.

Martin, J. R. & White, P. R. R. 2005. *The Language of Evaluation: Appraisal in English*. Basingstoke: Palgrave Macmillan.

Martin, J. R. & Wodak, R. (eds.). 2003. *Re/reading the Past: Critical and Functional Perspectives on Time and Value*. Amsterdam: John Benjamins.

Matsui, T. 2000. *Bridging and Relevance*. Amsterdam: John Benjamins.

Matthiessen, C. M. I. M. 1992. Interpreting the textual function. In Davies, M. & Ravelli, L. (eds.). *Advances in Systemic Linguistics: Recent theory and practice*. London: Pinter.

Matthiessen, C. M. I. M. 1995. *Lexicogrammatical Cartography: English Systems*. Tokyo: International Language Sciences Publishers.

Matthiessen, C. M. I. M. 2006. Frequency profiles of some basic grammatical systems: An interim report. In Thompson, G. & Hunston, E. (eds.). *System and Corpus: Exploring connections*. London: Equinox. 103 – 142.

Mayr, A. 2004. *Prison Discourse: Language as a Means of Control and Resistance*. New York: Palgrave Macmillan.

McCarthy, M. 1991. *Discourse Analysis for Language Teachers*. Cambridge: Cambridge University Press.

McCarthy, M. 1994. It, this, and that. In Coulthard, M. (ed.). *Advances in Written Text Analysis*. London: Routledge. 266-276.

McCarthy, M. 2001. *Issues in Applied Linguistics*. Cambridge: Cambridge University Press.

McQuade, D. & Atwan, R. 1998. *Thinking in Writing: Rhetorical patterns and critical response*. 4th edition. Boston: McGraw-Hill.

Mehan, H. 1996/2001. The construction of an LD student: A case study in the politics of representation. In Silverstein, M. & Urban, G. (eds.). *Natural Histories of Discourses*. Chicago: University of Chicago Press. Reprinted in Wetherell, M., Taylor, S. & Yates, S. J. (eds.). 2001. *Discourse Theory and Practice: A reader*. London: Sage.

Mey, J. L.1993. *Pragmatics: An introduction*. Oxford: Blackwell.

Mills, S. 2003. *Gender and Politeness*. Cambridge: Cambridge University Press.

Mills, S. 2012. *Gender Matters*. London: Equinox.

Miltsakaki, E. 2002. Toward an aposynthesis of topic continuity and intrasentential anaphora. *Computational Linguistics* 28 (3): 319-355.

Mitchell, T. F. 1957.The language of buying and selling in Cyrenaica: A situational statement. *Hespéric* 44: 31-71.

Musolff, A. 2004. *Metaphor and Political Discourse: Analogical reasoning in debates about Europe*. New York: Palgrave Macmillan.

Myhill, J. 2001. Typology and discourse analysis. In Schiffrin, D., Tannen, D. & Hamilton, H. E. (eds.). *The Handbook of Discourse Analysis*. Oxford: Blackwell. 161-174.

Nänny, M. & Fischer, O. (eds.). 1999. *Form Miming Meaning: Iconicity and Literature*. Amsterdam: John Benjamins.

O'Halloran, K. 2003. *Critical Discourse Analysis and Language Cognition*. Edinburgh: Edinburgh University Press.

O'Halloran, K. (ed.). 2004. *Multimodal Discourse Analysis: Systemic Functional Perspectives*. London: Continuum.

Omoniyi, T. 2011. Discourse and identity. In Hyland, K. & Paltridge, B. (eds.). *Continuum Companion to Discourse Analysis*. London: Continuum.

Ortony, A. 1993. *Metaphor and Thought*. 2nd edition. New York: Cambridge University Press.

Östman, J.-O. & Virtanen, T. 1995. Discourse analysis. In Verschueren, J., Östman,

J.-O. & Blommaert, J. (eds.). *Handbook of Pragmatics*. Amsterdam: John Benjamins. 239 – 253.

Pagano, A. 1994. Negatives in written text. In Coulthard, M. (ed.). *Advances in Written Text Analysis*. London: Routledge. 250 – 265.

Parker, I. 1999. Introduction: Varieties of discourse and analysis. In Parker, I. (eds). *Critical Textwork: An introduction to varieties of discourse and analysis*. Buckingham: Open University Press.

Parker, I. 2002. *Critical Discursive Psychology*. New York: Palgrave Macmillan.

Partington, A. 2003. *The Linguistics of Political Argument: The spin-doctor and the wolf-pack at the White House*. London: Routledge.

Petöfi, J. S. 1971. *Transformationsgrammatiken und eine ko-textuelle Texttheorie*. Frankfurt: Athenaeum.

Phillips, N. & Hardy, C. 2002. *Discourse Analysis: Investigating processes of social construction*. Thousand Oaks: Sage.

Pike, K. L. 1967. *Language in Relation to a Unified Theory of Human Behavior*. The Hague: Mouton.

Ponterotto, D. 2000. The cohesive role of cognitive metaphor in discourse and conversation. In Barcelona, A. (ed.). *Metaphor and Metonymy at the Crossroads: A cognitive perspective*. Berlin: Mouton de Gruyter. 283 – 298.

Popping, R. 2000. *Computer-assisted Text Analysis*. London: Sage.

Potter, J. & Edwards, D. 2004. *Analysing Discourse*. London: Sage.

Prince, E. F. 1981. Towards a taxonomy of given-new information. In Cole, P. (ed.). *Radical Pragmatics*. New York: Academic Press. 223 – 255.

Prince, E. F. 1985. Fancy syntax and 'shared knowledge'. *Journal of Pragmatics* 9: 65 – 81.

Prince, E. F. 1992. The ZPG Letter: Subjects, definiteness, and information status. In Mann, W. C. & Thompson, S. A. (eds.). *Discourse Description: Diverse linguistic analyses of a fund-raising text*. Amsterdam: John Benjamins. 295 – 325.

Prince, E. F. 1998. On the limits of syntax: With reference to left-dislocation and topicalization. In Culicover, P. & McNally, L. (eds.). *The Limits of Syntax*. Syntax and Semantics 29. New York: Academic Press.

Qian, Y. 2010. *Discursive Constructions around Terrorism in The People's Daily (China) and The Sun (UK) before and after 9.11: A corpus-based contrastive critical discourse analysis*. Oxford: Peter Lang.

Quirk, R., Greenbaum, S., Leech, G. & Svartvik, J. 1985. *A Comprehensive Grammar of the English Language*. London: Longman.

Reinhart, T. 1980. Conditions for text coherence. *Poetics Today* 1(4): 161 – 180.

Reisigl, M. & Wodak, R. 2001. *Discourse and Discrimination: Rhetorics of racism and antisemitism*. London: Routledge.

Renkema, J. 1993. *Discourse Studies: An introductory textbook*. Amsterdam: John Benjamins.

Renkema, J. 2004. *Introduction to Discourse Studies*. Amsterdam: John Benjamins.

Richards, J., Platt, J. & Weber, H. 1985. *Longman Dictionary of Applied Linguistics*. London: Longman.

Roberts, C. 1996. Anaphora in intensional contexts. In Lappin, S. (ed.). *The Handbook of Contemporary Semantic Theory*. Oxford: Blackwell.

Robins, S. & Mayer, R. E. 2000. The metaphor framing effect: Metaphorical reasoning about text-based dilemmas. *Discourse Processes* 30 (1): 57 – 86.

Rozwadowska, B. 1992. Explicit vs. implicit presuppositions and their inheritance. Dols, F. J. H. (ed.). *Pragmatic Grammar Components*. The Netherlands: Tilburg University Press. 39 – 52.

Russell, B. 1940. *An Inquiry into Meaning and Truth*. London: Allen and Unwin.

Sacks, H., Schegloff, E. & Jefferson, G. 1974. A simpliest systematic of turn taking for conversation. *Language* 50: 696 – 735.

Sanders, T. & Gernsbacher, M. A. 2004. Accessibility in text and discourse processing. *Discourse Processes* 37 (2): 79 – 89.

Sanders, T. & Noordman, L. 2000. The role of coherence relations and their linguistic markers in text processing. *Discourse Processes* 29 (1): 37 – 60.

Sanders, T., Schilperoord, J. & Spooren, W. 2001. *Text Representation: Linguistic and Psycholinguistic Aspects*. Amsterdam: John Benjamins.

Santa Ana, O. 1999. Like an animal I was treated: Anti-immigrant metaphors in U.S. public discourse. *Discourse and Society* 10: 191 – 224.

Sarangi, S. & Coulthard, M. (eds.). 2000. *Discourse and Social Life*. London: Longman.

Schiffrin, D. 1994. *Approaches to Discourse*. Oxford: Blackwell.

Schiffrin, D. 2001. Discourse markers: Language, meaning and context. In Schiffrin, D., Tannen, D. & Hamilton, H. E. (eds.). *The Handbook of Discourse Analysis*. Blackwell Publishers Ltd. 54 – 75.

Schiffrin, D. 2003. Discourse markers. In Frawley, W. J. (ed.). *International Encyclopedia of Linguistics*. 2nd edition. Oxford: Oxford University Press. 458 – 461.

Schiffrin, D., Tannen, D. & Hamilton, H. E. (eds.). 2001. *The Handbook of Discourse Analysis*. London: Blackwell.

Schmid, H. J. 2000. *English Abstract Nouns as Conceptual Shells*. Berlin: Mouton de Gruyter.

Scott, M. & Thompson, G. (eds.). 2001. *Patterns of Text: In honour of Michael Hoey*. Amsterdam: John Benjamins.

Searle, J. R. 1969. *Speech Acts: An essay in the philosophy of language*. Cambridge: Cambridge University Press.

Semino, E. & Culpeper, J. (eds.). 2002. *Cognitive Stylistics: Language and cognition in text analysis*. Amsterdam: John Benjamins.

Semino, E. 2002. A sturdy baby or a derailing train? Metaphorical representations of the Euro in British and Italian newspapers. *Text* 22 (1): 107 – 139.

Semino, E. & Short, M. 2003. *Corpus Stylistics*. London: Routledge.

Shen, Y. & Balaban, N. 1999. Metaphorical (in)coherence in discourse. *Discourse Processes* 28 (2): 137 – 153.

Sidner, C. L. 1979. *Toward a Computational Theory of Definite Anaphora Comprehension in English*. Technical Report No. AI – TR – 537. Cambridge, Mass.: MIT Press.

Sidner, C. L.1983. Focusing in comprehension of definite anaphora. In Brady, M. & Berwick, R. C. (eds.). *Computational Models of Discourse*. Cambridge, Mass.: MIT Press.

Simpson, P. & Mayr, A. 2010. *Language and Power: A Resource Book for Students*. London: Routledge.

Sinclair, J. McH. 2004. *Trust the Text: Language, Corpus and Discourse*. London: Routledge.

Sinclair, J. McH. & Coulthard, R. M. 1975. *Towards an Analysis of Discourse: The English Used by Teachers and Pupils*. London: Oxford University Press.

Smith, N. & Wilson, D. 1992. Introduction to the special issue on relevance theory. *Lingua* 87: 1 – 10.

Spender, D. 1980. *Man Made Language*. London: Routledge.

Sperber, D. & Wilson, D. 1986/1995. *Relevance: Communication and cognition*.

Oxford: Blackwell.

Stalnaker, R.1970. Pragmatics. *Synthese* 22: 272 - 289.

Stalnaker, R. 1974. Pragmatic presuppositions. In Munitz, M. K. & Unger, P. (eds.). *Semantics and Philosophy*. New York: New York University Press.179 - 213.

Steen, G. 2004. Can discourse properties of metaphor affect metaphor recognition?. *Journal of Pragmatics* 36: 1295 - 1313.

Stillar, D. F. 1998. *Analysing Everyday Texts: Discourse, Rhetoric, and Social Perspective*. Thousand Oaks: Sage.

Stokoe, E. H. & Weatherall, A. (eds.). 2002. *Gender, Language, Conversation Analysis and Feminism*. Special issue of *Discourse and Society* 13 (6).

Strauss, S. & Feiz, P. 2014. *Discourse Analysis: Putting Our Worlds into Words*. London: Routledge.

Strawson, P. 1950. On referring. *Mind* 59: 330 - 344.

Strube, M. & Hahn, U. 1999. Functional centering: grounding referential coherence in information structure. *Computational Linguistics* 25 (3): 309 - 344.

Stubbs, M. 1983. *Discourse Analysis: The Sociolinguistic Analysis of Natural Language*. Oxford: Blackwell.

Stubbs, M. 1993. British traditions in text analysis: From Firth to Sinclair. In Baker, M., Francis, G. & Tognini-Bonelli, E. (eds.). *Text and Technology: In Honour of John Sinclair*. Amsterdam: John Benjamins. 1 - 33.

Stubbs, M. 2001. Computer-assisted text and corpus analysis: Lexical cohesion and communicative competence. In Schiffrin, D., Tannen, D. & Hamilton, H. E. (eds.). *The Handbook of Discourse Analysis*. Blackwell Publishers Ltd. 304 - 320.

Sudnow, D. (ed.). 1972. *Studies in Social Interaction*. New York: Free Press.

Sunderland, J. 2004. *Gendered Discourses*. New York: Palgrave Macmillan.

Swales, J. M. 2001. *Genre Analysis: English in Academic and Research Settings*. Shanghai: Shanghai Foreign Language Education Press.

Tannen, D. 1984a. Pragmatics in cross-cultural communication. *Applied Linguistics* 5.

Tannen, D. (ed.) 1984b. *Coherence in Spoken and Written Discourse*. Norwood, N. J.: Ablex.

Tannen, D. 1990a. Discourse analysis: The excitement of diversity. *Text* 10 (1/2): 109 - 111.

Tannen, D. 1990b. *You Just Don't Understand: Women and Men in Conversational Discourse*. London: Virago.

Tannen, D. 2003. Discourse and interactional sociolinguistics. In Frawley, W. J. (ed.). *International Encyclopedia of Linguistics*. 2nd edition. Oxford: Oxford University Press. 451 - 454.

Teo, P. 2000. Racism in the news: a Critical Discourse Analysis of news reporting in two Australian newspapers. *Discourse and Society* 11 (1): 7 - 49.

Tetreault, J. R. 2001. A corpus-based evaluation of centering and pronoun resolution. *Computational Linguistics* 27 (4): 507 - 520.

Thibault, P. 1991. *Social Semiotics as Praxis: Text, social meaning making, and Nabokov's Ada*. Minneapolis: University of Minnesota Press.

Thompson, G. 1996. *Introducting Functional Grammar*. London: Arnold.

Thompson, G. & Zhou, J. 2000. Evaluation and organization in text: The structure role of evaluative disjuncts. In Hunston, S. & Thompson, G. (eds.) *Evaluation in Text: Authorial stance and the construction of discourse*. Oxford: Oxford University Press. 124 - 139.

Thompson, S. A. 1998. A discourse explanation for the cross-linguistic differences in the grammar of interrogation and negation. In Siewierska, A. & Song, J. J. (eds.) *Case, Typology, and Grammar*. Amsterdam: John Benjamins. 309 - 341.

Thornborrow, J. 2002. *Power Talk: Language and Interaction in Institutional Discourse*. Harlow: Longman.

Toolan, M. (ed.) 2002. *Critical Discourse Analysis: Critical concepts in linguistics*, 4 Vols. London: Routledge.

Toole, J. 1996. The effect of genre on referential choice. In Fretheim, T. & Gundel, J. K. (eds.). *Reference and Referent Accessibility*. Amsterdam: John Benjamins.

Traugott, E. C. & Pratt, M. L. 1980. *Linguistics for Students of Literature*. New York: Harcourt Brace Jovanovich, Inc.

Tsui, A. B. 1991. Sequencing rules and coherence in discourse. *Journal of Pragmatics* 15 (2): 111 - 129.

Unsworth, L. (ed.). 2000. *Researching Language in Schools and Communities: Functional linguistic perspectives*. London: Cassell.

van der Sandt, R. A. 1988. *Context and Presupposition*. London: Croom Helm.

van Dijk, T. A. 1972. *Some Aspects of Text Grammar*. The Hague: Mouton.

van Dijk, T. A. 1977. *Text and Context: Explorations in the Semantics and Pragmatics of Discourse*. London: Longman.

van Dijk, T. A. 1981. *Studies in the Pragmatics of Discourse*. The Hague: Mouton.

van Dijk, T. A. (ed.). 1985a. *Handbook of Discourse Analysis*, Vol.1. New York: Academic Press.

van Dijk, T. A. 1985b. Semantic discourse analysis. In van Dijk, T. A. (ed.). *Handbook of Discourse Analysis*, Vol. 2, *Dimensions of Discourse*. London: Academic Press.

van Dijk, T. A. 1988. *News Analysis: Case Studies of International and National News in the Press*. Hillsdale, N. J.: Erlbaum.

van Dijk, T. A. 1990a. Social cognition and discourse. In Giles, H. & Robinson, R. P. (eds.). *Handbook of Social Psychology and Language*. Chichester: John Wiley & Sons. 163-183.

van Dijk, T. A. 1990b. The future of the field: Discourse analysis in the 1990s. *Text* 10 (1/2): 133-156.

van Dijk, T. A. 1990c. *Discourse & Society*: A new journal for a new research focus. *Discourse & Society* 1 (1): 5-16.

van Dijk, T. A. 1995. Discourse Semantics and Ideology. *Discourse & Society* 6: 243-259.

van Dijk, T. A. (ed.). 1997a. *Discourse Studies: A Multidisciplinary Introduction*, 2 vols. London: Sage.

van Dijk, T. A. 1997b. The study of discourse. In van Dijk, T. A. (ed.). *Discourse as Structure and Process*, Vol.1. London: Sage. 1-34.

van Dijk, T. A. 1998a. *Ideology: A multidisciplinary approach*. London: Sage.

van Dijk, T. A. 1998b. Opinions and ideologies in press. In Bell, A. & Garrett, P. (eds.). *Approaches to Media Discourse*. Oxford: Blackwell. 21-63.

van Dijk, T. A. 1999. *Discourse Studies*: A new multidisciplinary journal for the study of text and talk. *Discourse Studies* 1 (1): 5-6.

van Dijk, T. A. 2001. Multidsciplinary CDA: A plea for diversity. In R. Wodak & M. Meyer (eds.). *Methods of Critical Discourse Analysis*. London: Sage. 95-121.

van Dijk, T. A. & Kintsch, W. 1983. *Strategies of Discourse Comprehension*. Orlando, Florida: Academic Press.

van Dijk, T. A. & Petöfi, J. 1981. Editorial introduction. *Text* 1 (1): 1-3.

van Hoek, K., Kirbrik, A. A. & Noordman, L. (eds.). 1999. *Discourse Studies in Cognitive Linguistics*. Amsterdam: John Benjamins.

van Leeuwen, T. 2008. *Discourse and Practice: New Tools for Critical Discourse Analysis*. Oxford: Oxford University Press.

van Valin, R. D., Jr. 2001. Functional linguistics. In Aronoff, M. & Rees-Miller, J. (eds.). *The Handbook of Linguistics*. Oxford: Blackwell. 319 – 336.

Vennemann, T. 1975. Topic, sentence accent, and ellipsis: a proposal for their formal treatment. In Keenan, E. L. (ed.). *Formal Semantics of Natural Language*. Cambridge: Cambridge University Press. 313 – 328.

Virtanen, T. 2004. *Approaches to Cognition through Text and Discourse*. Berlin: Walter de Gruyter.

Volosinov, V. N. 1973. *Marxism and the Philosophy of Language*. New York: Seminar Press.

Vosniadou, S., & Ortony, A. (eds.). 1989. *Similarity and Analogical Reasoning*. Cambridge: Cambridge University Press.

Wales, K. (ed.). 2002. *Metaphor Identification*. Special Issue of *Language and Literature* 11 (1).

Walker, M. A., Joshi, A. K. & Prince, E. F. (eds.). 1998. *Centering Theory in Discourse*. Oxford: Clarendon Press.

Ward, G. & Birner, B. 2001. Discourse and information structure. In Schiffrin, D., Tannen, D. & Hamilton, H. E. (eds.). *The Handbook of Discourse Analysis*. Oxford: Blackwell. 119 – 137.

Ward, G. & Birner, B. 2004. Information structure and non-canonical syntax. In Horn, L. R. & Ward, G. (eds.). *The Handbook of Pragmatics*. Oxford: Blackwell. 153 – 174.

Watt, I. 1960. The first paragraph of *The Ambassadors*: An explication. *Essays in Criticism* 10: 250 – 274.

Weatherall, A. 2002. *Gender, Language and Discourse*. New York: Routledge.

Webber, B. L. 1979. *A Formal Approach to Discourse Anaphora*. New York: Garland.

Wee, L. 2005. Constructing the source: Metaphor as a discourse strategy. *Discourse Studies* 7 (3): 363 – 384.

Weinert, R. & Miller, J. 1996. Cleft constructions in spoken language. *Journal of Pragmatics* 25: 173 – 206.

Weiss, G. & Wodak, R. (eds.). 2003. *Critical Discourse Analysis: Theory and Interdisciplinarity*. New York: Palgrave Macmillan.

Werth, P. 1999. *Text Worlds: Representing Conceptual Space in Discourse*. London: Longman.

Wharton, S. 2005. Invisible females, incapable males: gender construction in children's reading schemes, *Language and Education*, 19 (3).

White, P. R. R. 2001. Appraisal Outline, (consulted 21 April 2004): http://www.grammatics.com/appraisal.

Whitney, P., Budd, D. & Mio, J. S. 1996. Individual differences in metaphoric facilitation of comprehension. In Mio, J. S. & Katz, A. N. (eds.) *Metaphor: Implications and applications*. Mahwah, N. J.: Lawrence Erlbaum. 203 - 214.

Whittaker, R., O'Donnell, M. & McCabe, A. (eds.). 2006. *Language and Literacy: Functional approaches*. London: Continuum.

Widdowson, H. G. 1978. *Teaching Language as Communication*. Oxford: Oxford University Press.

Widdowson, H. G. 1979. *Explorations in Applied Linguistics* (1). Oxford: Oxford University Press.

Widdowson, H. G. 1984. *Explorations in Applied Linguistics* (2). Oxford: Oxford University Press.

Wilson, D. 1998. Discourse, coherence and relevance: A reply to Rachel Giora. *Journal of Pragmatics* 29: 57 - 74.

Wilson, J. 2001. Political discourse. In Schiffrin, D., Tannen, D. & Hamilton, H. E. (eds.). *The Handbook of Discourse Analysis*. Blackwell Publishers Ltd. 398 - 415.

Winter, E. O. 1994. Clause relations as information structure: Two basic text structures in English. In Coulthard, M. (ed.) *Advances in Written Text Analysis*. London: Routledge. 46 - 68.

Wodak, R. 2001. What CDA is about: A summary of its history, important concepts and its developments. In Wodak, R. & Meyer, M. (eds.). *Methods of Critical Discourse Analysis*. London: Sage. 1 - 13.

Wodak, R. & Iedema, R. (eds.). 1999. *Organizational Discourse*. Special issue of *Discourse and Society* 10 (1).

Wodak, R. & Meyer, M. (eds.). 2001. *Methods of Critical Discourse Analysis*. London: Sage.

Wodak, R. & Reisigl, M. 2001. Discourse and racism. In Schiffrin, D., Tannen, D. & Hamilton, H. E. (eds.). *The Handbook of Discourse Analysis*. Blackwell Publishers Ltd. 373 - 397.

Wodak, R., de Cillia, R., Resigl, M. & Liebhart, K. 1999. *The Discursive Construction of National Identity*. Edinburgh: Edinburgh University Press.

Wood, L. A. & Kroger, R. O. 2000. *Doing Discourse Analysis: Methods for Studying Action in Talk and Text*. Thousand Oaks: Sage.

Yates, S. 2001. Researching internet interaction: Sociolinguistics and corpus analysis. In Wetherell, M., Taylor, S. & Yates, S. (eds.). *Discourse as Data: A Guide for Analysis*. The Open University: Sage. 93 - 146.

Young, L. & Harrison, C. (eds.). 2004. *Systemic Functional Linguistics and Critical Discourse Analysis: Studies in social change*. London: Continuum.

Zimmerman, D. H. 2003. Conversation analysis. In Frawley, W. J. (ed.). *International Encyclopedia of Linguistics*. 2nd edition. Oxford: Oxford University Press. 454 - 458.

Ziv, Y. 1988. On the rationality of 'relevance' and the relevance of 'rationality'. *Journal of Pragmatics* 12: 535 - 545.

程雨民,1997,《语用系统及其运作》,上海:上海外语教育出版社。

戴浩一,1994,《功能主义与汉语语法》导言,载戴浩一、薛凤生主编,《功能主义与汉语语法》,北京:北京语言学院出版社。

董小英,1994,《再登巴比伦塔》,北京:三联书店。

郭爱妹,2003,社会性别:从本质论到社会建构论,《南京师范大学学报》(1):87—93。

胡壮麟,1994,《语篇的衔接与连贯》,上海:上海外语教育出版社。

黄国文,2001,功能语篇分析纵横谈,《外语与外语教学》(12)。

黄敏,2014,近代现代化强国梦的话语建构,《社会主义研究》(4):41—49。

金立鑫,2000,《语法的多视角研究》,上海:上海外语教育出版社。

金元浦,2013,"中国梦"的文化源流与时代内涵,《人民论坛·学术前沿》(7):48—57。

李战子,2002,《话语的人际意义研究》,上海:上海外语教育出版社。

廖秋忠,1991,篇章与语用和句法研究,《语言教学与研究》(4)。

刘保、肖峰,2011,《社会建构主义:一种新的哲学范式》,北京:中国社会科学出版社。

刘传霞,2007,《被建构的女性》,济南:齐鲁书社。

刘立华,2007,系统功能语言学与批评话语分析:回顾与前景展望,《西安外国语大学学报》(2):5—9。

苗兴伟,1997,关联理论与认知语境,《外语学刊》(4)。

苗兴伟,1998,系统功能语法与转换生成语法对比刍议,《外语研究》(3)。

苗兴伟,1999,言语行为理论与语篇分析,《外语学刊》(1)。

苗兴伟,2000,《语用预设的语篇功能》,苏州: 苏州大学出版社。
苗兴伟,2001,语用协调的语篇功能,《解放军外国语学院学报》(4)。
苗兴伟,2004,人际意义与语篇的建构,《山东外语教学》(1): 5—11。
苗兴伟,2008,语篇语用学: 句法结构的语篇视角,《外国语》(5)。
苗兴伟、穆军芳,2016,批评话语分析的马克思主义哲学观和方法论,《当代语言学》(4): 532—543。
任绍曾,2001,从语篇的角度考察英语句法结构,《外国语》(6): 1—12。
沈家煊,1999a,《不对称和标记论》,南昌: 江西教育出版社。
沈家煊,1999b,转指和转喻,《当代语言学》(1): 3—15。
束定芳,2000,《隐喻学研究》,上海: 上海外语教育出版社。
陶红印,1994,言谈分析、功能主义及其在汉语研究中的应用,载石锋主编,《海外中国语言学研究》,北京: 语文出版社。
田海龙,2014,《批评话语分析: 阐释、思考、应用》,天津: 南开大学出版社。
王晋军,2002,CDA 与 SFL 关系分析,《山东外语教学》(6): 10—13。
王楠,2015,《美国性别批评理论研究》,北京: 北京大学出版社。
王天庆,1985,《现代修辞》,南京: 南京大学出版社。
王振华,2001,评价系统及其运作: 系统功能语言学的新发展,《外国语》(6): 11—19。
伟达,2013,"中国梦"的动力源,新华网,2013 年 2 月 1 日,http://news.xinhuanet.com/2013-02/01/c_114575837.htm。
魏兴顺、姚小英,2009,语言的艺术　态度的载体——评价系统下奥巴马竞选演讲的人际意义分析,《西安外国语大学学报》(3): 32—35。
西蒙娜·德·波伏娃著,陶铁柱译,1980,《第二性》,中国书籍出版社。
习近平,2013,习近平在十二届全国人大一次会议闭幕会上的重要讲话,新华网,2013 年 3 月 17 日,http://news.xinhuanet.com/2013lh/2013-03/17/c_115052635.htm。
辛斌,2000,《语篇互文性的批评性分析》,苏州: 苏州大学出版社。
辛斌,2016,语言的建构性和话语的异质性,《现代外语》(1): 1—10。
徐盛桓,1996,信息状态研究,《现代外语》(2)。
许余龙,2000,英汉指称词语表达的可及性,《外语教学与研究》(5)。
张伯江、方梅,1996,《汉语功能语法研究》,南昌: 江西教育出版社。
张德禄,1999,语篇连贯研究纵横谈,《外国语》(6)。
张德禄,2000,论语篇连贯,《外语教学与研究》(2)。
张今、张克定,1998,《英汉语信息结构对比研究》,开封: 河南大学出版社。

张丽萍,2007,以“评”说“法”: 法庭辩论中的评价资源与实现手段,《外语教学》(6):29—33。
赵艳芳,1995,语言的隐喻认知结构,《外语教学与研究》(3):67—72。
周忠元、赵光怀,2014,“中国梦”的话语体系构建和全民传播,《江西社会科学》(3):235—239。
朱永生,1990,主位与信息分布,《外语教学与研究》(4)。
朱永生,1995a,衔接理论的发展与完善,《外国语》(3):36—41。
朱永生,1995b,主位推进模式与语篇分析,《外语教学与研究》(3)。
朱永生,1996,论语篇连贯的内部条件(上),《现代外语》(4)。
朱永生,1997a,论语篇连贯的内部条件(下),《现代外语》(1)。
朱永生,1997b,韩礼德的语篇连贯标准,《外语教学与研究》(1):20—24。
朱永生,2003,话语分析五十年: 回顾与展望,《外国语》(3):43—50。
朱永生、苗兴伟,2000,语用预设的语篇功能,《外国语》(3):25—30。
朱永生、严世清,2001,《系统功能语言学多维思考》,上海: 上海外语教育出版社。
朱永生、郑立信、苗兴伟,2001,《英汉语篇衔接手段对比研究》,上海: 上海外语教育出版社。